幸福看得见

北京交通大学附属中学
"幸福教育"的思考与实践

戴文胜 ◎ 著

北京师范大学出版集团
BEIJING NORMAL UNIVERSITY PUBLISHING GROUP
北京师范大学出版社

图书在版编目（CIP）数据

幸福看得见 ：北京交通大学附属中学"幸福教育"的思考与实践 ／ 戴文胜著 .

— 北京：北京师范大学出版社，2023.5

（海淀教育名校名家丛书）

ISBN 978-7-303-28582-2

Ⅰ．①幸…　　Ⅱ．①戴…　　Ⅲ．①中学教育－教育研究－海淀区　　Ⅳ．① G632.0

中国版本图书馆 CIP 数据核字（2022）第 258649 号

图书意见反馈：gaozhifk@bnupg.com 010-58805079

营销中心电话：010-58802755　58800035

北师大出版社教师教育分社微信公众号　京师教师教育

出版发行：北京师范大学出版社　www.bnupg.com
　　　　　北京市西城区新街口外大街 12-3 号
　　　　　邮政编码：100088
印　　刷：鸿博睿特（天津）印刷科技有限公司
经　　销：全国新华书店
开　　本：787mm×1092mm　1/16
印　　张：15
字　　数：250 千字
版　　次：2023 年 5 月第 1 版
印　　次：2023 年 5 月第 1 次印刷
定　　价：85.00 元

策划编辑：郭　翔　　　　　　责任编辑：李锋娟
美术编辑：焦　丽　　　　　　装帧设计：北京轻舟教育咨询有限公司
责任校对：陈　荟　　　　　　责任印制：马　洁

海淀教育名校名家丛书

主　　编：赵　欣

编　　委：（按姓氏笔画排序）

本册作者：戴文胜

成长中的教育家

顾明远 题

总 序

《国家中长期教育改革和发展规划纲要(2010—2020年)》中明确提出:"鼓励教师和校长在实践中大胆探索,创新教育思想、教育模式和教育方法,形成教学特色和办学风格,造就一批教育家,倡导教育家办学。大力表彰和宣传模范教师的先进事迹。"

为贯彻落实党的教育方针,"办让人民满意的教育",更好总结、积淀、提升海淀区名校名家办学的先进理念,海淀区委教工委、北京师范大学出版社以海淀区名校、名校长教育教学改革成果及教育管理理念为基础,精心建设海淀区"名校名家"精品文库,就是现在呈现于读者眼前的这套"海淀教育名校名家丛书"。

这些学校,有的是著名大学的附属学校,有的是从延安过来的有着光荣革命传统的学校。但学校不是有一个什么名分就能成为名校的,这些名校有着悠久的历史传统,在历任校长、师生的共同耕耘下,办出特色、办出成绩,创造了新鲜的经验,在全国乃至国际上享有良好声誉,这才成为现在的所谓名校。在创名校的过程中,校长无疑起着不可替代的作用。作为优秀校长,他们用先进理念和管理才能,带领全校教师,为一个共同愿景而努力。本套丛书正是聚焦这样一批名校长,近距离观察他们是如何在教育海洋中破浪前进的。

这些校长个性迥异、经历不同，办学思路也不尽相同，但相同的是在各自的学校创造了一段教育的传奇。他们是所在名校的灵魂，他们的言传身教，时时刻刻引领着教师和学生的发展。这些校长共有的特质是专业知识扎实，具有深厚的人文底蕴。他们具有灼热的教育情怀和教育激情；他们富有童心并热爱儿童；他们淡泊明志、宁静致远，以教书育人来体现他们的人生价值。

　　这套丛书并没有展现波澜壮阔的历史、恢宏博大的叙事，也没有解读深奥莫测的理论、长篇累牍的范例，而是讲述这些名校长在日常管理和教学方面的一件件小事，通过短篇故事形式，娓娓道来，让读者去品味和欣赏。

　　在这套丛书里，我还看到了海淀教育趋于成形的大器，海淀教育秉承红色传统、金色品牌、绿色发展，坚持党的教育方针，以优秀传统为基础，以现代教育观念为先导，引领时代风气之先，坚持鲜明的价值追求，增强改革创新的意识，提升可持续发展的能力，从而涌现出一批各具特色的教育品牌。

　　解读海淀教育，形成海淀教育大印象，让海淀基础教育名校名家载入中国教育发展的史册。

　　是为序。

/ 前 言 /

幸福，从这里开始

"幸福都是奋斗出来的。"习近平总书记在 2018 年新年贺词中的这句话点燃了亿万人民在新时代奋发向前的激情。幸福是人类追求的永恒的终极目标，教育是实现幸福的重要载体。

北京交通大学附属中学（简称"北京交大附中"或"交大附中"）建校于 1957 年，曾是海淀区区属重点中学，是北京市高中示范校，现为拥有"三个校区""三个分校"，7000 余名学生、800 多名教师的教育集团，先后获得"全国教育系统先进集体""北京市先进基层党组织"等荣誉称号。多年来，交大附中以培养幸福的接班人为己任，以"建一所富有生命动力的幸福学校"为办学目标，为党育人、为国育才，积极探寻幸福学校的实现路径，使每一位师生都能感受到人文关怀，在和谐的氛围内自由呼吸，快乐成长。

学校立足于人的发展、教育本质和文化精神，通过多元、个性的课程体系，参与、共进的课堂教学，共生、能群的学习团队，人本、怡人的校园环境，为学生量身设计学习系统，拓宽生命发展路径，使学生在爱学习、会学习的同时，发展幸福感和幸福力，培养一批批"感恩重责、阳光包容、博学笃行、健康雅趣"的优秀学子。

交大附中石悦同学说："我的母校交大附中，让我学到了很多特别的，能够真正属于我、丰盈我的东西。她像一位母亲，拉着我的手，带我去触碰这个世界、去触碰我自己的灵魂，让我成为今天更好的自己，让我有了更多的自信和从容。一想到她，我就觉得很暖心、很自豪。"

也许，对个人而言，幸福是一种能力，但是，对学校来说，幸福是一种魅力。这种魅力，不管是上课时间，还是休息时间，无论是在校学习，还是毕业多年，都能引起师生的眷恋，提到这所学校，他们的脸上会洋溢着温馨的笑容。

这就是一所好学校的生命气息。

让我们一起，走进这所"富有生命动力的幸福学校"。

王方

2021 年 11 月 25 日

目 录 | 幸福看得见
北京交通大学附属中学"幸福教育"的思考与实践

第三章　让幸福传递得更广阔　/149/

第四章　以幸福之心做幸福教育　/165/

办一所幸福的学校

教育的宗旨和使命，就是培养人追求幸福、感受幸福、创造幸福的能力。

何谓"幸福学校"？幸福学校的核心是把教育当作一件幸福的事情来做："幸福地教，幸福地学"。为每一个学生打下这样的基础：有理解幸福的思维，有创造幸福的能力，有体验幸福的境界，有奉献幸福的人格，成为和谐社会里的"幸福人"。幸福是未来的完满生活，幸福是当下的完美体验，幸福是快乐、愉悦、有意义、有成就。

交大附中从教师、学生、家长三个层面诠释幸福。教师幸福感体现在归属感的满足、自我价值的实现上。学校注重对教师良好团队氛围的营造，通过科学、民主、平等的管理制度，激发教师的积极情绪，提高教师的职业成就感。

学生幸福感是满足学生在学业成就、学校活动、人际关系、学校环境等方面的需求。学校关心学生自主意识的保护和培养，注重人际关系的顺畅与指引，开展各具特色的学校活动，让校园环境陶冶与浸润学生的心灵。

家长幸福感是实现家庭和谐、孩子健康成长。学校关注家庭良好氛围的形成、和谐亲子关系的建立，引导家长形成科学的家庭教育理念和策略。

/ 一 / 事关幸福的积极教育

进入 21 世纪以来，积极心理学在心理学领域掀起了一场革命。随着积极心理学在世界范围内的发展，以积极心理学为理论基础、倡导积极取向的"积极教育"，成为全球性的教育热潮。

如何借鉴国外理论和经验，使之本土化，探索出适合中国教育现状和中国学生需求的幸福教育实践，是学校面临的共同使命和课题。近年来，尤其是党的十九大以来，我国在积极心理学的推广和积极教育的实践方面积累了很多宝贵的经验。交大附中也开展了实施积极教育、构建幸福文化的实践。

背景：为什么建幸福学校

（一）生命的价值在于寻找幸福

古希腊先哲亚里士多德说："幸福是终极的和自足的，它是行为的目的。"在亚里士多德看来，每种技艺、每种学科或者每个经过思考的行为和志趣，都是以善为目的的，而这种至善就是幸福。幸福是人类生活的永恒主题，追求幸福是推动人类发展的原动力。

21 世纪，无论是技艺还是科学，都发展到了前所未有的高度，曾经以为的天方夜谭已经在人类生活中真实发生了。"日行千里""嫦娥奔月"不再是神话；"秀才不出门，能知天下事"，如今很容易实现……与此同时，物质生活也极大丰富。在中国，随着改革开放的不断深入，经济总量增长举世瞩目，人民的生活得到了极大的改善。随着社会经济的不断发展进步，社会主要矛盾也发生了变化。中国特色社会主义进入新时代，我国社会主要矛盾已经转化为人民日益增长的美好生活需要和不平衡不充分的发展之间的矛盾。在经济增长、物质丰盈之外，人们越来越关注"幸福指数"。

其实"幸福指数"不是一个新鲜的概念，已经流行了近半个世纪。幸福指数的评估需要借助一系列主客观指标，比如健康、亲情关系、工作压力、闲暇时间、社会公平、空气、水的洁净度和食品安全等。幸福指数是人们对自身生存和发展状况的一种感受和体验性评价。

（二）幸福培养的源头在于教育

幸福在哪里？幸福的源头在教育，教育活动以培养人为使命，自然也要以成就人们的幸福生活为使命。

中学阶段是人生发展的"黄金期"，也是个人三观形成的关键期，幸福理念的形成在此阶段至关重要。

改革开放以来，我国基础教育得到了前所未有的发展，成绩喜人。然而，也存在一些问题。

1. 学生学业压力仍然存在

国家一直致力于减轻中小学生过重的课业负担。2021 年 7 月 24 日，中共中央办公厅、国务院办公厅印发《关于进一步减轻义务教育阶段学生作业负担和校外培训负担的意见》，要求各地区各部门结合实际认真贯彻落实。各地区结合实际，积极落实"双减"政策，中小学生减负工作取得了很大成效。但仍然有不少学生感觉压力较大，学业压力是中学生压力的主要来源。

有的学生对中学阶段的学习节奏不太适应，没有很好地安排时间，进行自我管理。相比小学而言，中学的科目增加，课程难度加深，对学生的自学能力要求提高。一些学生入校时没有很好地加以调整，不适应新的学校环境和新的学习氛围，感到压力很大。

有的学生过于看重学业成绩，考试的成功动机较强。有的学生学习动机较多地指向外在，常常与同伴进行对照，竞争意识较强。这也常常使他们感到压力很大。

虽然大部分家长都很重视教育，有的还形成了自己独到的教育方法，但在调查过程中，我们发现还存在着一些家长过于关注孩子的学习情况，而忽视孩子的身心健康、生活习惯培养、人格培养的现象。这也让孩子感到压抑，给孩子增加了无形的负担。

2. 教师心理健康存在问题

有资料显示，目前很多中小学教师存在不同程度的心理问题，不仅工作压力大，心理压力更甚。

2019 年第 12 期《人人健康》杂志刊载了一篇文章。来自北京大学第六医院和北京大学精神卫生研究所的两位作者，选取 2017 年 8 月至 2018 年 8 月北京某区中小学教师 1666 例，采用《症状自评量表》(SCL-90) 对所有教师的心理健康状况进行调查，采用 Maslach 职业倦怠量表对所有教师的职业倦怠情况进行调查。

结果显示，该区中小学教师总体心理健康评分显著高于全国常模，其中躯体化、强迫评分均显著高于全国常模；人际关系敏感评分显著高于全国常模，焦虑、抑郁、恐惧、敌对、偏执、精神病性评分均显著高于全国常模。该区中小学教师总体职业倦怠评分显著高于中值，其中非人性化、低个人成就感评分均显著高于中值，情绪衰竭评分显著高于中值。该区中小学教师总体心理健康中躯体化、强迫、人际关系敏感，焦虑、抑郁、恐惧、敌对、偏执、精神病性与非人性化、低个人成就感、情绪衰竭均呈显著的正相关关系。结论：该区中小学教师心理健康水平偏低，职业倦怠较为严重，二者呈显著的正相关关系。

3. 教师职业荣誉感遭遇困境

2020 年第 6 期《华南师范大学学报（社会科学版）》，刊载《中小学教师职业荣誉感的现实困境与涵育路径》一文。文中指出：

提升中小学教师职业荣誉感是提高中小学教师职业吸引力、加强教师队伍建设的重要内容。现阶段，中国中小学教师职业荣誉感日渐式微，表现为社会尊重感低落、职业认同感失衡、职业成就感明显不足。这一现实境遇与经济资本、社会支持不足及重大教育事件等外部因素所带来的教师的相对剥夺感、声望困境、职业共情、职业高原反应等有关，更与教师的心理资本、教育情怀、师德修养等关系密切。

社会尊重感的低落——为人师表，中小学教师对社会尊重有更为强烈的需求，他们不仅需要维护自己的尊严，还需要维护教师职业的尊严。因此，社会尊重感对于中小学教师而言，具有深刻的双重意义。调研发现，中小学教师对其职业的受社会尊重程度并不十分乐观。对于"我觉得当教师在社会上很受尊重"和"家长对中小学教师的尊重程度"两个题项，教师反馈情况总体低于中等水平。认为当教师在社会上受尊重的教师占比为 35.4 %，只有 20.4 % 的教师认为家长对中小学教师的尊重程度高。

职业认同感的失衡——教师的职业认同，可理解为教师当前对其职业角色的一种积极的认知体验和行为倾向。对教师个体而言，职业认同意味着相关角色和行为模式的内化。数据表明，教师职业认同感与职业荣誉感呈显著的中度正相关。绝大多数教师具有较强的职业自尊感、职业归属感以及良好的角色价值观。但是，当教师被问及"是否期望自己的孩子从事中小学教师工作"时，仅有22.2%的教师表示期望自己的孩子从事中小学教师工作。

职业成就感的不足——教师职业成就感是教师在完成其教育教学任务的过程中，对实现自我价值与社会价值的感受与体验，以及由此而获得的一种内在满足，包括物质成就感、人际成就感和精神成就感。研究中，对于"工作不能让我有获得感和成就感"这一题项，中小学教师呈现出的整体状况良好，但具体来看并不乐观，约七成的教师存在不同程度的成就感缺乏情感体验。一方面，经济回报不足，制约着教师物质成就感的提升；另一方面，职称评比规则严苛，影响教师人际成就感的改善。

4. 交大附中调查情况

以上是从地区甚至全国范围内看师生的幸福状态，那么，具体到交大附中，学校管理、课堂教学以及师生的学校生活现状又是怎样的呢？学校对此做过系列调查。调查中发现，交大附中的学校管理、课堂教学以及师生状态都面临着许多问题。

（1）学校管理问题何在

近年来，交大附中办学规模不断扩大，从"一校两址"逐步发展到拥有"三个校区""三个分校"的教育集团，原来自上而下的简单的行政命令式管理已不能与现有规模相适应。学校对现有管理体制进行反思，发现了一些问题：管理缺乏规范化和科学化，较为松散随意，不顺畅，事务性管理居多；教学方面尚未形成科学的过程性评价与诊断体系；教师培养与培训机制不足以支撑教师队伍的专业化成长；现有的学校课程设置与课堂教学管理不适应学生和学校的发展。

与此同时，学校对全体教师进行了关于制度、管理、教学、教育、课程、科研、总务工作等方面的调查。教职工认为学校面临的主要问题从高到低分别为：①学校缺乏现代化管理制度；②教学管理较为松散；③绩效考核、评价机制有待进一步改革；④学校领导干部带头作用有待提高；⑤学校办学条件有待改善；⑥人际关系的内耗较大；⑦学校德育工作繁多，班主任负担重。

这些问题不仅阻碍了学校的品牌化发展，也使得不少教师滋生疲惫感、压抑感、挫败感和沮丧感，教师的这些消极体验很容易传染给学生，师生虽然能够继续保持踏实勤奋的状态，但内心缺乏愉悦的体验。

（2）课堂教学究竟怎么了

新课改以来，我们一直强调"以人为本"，教师需要重新对师生的角色进行定位，即确立学生的主体地位和教师的主导地位；需要在教学方式上进行变革，即采用学生喜闻乐见的教学方式方法，注重开放性、多样性和综合性的教学设计。

然而，在新课改实施十几年后，我们仍然对一些问题感到困惑。在对课堂教学进行观察中，我们发现：有时候教师激情四射，换来的却是学生的冷眼旁观；有时候热热闹闹的小组活动，背后依然是"波澜不惊"的迷茫状态。我们的课堂出现了付出与收获呈反比、有趣与有效失衡、被动与主动矛盾等现象。

这些问题引发了我们的思考，我们是不是把学习简单看成知识由外到内的输入过程；是不是低估了学生已有的认知能力和知识经验，忽略了学生心理世界的差异性；是不是过分关注学科本身，而忽视了对人的生命存在及其发展的整体关怀，以至于师生在课堂上"脑子是满的，时间是满的，心却是空的"。而帮助师生从这种状态中解放出来，让他们感受到生活的美好和劳动的快乐，是学校教育的重要职责。

（3）是谁阻碍了师生幸福

除了对管理和课堂进行分析，我们还对阻碍师生幸福感获得的因素进行了全方位调查。通过覆盖率91%以上的问卷调查和对部分干部、教师、学生的访谈，我们发现，阻碍交大附中教师幸福的因素主要有：①工作难度大导致的压力；②学生带来的挫败感；③工作量大导致的不自由；④无意义、形式化工作带来的情绪；⑤不公平制度带来的负面情绪。

阻碍学生幸福的因素则主要来自以下几个方面：①学习压力大；②某些老师态度不够尊重；③自主权太少；④生活方面有困扰；⑤缺少跟学校领导和老师个性沟通的渠道。

（4）师生的幸福源泉在哪里

同时，我们对教师和学生的幸福感来源也进行了分析。

教师的幸福来源主要为：①与同事、领导沟通顺畅，有归属感；②感到被重视；

③学生的成长让教师有成就感；④被领导、学生、家长认可；⑤机制合理，人性化，让教师有自豪感。

学生的幸福来源主要为：①学习提升带来的成就感；②作业量合理；③活动多彩有趣；④师生关系融洽；⑤同学能提供情感支持；⑥家长认可；⑦后勤保障到位。

从幸福的来源和阻碍调查中，我们发现，教师的幸福感主要集中在归属感的满足、自我价值的实现、机制的人性化等方面。而阻碍幸福感获得的因素主要来自工作带来的压力、挫败感以及管理制度等方面。这就要求我们要注重对教师的良好团队氛围的营造，以及职业发展平台的搭建；同时，还要通过科学、民主、平等的管理制度，激发教师的积极情绪，使教师保持良好心态。

学生的幸福源泉涉及多个方面，其中，学习中的成就感最为重要，除此以外，学校活动，人际关系（包括师生关系、同伴关系、亲子关系），学校物质环境等都影响着学生的幸福。幸福的阻碍主要来自学习压力、师生关系、自主意识等方面。因此，我们不仅要关注学生的学习，还要关心学生自主意识的培养和保护，人际关系的顺畅与指引，学校活动的吸引与展开，校园环境的陶冶与浸润等。

学校的管理问题、课堂教学现状以及师生的需求成为我们办学的内在推动力。因此，"幸福学校"建设是交大附中发展的必然选择，也是对教师和学生作为人的终极需求的一种回应和探求。

模型：建什么样的幸福学校

要建幸福学校，首先要回答什么是幸福。古往今来，无论是在西方还是在东方，人们对幸福的追求是普遍的，但对幸福的真义是什么众说纷纭：有的指向未来，有的指向当下，有的指向快乐……

（一）积极心理学和积极教育对幸福的理解

积极心理学将"幸福"作为其研究的重要主题之一，很多积极心理学家用学术的严谨性和精准性，结合实践的操作性和实用性，引导人们对幸福的看法和追求。"积极心理学之父"马丁·塞里格曼认为幸福有三个成分：意义、快乐与投入。哈佛大学泰勒·本－沙哈尔博士认为幸福就是"快乐与意义的结合"，既强调享受当下所从事的事，又主张通过目前的行为获得更加满意的未来。

而中国的积极教育经过近年来的探索和实践，建立起"6+2"模型，强调"积极自我、积极情绪、积极关系、积极意义、积极投入和积极成就"六大模块的培养。

积极心理学和积极教育不仅关涉到当下与未来的幸福，而且同时涉及理性意义和感性体验，较为全面，切合时代背景和教育需要，并且许多教育方法非常具有操作性，对于我们的幸福学校建设实践具有很好的指导意义。

（二）交大附中"幸福学校"建设模型

教育不仅是为未来"完满生活做准备"，更重要的是其过程也应是幸福的。我们认为，幸福学校建设既要重视结果和终点，又不能忽略过程的丰满和人的价值的实现。因此，我们提出"建一所富有生命动力的幸福学校"这一总体目标。

我们始终将幸福学校建设的关键要素定位于人。人是幸福学校建设的第一要位。环境、教师、学生、家长、社会等要素，共同组成幸福学校的生态。其中，环境是幸福学校建设的重要组成部分，它展现出了学校治理的过程，良好的环境能够让师生在工作和学习中既有目标又有方向，最终获得快乐而有意义的幸福。幸福学校环境建设是我们将来工作的一个重点，所以我们也为此做了一个幸福学校建设的模型图。

　　"幸福学校"建设模型图以"建一所富有生命动力的幸福学校"这一总体目标为"一体",以动力系统和能力系统为"两翼"。依托幸福课堂、幸福环境、幸福课程和幸福团队四大载体,在情、理、法的理论支撑下,共同构建幸福学校建设模型图。幸福的动力系统包括原生动力和再生动力,我们的教育正是要不断激发学生的原生动力和再生动力。能力系统包括幸福感和幸福能力,是一种幸福的感知力和创造力。

　　如何引导学生去感知自己身边的幸福,并让学生拥有创造幸福的能力,这是我们不断思考的问题。幸福学校是以学生、家长和教师为核心来建设的,是以人的发展需要为核心的。我们根据对师生幸福感的调查,满足师生不同层次的幸福感。尾翼上是"情、理、法",幸福学校的建设肯定要关注人的情感和需要,但是也需要通过一些制度建设加以保障,最终使幸福能够有情感、有理智、有制度、有评价。

　　经过反复论证和不断探索,交大附中以人(学生、教师、家长)为核心,以人的动力系统和能力系统为两翼,开展幸福学校建设。

　　"建"是动词,为建立、创设之意,强调动态发展,体现的是全方位、立体化、动态的、永无止境的过程。

　　"富有生命动力的幸福学校"指的是一所激扬人的生命成长动力,培养人的幸福感和幸福能力,使其成为最好的自己的学校。幸福学校建设强调因人而生,通过动力系统和能力系统的建设,促进师生从自然人向学校人、社会人转化,从而实现自我价值。

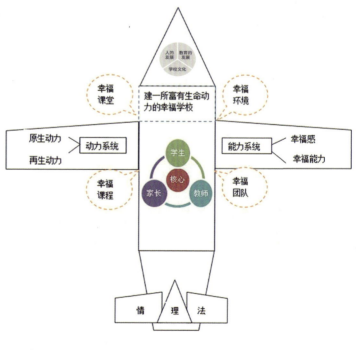

"幸福学校"建设 "一体两翼" 模型

1. 动力系统

动力系统是激扬学生生命成长的动力群，学生不是教育活动的被动参与者，而是依靠成长动力和发展动力、按照自己的心理需求自主能动的成长者。

动力系统包括原生动力和再生动力。原生动力是生而具备的，但未必都显现出来，需要我们去激发，包括自尊心、好奇心、进取心等；再生动力是后天养成的，是随着人的社会性的发展需要而增强的，包括同理心、感恩心、责任心、成就心等，这需要我们创设适宜的教育场域去培养。

2. 能力系统

能力系统指的是与幸福有关的能力，包括人的主观幸福感和客观幸福能力。学校教育的任务就是增强师生、家长的主观幸福感，培养其客观幸福能力。

幸福感是人对自己的需要、条件和活动趋向和谐的生活状态的感知，关于幸福感，有一个公式：**幸福感 = 幸福系数 + 渴求度 + 被满足度。**

因此，处在不同境遇的人，对幸福的感知是不一样的。

根据马斯洛的需要层次理论，我们建立了幸福需要层次模型：促进人从生活自在，到个性自然，最后实现价值自觉。

幸福能力是人追求幸福、创造幸福的能力。一个人自我平衡，外界有支持系统，便是幸福。因此，幸福能力对内指向好好做事的能力，对外指向好好爱人的能力。

幸福能力 = 好好做事 + 好好爱人

好好做事：在热爱的领域努力地做好

学校有为：培养、发掘、激励、搭台

实现步骤：人人有事做—人人会做事—人人爱做事

做事三种境界：

事得其人，人得其事

勤于思考，勇于实践

天人合一，物我一体

好好爱人：在有限的人生无限地爱

学校有为：引导、营造、创设、培育

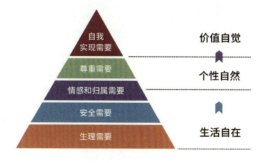

幸福需要层次模型

实现步骤：推己及人—优势互补—共享共荣

3. 幸福学校管理三维度

一架飞机装上尾翼是为了增强飞行的稳定性，为幸福学校建设保驾护航的尾翼则是管理的三维度，即"情、理、法"。

情：体现管理中的人文性和伦理性，考虑成员的心理、物质等多层次需求，激发成员内心动力。

学校有为：需求满足，合理引导，体验幸福

理：立足于组织的群体心理和战略利益，考虑组织行为的长期的和近期的、综合的和局部的发展效益。

学校有为：理念认同，上下通达，尊师重道

法：侧重于制度管理，考虑组织利益与个人利益的平衡，包括组织活动中各种章程、条例、标准等的制定、实施与反馈。

学校有为：制度合理，有效实施，积极反馈

情、理、法的高度统一，即重合度越高，说明管理中的理性与感性的结合度越高，个人幸福与组织目标的实现度越高。

4. 北京交大附中办学理念体系

以幸福学校为出发点和落脚点，我们确立了学校核心价值体系：

办学目标：建一所富有生命动力的幸福学校

办学理念：学生在成长中体验快乐，教师在成功中体验幸福

育人目标：感恩重责、阳光包容、博学笃行、健康雅趣

校训精神：饮水思源，爱国荣校

实践：怎样建幸福学校

在实践过程中，我们探寻并确立了幸福学校实现的四大路径——幸福课堂是核心，幸福课程是载体，幸福团队是氛围，幸福环境是保障。下面简要介绍，后文还会详细阐述。

（一）多元、个性的幸福课程

课程是学校提供教育服务的主要方式，为学生的学习设计了轨迹、整合了资源。

幸福课程建设以"多元、个性"为关键词。

我们以学生认知发展和学习规律为出发点,围绕学校"感恩重责、阳光包容、博学笃行、健康雅趣"的育人目标,逐步形成了三层级、四大类、五领域的课程体系。

该课程体系从横向看,包括育德、育心、育智、育美四大类,涉及公民课堂、审美艺术、健康生活、科技创新、文学社会五大领域。其中公民课堂包括公民教育、德育课程,审美艺术包括美术、音乐、节日课程,健康生活包括体育、心理、学涯规划,科技创新包括数学、物理、化学、生物、信息技术、科技课程,文学社会包括语文、英语、历史、政治、地理课程。

从纵向看,包括初高中各学段的基础性课程、拓展性课程、发展性课程三个层级。其中,基础性课程着力于优质化实施,拓展性课程着力于特色化实施,发展性课程着力于个性化实施。

幸福课程体系

学校通过幸福课程建设,在促进学生德、心、智、美全面发展的基础上,发现、保护、支持学生的个性特长,促进学生的多元化、个性化发展;同时,充分挖掘教师的潜力,发展教师的爱好,促进教师在专业向精深发展的基础上,兴趣向广博拓展。

(二)参与、共生的幸福课堂

课堂是学校育人的主要阵地,是师生心灵相约的正式场所。幸福课堂通过师生互动,促进师生相互交流、相互启发、相互增益。在这个过程中,教师与学生进行思想和情感的交流,从而达到共识、共享、共进的目的,实现教学相长与共同发展。幸福课堂以"参与、共生"为关键词,以"三有"为标准,绽放课堂的精彩与价值。

"教学有法,教无定法。"在课堂上,我们并不推崇和规定教学的统一模式,而是尊重教师的教学自由,鼓励教师根据学科特点和自身优势,形成具有自己风格

的课堂教学模式。这样有助于教师创造性的发挥和才能的施展。但这种教学自由并不是漫无目的的，我们认为，好的课堂要达成"三有"的标准，即有趣、有参与、有成就。

"三有"标准的提出，首先是基于学生的需要。我们对全校学生进行调研，请学生写出自己喜欢的课堂的十个关键词。通过整理，我们发现出现频率最高的三个关键词是"有趣""有参与""有成就"。

通过分析这些关键词，我们发现：语言幽默、内容精彩、多媒体表现了课堂的有趣；交流、自主、联系实际、实践体验表现了课堂的有参与；有收获、激励评价表现了课堂的有成就。

我们进一步分析这三个方面，发现"三有"标准恰好也体现了积极心理学的幸福三要素：幸福＝快乐＋有意义＋投入。有趣能使人快乐，有参与即投入，而有成就则包含有意义。同时，它又符合建构主义的内在要求。建构主义强调学习者的主动性，认为学习是学习者基于原有的知识经验生成意义、建构理解的过程，而这一过程常常是在社会文化互动中完成的。这就要求我们注重激发学生的学习兴趣，让学生在主动参与中，建构意义，体验成就感。

基于这样的思考，我们形成了"有趣、有参与、有成就"的交大附中幸福课堂标准。

标准形成后，我们在教师中进行调研，有75%的教师认同"三有"标准，有21%的教师虽然觉得"说不清楚"，但愿意尝试课堂改革。于是，我们的"三有"课堂因需而生，因同而建。

接下来，我们对"三有"标准的内涵进行了详细解读，各科教师对其实施策略进行了有效的探索。

1.“有趣”课堂的内涵及教学策略

我们认为，有趣课堂从外在表现形式上来看，离不开学生的兴趣、情趣和志趣。关注兴趣是为了让学生有学习的乐趣；探索情趣，最终是为了追求学生的志趣。所以，这样的课堂一定是变化的课堂，在趣味中获知，在求知中得趣。在有趣课堂的构建中，教师设计内容丰富、形式多样的情境，学生在情境中体验情感，主动学习。

在教学实践中，我们归结出了以下几种有趣课堂的教学策略：

策略1.捕捉学生的兴趣所在：关注学科知识和生活的联系；

策略2.从"坐中学"走向"做中学"：让学生的智慧在指尖灵动；

策略3.上有味道的课：有趣课堂要有学科"味"；

策略4.课堂生成的"错误"：不可多得的教学资源；

策略5.设计有趣的问题：从一般问题到重要问题；

策略6.设计有趣的活动：从感性认识到理性认识。

2.“有参与”课堂的内涵及教学策略

我们认为，"有参与"课堂包括师生的行为参与、认知参与和情感参与，并最终促进高层次的思维参与。教师的主导作用、学生的主体作用、教学内容这三部分构成了"有参与"课堂的基础。

教师的主导作用体现在：第一，教师要激活当前学习情境下学生应该具备的知识储备和知识经验；第二，教师要带领学生通过探究得到完整的答案。

学生的主体作用体现在：学生通过自主学习，在知识能力提升的过程中，实现多重教育目标。

"有参与"课堂有以下教学策略：

策略1.让教师"懒惰"一些：经营有空间感的课堂；

策略2.开展有挑战性的合作学习：实现群体的对话和共生；

策略3.丰富多样的教学策略：造就课堂的精细高效；

策略4.为思维而教：向深度学习转变。

3.“有成就”课堂的内涵

"有成就"课堂包括师生双方的获得感。在学生方面，表现为学生感觉到在课堂上是有收获的，并可以分享他人的收获，这样的课堂是幸福的。在教师方面，表现为教师的成就感来自学生，具体说，来自在教学中进入一种生活状态，体验到生命的自尊、自由、自觉、灵性与创造，拥有对专业自由的执着追求与良好的工作心态，做到爱教、乐教。"有成就"的课堂要求关注学生的进步或发展，关注教学效益，要求教师有时间与效益的观念，关注可测性或量化。

"有成就"课堂具有以下特点：以关注人的幸福指数为前提，具有人终极性与课堂最为本真的一种价值追求；力求将师生的幸福体验浸润在教学的全过程中，呼唤课堂理性之美、智慧之美和人性之美，在建构理想框架的同时，又根植于实践的土壤，使幸福课堂的追求回归实践的大地；课堂追求学生达到学业与人性的双丰收，教师达到教艺与人格的双提升。

学校通过参与、共进的课堂活动，培养学生可持续发展的核心素养，使学生充分发挥主体参与作用，对所学内容感兴趣、有需求、有探索，发挥自己的优势，体验到成长的幸福。而教师则可借助这一平台，更好地把握学科核心素养，发挥个人风格，体验职业的幸福。

（三）共生、能群的幸福团队

团队建设以"共生、能群"为关键词，根据学生、教师、家长不同主体的需要，创设班级文化、教师团队、家长学校等不同学习体。

1. 班级文化建设

（1）依托引桥课程，奠基班级文化

初高中起始年级的学生在入学前后"心情复杂"，对于即将到来的学习环境、新的班集体有期待、有迷茫，也有困惑。为此，我们在新七年级、新高一开设了学段衔接的引桥课程，帮助学生从心理到学习方法再到人生观逐步过渡。

引桥课程包括破冰课程和开学口袋书。

七年级引桥课程以体验式的团队适应活动为主。开学之前，班主任引领学生组建团队，在各项任务挑战中，促进学生从陌生到了解，为小组建设、班级文化建设奏响序曲。开学典礼后，每位学生领到一张任务卡，根据任务绘制学校各场所，如教室、办公室地图，与不认识的老师交流，请老师为自己签名。

美序同学在谈到团队活动感受时，这样说道："原本觉得从小学升到中学是一段痛苦的经历，因为离开小学的同伴，有点悲伤。但是，我来到了这个班级，发现

其实中学也可以趣味盎然。突然发现，我爱上了这个班级。在这个短短的下午，我收获了珍贵的友情，懂得了人与人之间的尊重……"

旖湄同学的感悟是："薄的寒冰就这样悄悄融化，相处原来就这么简单。在老师精心准备的破冰活动中，我发现新同学跟我小学时的好朋友一样，活泼、直率、友好。在互帮互助、团结合作的氛围中，初识时那种说不太清楚的尴尬、不好意思，也许还有一点点戒备就这样消失了，我轻松地融入了这个大集体。"

通过破冰活动，学生们互相认识，融入新的班集体，既自然，又有效率。学生们从陌生到熟悉，很快组建起一个团结友爱的班集体。与以往的迎新形式有所不同，多样的活动以学生为主体，为学生提供了展示自我的舞台，使学生很快摆脱了进入新环境的陌生感和羞怯心理，给教师提供了一个观察、认识学生的窗口。

班主任刘雪晴这样写道："是时候转变思维了，迎新会不能一成不变，而要与时俱进，适合学生们发展的形式才是最适宜的形式，所以，在今后的工作中要努力找寻最适宜的方式，让学生们尽兴，让自己满意。"

"学生成长，始于高一，塑于高二，成于高三。"高一引桥课程则侧重引导学生探讨学习之道与为人之道，激发学生的学习动力和生命动力，由学校各学科教师和心理教育专家进行系统授课。课程设置采取"长短课程"相结合的方式，短课程集中在 2～3 天内，长课程则分布在高一整个学年。

作为引桥课程的体验者，小鑫同学直言："这是概括了解在交大附中三年学习生活的最直接的途径。"

开学口袋书由"交大附中人该具备的 30 个品质""独一无二的我""我们的交大附中""伴我成长的老师""伴我同行的同学""关心我的父母""班主任见证"7个部分组成，学生必须完成所有任务才能集齐 7 枚印章。在完成开学口袋书环节，学生可认识学校、老师、同学，学会沟通、交流、解决问题。

有教师说："这个活动让我们跟学生更加贴近，关系更加融洽，学生真有礼貌。""我从来没给学生签过字，第一次就签这么多，手都酸了，感觉就像明星，学生太可爱了。"

通过引桥课程，学生很自然地熟悉校园和班级，熟悉老师和同学，熟悉课程和方法。这为班级文化建设和未来三年的学习奠定了良好的基础。

（2）围绕小组合作，营造班级文化

班级文化建设工作目标是把自主教育、文化建设和班本课程作为幸福班级的灵魂、支柱和阶梯，创幸福班级。

"以合作小组为路径促班级文化建设的研究"是引领班级文化建设的总项目，在此项目的指引下，师生提高了内驱力。多彩的班级文化建设，激发了师生的潜能，体现了教育动力的内化。

例如，小张同学说："在新的学期里，班级开展了合作小组的竞赛。刚开始听到这个名字我觉得既陌生又没必要，但是过了一段时间，我们小组在各个方面都有了进步。这要归功于合作小组。合作小组的竞赛，推动了我们不断进步、不断向上。在小组中同学们互相帮助、互相监督、互相管理，当某个同学违反纪律时，小组内其他人都有义务和责任帮助他，这样既锻炼了同学们的胆识，又提高了他们的管理能力，真是一举两得。我们小组的纪律有了很大的进步。"

另外，在组织各类活动时，学生们都经历了小组合作完成活动方案的提出、协商、执行、效果评估等一系列程序，各方面的能力均得到了锻炼和提高。

小刘同学说："在这个新的学期，我们开始了新的班级文化建设，新的一天，新的生活，一切都是新的，也包括新的朝气，伴着朝阳我们在感悟。我们回顾着过去的美好、温馨、爱，这些像大海一样无边无际，包容着我们，让我们沉浸其中。在新班级文化建设的时间里，我们像溶液一样，相互溶解、包容，而这一切的基础，是我们共同的家。"

（3）树立青春榜样，引领班级文化

以班级为单位，树立青春榜样，青春榜样与班级其他学生组成成长部落（每个成长部落4~6人），以榜样的示范作用和同伴的互助作用，带动学生养成良好的习惯。班级形成强有力的学习场，学生整体学习力得到明显提升。

在此基础上，在全校范围内评选"最美交大附中人"，鼓励更多学生发现自己和他人身上的闪光点，以点带面，逐步形成优秀校风学风的正反馈局面。七年来累计评选出6146人次的"最美交大附中人"。

为了推进班级文化建设，学校定期组织班主任班级文化建设交流活动和班级文

化巡展。班级文化巡展是班级文化建设的助推器，可以推进小组文化建设，推动学生主动发展，增强同伴互助力量，使学生乐于参与、善于决策；可以让学生主动锻造自己的领导力，自主打造班级特色，形成班级品牌，从而达到丰富学生的精神世界的最终目的。班级文化巡展在不同学段有不同主题，比如初中以友善、合作为主，高中则以自由、平等为主。

经过几年的学校班级文化建设的引领，各班已形成自己独特的班级文化。

学校还定期开展"荣誉合作小组"的评选活动，促进小组文化建设，由学校制作荣誉小组证书、徽章，年级、班级自主表彰。此活动发挥了同伴教育作用，并且使小组文化建设在各班蔚然成风，小组建设成为班集体建设的重要依托。

2. 打造教师幸福共同体

（1）"三级五类"校本培训

开设校本课程，提升教师的幸福感。校本培训以教师的幸福来源为方向，帮助教师处理好与幸福相关的问题，如怎样提升个人幸福感、怎样认识内在自我、怎样帮助有困难的学生、怎样改善教学环境、怎样保持工作积极性、怎样应对职业倦怠、怎样保持工作与生活的平衡、怎样改善个人健康状况、怎样应对压力、怎样应对工作场所的变化、怎样提升自身专业素养、怎样减轻行政事务负担、怎样与他人和睦相处、怎样提升自身包容性、怎样应用现代技术、怎样做到效率最大化等问题。

在此基础上，我们将问题归类，结合学校教师发展特点，根据学科、年级、职级、项目等的不同，建立各类教师发展共同体，开展"三级五类"校本培训。

"三级五类"校本课程是指学校内部自建的日常培训课程，按照学科、年级、职级三种范围，开展教育理念培训、学校文化与精神培训、专业技术类培训、通用技术培训、全员专题类培训五类课程。

（2）开展集团大教研活动

开展跨校区的大教研活动，建立教研组主题研讨平台，使大教研与个人教研相结合、团队与个人同发展、教与研相结合。建立若干学科工作坊，营造浓厚的学术研讨氛围，促进组内教师的交流与成长。

以英语工作坊为例，首先，建立组内微项目，聚焦学科教学重难点，共同研究与突破；然后，结合组内教师需要和特点，开展教师教研、教学理念、教研能力视角的系列专题研究和主题阅读及讲座；最后，通过市、区、校各级各类学科教学展示、竞赛，促进教师将研究转化为教学实际效能，发展教师，成就学生。

3. 开设家长学校

有效的教育工作机制离不开家庭与社会的联动。家长学校项目是我们在幸福学校建设中格外重视的内容。近年来，学校开发和引入了丰富的家长学校课程，如"蜕变式父母"课程，在改善亲子关系、营造家庭教育环境、强化家校联动机制方面取得了很好的效果。在学生发展中心监督之下，学校各个年级都建立和完善了家长委员会常设机构和家校共育资源平台，增强家校合作育人的实效性。

幸福团队建设不仅使学生在和谐、自主的氛围中，增强了自我管理的成就感和人际交往的归属感，而且多角度地帮助学生发现自我优势，形成优势品质和美德。教师则通过团队协同作战，成长为智慧型、生命型教师，增强了职业幸福感。家长通过家校共育，改善了亲子关系，树立了科学家庭教育观，掌握了家庭教育方法，提高了家庭教育能力。

（四）怡人、人本的幸福环境

在幸福环境建设过程中，我们更关注环境的"怡人"和"人本"两个关键词。从师生的需要和舒适出发，我们不仅注重环境的优美，而且注重其实用功效。

1. 建设怡人环境，拓宽育人空间

为了满足学生对自然探索的兴趣，我们在校园里错落有致地栽种了百余种植物，使校园成为精致的小花园。每种植物都有自己的"树语"或"花语"，在校园中，学生不仅能欣赏鸟语花香，感受小草的温柔与坚韧，还能了解各种植物的习性和特点。有的植物还是学生亲自栽种培育的，走廊的吊兰、图书馆的绿植，都由学生认养。感受四季的变化，体验生命的精彩，这是大自然给予我们的最美馈赠。

散落在校园里的各类设施和场所，成为滋养学生多种兴趣的"乐土"。花坛边的木条座椅上，天气好的时候，经常有孩子们读书或作画。漫步校园，能听见从楼道大厅里传来的如泉水般的钢琴声，能欣赏到校园一角精彩激烈的乒乓球比赛，能感受到棋盘边气定神闲、步步为营的气概，能看见在图书馆里如饥似渴沉迷书籍的身影，能品尝到芬芳厅学生社团咖啡的香醇……

方寸之间，我们开辟了校友俱乐部、心理健康中心、科技馆、生物馆、化学馆、物理馆、音乐馆、美术馆、体育馆等，拥有不同兴趣爱好的孩子都能在这里找到自己的归属。他们认为，学校不仅是知识的殿堂，也是好玩的地方、寻找伙伴的地方，所以在放学后仍然流连于校园。

每当傍晚时分，在学校门口总能看见家长们等候的身影。他们怕晚到让孩子担心，所以很早就在学校门口等待。为了缓解家长等候时的焦虑情绪，学校将校门口的空地修缮后，安上一排排木质长凳，使校门口这原本不起眼的角落转变成名副其实的"温暖角"。家长们尤其是老人来到候生区都不禁夸赞："学校为我们家长考虑得太周到了，小小的一个角落让我们感受到来自学校的人文关怀。"

2. 开发服务路径，关注主体需求

"安居"才能"乐业"。家，是人幸福的最初源泉。为了改善教师的生活条件，学校提供了临时公寓，解决了家远教职工的困难。为了照看稚子，学校开办了教职工子弟托管班，免费为教师们照看年幼的孩子，解除了他们的后顾之忧。为了下一代的健康成长，学校请专家开展了科学育儿讲座，向年轻的妈妈传播养育孩子的医学知识。为了照顾哺乳期的女职工，学校开设了母婴室，为妈妈和孩子提供便利。

健康的身体是一切美好的开始。学校非常关心教职工的健康问题，与北下关社区服务中心合作，每周请医生到校坐诊半天，提供专业医疗咨询，并且向有需

要的教职工及其直系亲属提供挂号服务，第一时间联系医院，使其得到及时治疗。

会生活的人才会更好地工作。为此，学校专门设置了工会活动楼层，每天向教职工开放。工作之余，大家可以在此喝喝茶，品味文化，畅谈人生；可以跑步锻炼，舒展筋骨，抖擞精神；可以引吭高歌，愉悦心情，释放压力；可以聚在一起过过生日，许个心愿；还可以做个漂亮的发型，美化自我，享受生活。修身养性的瑜伽、优美欢快的舞蹈、自由欢快的游泳、酣畅淋漓的羽毛球、讲究技巧的乒乓球等健身活动，让老师们的业余生活多彩多姿。

饮食为身体提供能量来源，为了给师生提供营养美味的食品，学校的食堂科学管理、贴心服务。无论是教师、学生，还是来校参观的家长，都由衷喜欢食堂的饭菜，满意度在95%以上。

上午茶歇时间，食堂精心制作的茶点饮品，为教师补充了能量；下午放学时间，精美可口的熟食，免去了教师烹制的烦琐工序，为教师生活提供了便利。

3. 聆听师生心声，彰显民主氛围

"半壁山房待明月，一盏清茗酬知音。"在古香古色的校史馆，我们开设了"聊吧"，每周一下午两点到五点，校长、书记在此等候师生品茗约谈，师生可以在此自由表达心声。

在幸福环境建设中，以人为本的学校环境和渗透入微的育人氛围，使学生体验到和谐之美，增强了对学校的爱，增强了归属感和荣誉感。自由表达的空间和充满人文关怀的环境，使教师体验到身心的愉悦和人与人之间的理解、尊重，以及归属感。

有人说，幸福是一种东西，得到了就是幸福；有人说，幸福是一个目标，达到了就是幸福。遇见积极教育后，我才知道，幸福是一种福流，需要用心去领悟。

交大附中人对幸福的诠释是：幸福不是某个具体的硬指标，而是内心的感受，是一群人专注地去做好每一件事，是去爱身边的每一个人。在建设幸福学校的过程中，交大附中人"为登顶而努力，更享受攀登的过程"。在这一过程中，他们是幸运的，凝结点滴快乐、欣悦、成长、成功，连成一路幸福。但他们更希望将这幸福不断传递和无限延伸，希望能给更多师生、更多学校带来一些有益的参考和启示。

/ 二 / 幸福学校建设的探索与实践研究

习近平总书记在多个场合强调"新时代是奋斗者的时代""幸福都是奋斗出来的""奋斗本身就是一种幸福"。这可以说是习近平总书记的"奋斗幸福观",是对各行各业参与民族复兴大业、实现中国梦最有力的动员。这也是交大附中建设幸福学校的方向引领和力量支撑。

教育的终极目标是指向幸福的,学校生活是师生的幸福源泉。交大附中基于对教育目的的思考,结合学校的历史积淀,提出"建一所幸福学校"的办学目标。

对幸福的追求还来源于对现状的不断反思和追问。我们在学校管理和对师生的调查中发现,学校管理、课堂教学以及师生状态都面临着许多问题,使师生在学校难以"诗意地栖居"。通过问卷调查和访谈,我们发现了阻碍交大附中师生幸福的因素,以及师生幸福感的来源。

在研究过程中,我们首先分析了有关幸福的研究理论以及实践探索,然后阐述了交大附中的幸福学校概念,并以此为中心,构建了学校核心价值体系。

在实践过程中,我们依托课程、课堂、班级、环境四大载体,不断探寻幸福学校实现路径。

幸福课程突出"多元、个性",围绕育人目标,形成了"德、心、智、美"的幸福课程体系。

幸福课堂是学校育人的主要阵地,"参与、共生"的幸福课堂通过师生互动,形成彼此间的思想和情感交流,从而达到共识、共享、共进的目的,实现教学相长与共同发展。

幸福班级围绕"自主、合作"关键词,从"环境文化、活动文化、组织文化、制度文化、精神文化"五个方面入手,引领学生逐步实现自主管理。

幸福环境则以"怡人""人本"为出发点,使师生时时处处体验到和谐之美,增强其对学校的归属感和荣誉感。

通过几年的幸福学校建设的实践与探索,学校管理不断迈向科学化、精细化。调查发现,师生的幸福感和归属感在增强,快乐而有成的幸福品质逐步形成。

在幸福学校建设过程中，学校在首都基础教育改革大背景下，发展成为"一校六址"的交大附中教育集团（北校区、南校区、东校区、分校、二分校、密云分校）。

在集团化办学过程中，我们一方面梳理成功经验，固化好的做法；另一方面革新管理模式，开辟新的格局，实行"集团办公室＋校区负责制"和"两委会制度"的双雁阵式管理结构，致力于营造"志同道合，和而不同，周而不比"的集团办学文化。集团各校区和分校聚焦质量，品质相同，各具特色，使幸福不断向外辐射，积极推进区域内教育均衡优质发展。

幸福是人类生活的永恒主题，对幸福的追求是人类发展的原动力。教育活动，以培养人为使命，自然也要以成就人们的幸福生活为使命。教育不仅是为未来的"完满生活做准备"，更重要的是教育过程应是幸福的，应让人从中感知和体验到幸福，培养人获得幸福的能力。学校生活是师生幸福的主要源泉，如何建设一所幸福学校成为我们思考的重要课题。

就交大附中而言，建一所幸福学校，不仅出于对教育目的和终极追求的思索，是学校可持续发展的必然，更是源于学校的历史积淀。

立足校史沿革，提出幸福愿景

一个人奋发向上的原动力，来源于他的目标和愿景，愿景与他自身的切合度越高，对他的感召力就越强。对于一所学校而言，要激发师生的内在动机，就必须形成有向心力的共同愿景。共同愿景是否切合实际与学校自身成长的经历息息相关。

交大附中成立于1957年，在60多年的办学历程中，经历了四个发展阶段。

第一阶段：1979年以前，关注勤奋严谨的做事态度，形成务实、和谐的工作作风和氛围，全体教职工齐心协力，心无旁骛做教育，专心致志提质量，使学校成为海淀区重点中学（当时海淀区仅两所）；

第二阶段：从2000年开始，关注和谐创美的育人氛围，关心学生成长的文化场域，以"大美育"思想培养学生的认识力、鉴别力和创造力，全体师生凝心聚力，争创北京市示范高中校；

第三阶段：2005年以后，关注人的发展，关心学生成长的心理过程，开始注重育人理念对学校的引领和影响，提出"学生在成长中体验快乐，教师在成功中体验幸福"的办学理念；

第四阶段：2013年至今，进一步落实"以人为本"的内在要求，在学校传统文化的基础上，凝练共同愿景，系统建构学校的价值追求，不断提高学校影响力，开启集团化发展模式。

从发展脉络可见，交大附中发展的视觉焦点由最初的关注"事"逐渐转为聚焦于"人"。围绕人，我们注重和谐创美的氛围、人的需要、师生快乐和幸福的体验，关注教育的文化—心理过程。从和谐出发，我们联想到需要、快乐、体验等，最终指向一个富有魅力的词——幸福。

幸福，是对交大附中历史沿革中学校精神的凝练与升华，如此，"建一所幸福学校"成为交大附中水到渠成的选择和未来发展目标。

基于问题现状，呼唤幸福体验

对幸福的追求还来源于对现状的不断反思和追问。建一所幸福学校，首先要问问学生和教师是否有幸福感，因为师生是学校的主体和关键要素。学生幸福，教育才能幸福；而教师幸福，学生才能幸福。

通过对已有研究的梳理，我们发现，改革开放以来，虽然我国的教育得到了前所未有的发展，但师生的幸福并不全面，也不充分，在某些方面还有极大的提升空间。

学生方面，随着"双减"政策的逐步落实，中小学生的学业负担明显降低，义务教育阶段开展了丰富多彩的课后服务，高中阶段作业量也逐步控制在合理范围内。但是，不少学生和家长对学业成绩的期待仍然过高，认为除了文化课学习，其他都不重要。有些学生已经竭尽全力取得了较好的学业成绩，但其他同学的进步仍使他们感到一种潜在的威胁；同时，他们对生活中的挫折估计不足，对自己的能力和知识水平缺乏全面认识，在学习上稍有退步或生活中稍遇困难就感到力不从心，进而丧失信心、否定自我。另一方面，家长对孩子的期望也很高。有的父母总是"三句话不离学习"，而且常常以言语相逼。有的父母则以过度的关心施压，为了孩子能取得好的学业成绩，陪孩子挑灯苦读，还送上各种美食，跑前跑后，关心备至。这又给学生增加了一层压力。

教师方面，有关研究显示，超过半数教师幸福感不足，不少教师处于亚健康状态。

我国中小学教师的心理健康状况不容乐观。北京市教科院基础教育研究所完成的《北京市中小学实施素质教育现状的调查研究报告》显示，93%的中小学教师感到当教师越来越不容易，压力很大；近60%的教师觉得在工作中烦恼大于欢乐；70%的教师有时忍不住要发火；如果有机会，只有17%的教师愿意终生执教。中国中小学生心理健康教育课题组采用国际公认的"SCL-90心理健康量表"这一工具，对某省168所城乡中小学的2292名教师进行了检测，检测结果表明，51.23%的教师或多或少地存在心理问题。

那么，具体到交大附中，情况又如何呢？学校对此做过系列调查，发现交大附中在学校管理、课堂教学以及师生精神状态等方面，存在着类似的问题。

以发展人、完善人为宗旨的学校，应该追求师生的幸福。因此，提升学校管理水平，改革传统课堂教学，满足师生成长需求，成为交大附中办学的内在推动力，"幸福学校"建设是发展的必然选择，也是让师生感受幸福教育的必然途径。

分析相关理论，建构幸福理念

"生活和幸福原来就是一个东西，一切的追求，至少一切健全的追求都是对于幸福的追求。"古往今来，无论是在西方还是东方，人们对幸福的追求是普遍的，对幸福的真义也是众说纷纭。"幸福学校建设"是一项复杂的工程，需要分析以往的理念，吸取前人经验，并在此基础上构建自己的幸福理念体系。

（一）关于幸福的理论研究

关于幸福的理论研究主要集中于对幸福的理解，即幸福观上。幸福，是一个哲学、伦理学、心理学等领域都要研究的重要命题。

1. 理性主义幸福观

在苏格拉底、柏拉图、亚里士多德生活的时代，人们想用一种独立于健康、财富和日常生活沉浮的方式给幸福下定义。苏格拉底认为，智慧＝美德＝幸福，柏拉图强调"理念"，强调至善。亚里士多德继承了他们两位的思想，认为理智的或沉思的思想活动就是幸福，这种思想活动优于现实的实践智慧和活动。

古希腊三哲认为理性是人的本质特征，发展和运用理性才是一个人真正的幸福。这种绝对的理性主义遭到很多人的反对，因为理性不是幸福的唯一源泉，交大附中认为，理性是幸福的重要组成部分。

2. 实用主义幸福观

约翰·斯图亚特·密尔认为："幸福意指快乐，就是没有痛苦。"这种观点令人们感到惬意，如果为了这种所谓幸福，而使身体或心灵长期忍受痛苦，那么，幸福实际上就不可能存在。幸福并不等同于快乐，快乐就像糖果，如果每天都追求这种感官愉悦，久而久之，人们会因为"吃腻"而感觉索然无味，这显然不是人们想要的幸福。

3. 积极心理学的幸福观

积极心理学是 20 世纪 90 年代末由时任美国心理学会会长马丁·塞里格曼提出的，是心理学的一个新领域或新思潮。"幸福"是积极心理学研究的重要主题之一，很多积极心理学家用自己的研究，引导人们对幸福的看法和追求。

哈佛大学泰勒·本－沙哈尔博士在《幸福的方法》一书中，从现实利益和未来利益两个维度，分析了四种人生模式（汉堡模型）。第一种是享乐主义型汉堡，口味诱人，但是是"垃圾食品"，以"及时行乐，逃避痛苦"为格言，享受眼前的快乐，而埋下未来的痛苦。第二种是忙碌奔波型汉堡，这类汉堡是素食汉堡，可以确保日后健康，但是口味很差，以牺牲眼前的幸福来追求未来的目标。第三种是虚无主义型汉堡，既不好吃也不健康，对生命丧失希望和欲望，无论是对眼前事物还是未来，他们都没有任何期望。第四种是幸福型汉堡，既享受当下所从事的事，也可以通过目前的行为获得更加满意的未来。因此，泰勒博士认为幸福就是"快乐与意义的结合"。马丁·塞里格曼认为幸福有三个成分：意义、快乐与投入。

积极心理学不仅关涉当下与未来的幸福，而且涉及理性意义和感性体验，切合时代背景和教育需要，并且积极心理学的许多幸福方法也具有操作性，因此，对于幸福学校建设实践有一定的借鉴意义。

4. 习近平总书记的奋斗幸福观

习近平新时代中国特色社会主义思想以人民为中心，"奋斗幸福观"正是着眼于千千万万普通人。它首先是共产党人的使命，强调共产党人为人民的不懈奋斗。

它也是全体人民的奋斗，是共产党人带领人民群众一起的奋斗。为幸福而奋斗，在奋斗中谋幸福，是"奋斗幸福观"的逻辑支点和理论核心。

综合分析有关幸福的理论研究，我们得出两个关键词：快乐、有成。幸福既包含愉悦的感性体验，又指向理性的意义和价值。因此，幸福学校建设应以"学生学有所成，教师业有所成"为出发点和落脚点。

（二）有关幸福的现实探索

随着经济的发展和物质世界的丰富，各国开始追求"幸福指数"，尤其是进入21世纪以来，幸福感排名已经屡见不鲜。

虽然总体而言现代人比前人物质生活丰富得多，但是，无论在发达国家，还是在发展中国家，与经济的发展相伴随的却是抑郁、焦虑等心理问题的凸显。心理学家西卡森特米哈伊问过这样一个问题："我们这么富有，为什么我们还不开心呢？"有人说，现在我们正经历着一场"幸福的革命"。

我们查阅了200多篇文献资料发现，在教育领域，人们不仅关注学生知识技能的获得、能力水平的提升，也开展了关于幸福、幸福教育、幸福学校等的实践探索。

西方很多国家遵循的教育理念，就是把孩子培养成最幸福的普通人。芬兰是全球教育水平很高的国家，也是全球幸福感指数最高的国家之一，芬兰的学生是世界上幸福感指数最高的学生群体之一。美国的"健康与幸福"是中小学生必修课程，100余所美国高校开设了幸福教育课程。在英国私立学校惠灵顿公学，最著名的要数为13岁至17岁的学生开设的快乐幸福课程（Well-being Lesson），这门课程是由全球"幸福科学"领域专家——英国剑桥大学的尼克·贝里斯博士和惠灵顿公学共同策划的。惠灵顿公学第13任校长安东尼·塞尔顿相信，幸福课程的开办，将大幅提升学校的教育功能，以培养快乐又有安全感的年轻人。

在我国中小学最早提出"幸福教育"的是山东省东营市胜利第四小学校长、潍坊市北海双语学校校长高峰。他于2002年提出并实施幸福教育，在朱小蔓教授和肖巍教授的帮助下，进行理论建构和实践研究。《中国教育报》为此发表了《办一所幸福的学校——访中央教科所教授、积极心理健康教育创始人孟万金》一文，引起了广泛积极的反响；随后《中国教育报》又以"先让学校幸福起来"为专题发表了各地的响应观点。

2011 年，江苏省江阴市教育局与亚洲积极心理研究院签订战略合作协议。双方在江阴的中小学校以科学的方法开展"幸福教育"。这是国内第一个中小学幸福教育实施项目。

后来幸福教育得到了越来越多的中小学的认可。

孟万金和官群教授在其合著的《幸福教育实用指南（全员必读手册）》一书中，倡导"幸福中国，先让教育幸福起来""幸福教育，先让学校幸福起来"，并提出幸福教育的六大基石（快乐有成是幸福的真谛，劳动是幸福的源泉，擅长劳动是幸福的阶梯，多劳多得是幸福的保障，公平是幸福的起点，人际互动是幸福的命脉）和七大纲领（以人为本作统领，积极心理打基础，优良品德把方向，快乐有成促发展，满足特需保公平，兴趣特长扬个性，生命健康作本钱）。其中有些论述，尤其是关于快乐有成、人际互动、积极心理、个性特长、生命健康的阐述给了交大附中很大启发，为交大附中幸福学校建设提供了非常好的指导和借鉴。

当前，国内开展幸福学校建设和幸福教育的学校不断增多，有的起步时间较早，覆盖面比较大，主要侧重于理论研究、环境建设、校园文化建设，这为幸福学校建设提供了很多宝贵的经验。

但对学校最核心的场所——课堂，学校最关键的服务——课程，研究较少；对于人的幸福，幸福的主体——师生的需求，研究不多，而这些正是需要着重研究和探索的内容。

（三）构建北京交大附中的理念体系

幸福是一个宏大、永恒而艰难的命题，虽然先贤圣哲的追问和当代志士的探索并没有给出一个确切的定义和标准，但给了交大附中人良多启发。

什么是幸福学校？人们之所以对于幸福的诠释见仁见智，是因为幸福总与当下状态和人的需求密不可分，而状态和需求总是因时而变、因人而异的，所以很难给幸福下一个放之四海而皆准的规范性定义。但学校结合已有的理论分析和自身的实践需求，梳理出一些交大附中人对于幸福和幸福学校的理解。

幸福：幸福是人的精神（意识）对自我进行觉知时的满意状态。对于交大附中而言，幸福就是快乐而有成，学生在成长中体验快乐，教师在成功中体验幸福。

对于教师而言，被肯定是一种幸福体验，被需求是一种幸福体验，看着学生成长也是一种幸福体验。教师的幸福感就是"好好工作，相互依存，快乐生活"，人际关系和谐，工作环境温馨，生活美妙自在，每一位教师都能发现并挖掘自己的潜能，在专业成长和事业成功中体验幸福。

对于学生而言，幸福就是有趣、有参与、有成就，在快乐中成长。在学生眼中，幸福学校是一个好玩的地方，能体验到归属感；是一个寻找伙伴的地方，有心灵的交流与感动；更是成长和发展的地方，不仅有知识的丰富、能力的提高，更有精神和价值取向的萌发与引领。

幸福学校：交大附中人理解的幸福学校是能为学生成长、教师发展提供多元而精彩的感受与体验的丰厚土壤。

我们对这一愿景有以下描绘：在这里，人际关系和谐，校园环境温馨，全体师生自由呼吸，快乐成长，实现自我价值；在这里，洋溢着人文气息与理性精神的丰富课程，为每一位学生的成长提供个性化的保障与坚实的支持；在这里，家长与孩子相互理解，教师与学生相互激发，学校因师生进步而骄傲，因师生而精彩！

简言之，幸福学校就是一所生活自在、个性自然、拥有精神追求和教育使命感的学校。

依托四大载体，探寻幸福路径

在实践过程中，我们探寻并确立了幸福学校实现的四大路径——幸福课堂是核心，幸福课程是载体，幸福团队是氛围，幸福环境是保障。

（一）多元、个性的幸福课程

课程是学校提供教育服务的主要方式，我们把幸福课程作为联结物质世界与精神世界、联结教师与学生的纽带。

1. 立足个性需求，激发学生潜力

对于对某些领域有浓厚兴趣和有特殊需要的学生，学校为他们量身设计和提供专门课程。

比如，为了满足鑫雨同学在化学方面的兴趣需求，学校曾为他一个人建立了高端化学实验室，该同学后来获得全国高中学生化学竞赛一等奖，免试进入北京大学

深造。这间实验室正在培养更多有这方面兴趣的学生。

学校充分尊重每个人的个性发展，学生的特长通过选修课得到了很好的发现和发展。学校累计开设了 200 余门校本选修课，其中 75% 是本校教师自主研发的课程。许多课程是根据学生的需要和教师的特点，利用现代信息技术，由师生生成的。

比如，学校利用微信公众平台，开设《中华好故事》微信课堂，通过师生、生生、家校互动，传承中华优秀传统文化；师生共同开发博物馆课程，由学生设计制作《博源集》博物馆课程研修手册；通过互动游戏，把难学的数学变得好玩、易懂；建设五大系统（太阳能收集系统、地热系统、中水回收系统、雨水回用系统、厨余垃圾处理系统），开设节能减排课程；开展 iPad 教学，利用智能点阵笔等实现实时交互。

2. 探索学习之道，增强学习动力

对于学生而言，最重要的任务是学习，最主要的幸福感来源也是学习，因此，学生如何学习，是学校关注的核心。怎样学习，如何将学习内化为生命成长的动力，是一门科学，也是一种道。因此，学校率先开设了学道课程。学道课程是学校与清华大学人文学院素质教育研究与发展中心合作，借助专家力量，针对高一学生学习能力拓展和学习素质培养的特点开发的系列课程。该课程综合中国传统文化"道学"和现代人脑科学、心理学等领域，涵盖生命与生活、学习与能力、学习之用、学习之法四个模块，旨在培养学生学习动力，指导学习策略和学习方法。

学道课程，使学生从哲学、科学、文化和生命的角度思考学习，从元认知培养的角度，帮助学生学会学习，建构学习和生活的完整世界。

3. 依托特色课程，培养优秀人才

学校从 2001 年开始，在全国率先将智能机器人作为学生的必修课程，建立北京市第一个"智能机器人教室"，并陆续开设航模、天文、无线电测向技术等特色课程，培养各类高端人才，先后获得 50 余项国家级一等奖及国际金奖，在全国青少年科技创新大赛中屡获金奖。

在科技课程的培养下，学校学生养成了实事求是、顽强刻苦、不断钻研的科学态度，形成了勤于观察、勤于探索、勤于思考的习惯，特别是形成了创新精神，对学生未来的发展至关重要。

学校以"领军计划"和"博雅计划"等自主招生计划为桥梁，让更多优秀学子进军名牌大学。"领军计划"是清华大学从 2012 年开始发起的自主招生计划，主要面向志向远大、追求卓越、品学兼优、素质全面的应届高中毕业生，交大附中因在科技竞赛中的优异表现以及学生综合素质的全面提高，顺利成为该项目在北京市的 23 所生源校之一。"博雅计划"则是北京大学 2015 年推出的高考自主招生改革计划，为一些具有特殊天赋和才能的学生量身定制测试方式，有不少学生依托该计划进入北京大学深造。

4. 开发校本课程，助推专业成长

在课程建设工作中，学校按照学科成立若干课题组，充分尊重教师的课程开发自主权，教师通过全程参与课程的研发、实施与评价，树立了全新的课程观与教学观，提升了课程意识、课程素养和课程实施能力，教师的观念、行为发生明显转变，广大教师成为课程建设的受益者和重要的助推力量。部分教师已由专业型人才转变为复合型人才，师资结构进一步优化。

随着各课题组研究成果的不断完善，学校也将研究成果汇聚成校本教材运用到选修课教学当中，共有 11 个学科的教师编写完成 17 本校本教材。这些研究成果，为学校开展更多元化的校本课程提供了有力保障。

5. 实施项目管理，推进课程建设

学校采取项目管理的方式，课程建设由专门的团队进行研究和推进，先设立课程建设中心，后成立课程研究院，负责学校的课程建设与管理工作。同时，学校逐步形成了一系列清晰、合理、系统、协调的制度，为课程建设提供有效的制度保障，并且以制度为基准开展课程的研发、实施、评价等工作，注重过程管理，强调各项制度的落实；通过完善课程建设工作评价体系，加强日常考核评估工作，形成良性运作机制。为调动广大教师主动参与课程建设工作的积极性，确保课程的有效实施，学校制定了相应的激励制度，倡导教师主动学习课程理论和技术，鼓励教师求索与创新，营造团结合作的氛围，促进集思广益，共同研究。

学校通过幸福课程建设，一方面满足了学生全面而多样化的发展需求，为学生的发展提供了优质成长资源；另一方面，也提高了教师对课程的开发能力和执行能力，促进了教师的专业发展，使教师体验到了职业的幸福感。

（二）参与、共生的幸福课堂

对于学生而言，最重要的任务仍然是学习，最主要的幸福感来源也是学业上的精进。课堂是教育系统的神经末梢，也是提升教育质量、减负增效的关键所在。因此，如何通过课堂教学，提高学生的学习力，是我们关注的重要课题。

学校在充分调研学生需求的基础上，以"参与"和"共生"为出发点，以"有趣、有参与、有成就"为幸福课堂建设的三维标准，实现教学相长，稳步提高教学质量。

1. 以"三有"为标准，绽放课堂的精彩

"有趣"，指关注学生的兴趣，让学生们有学习的乐趣，在探索情趣中激发志趣。"有参与"，指师生的行为参与、认知参与和情感参与，并最终促成高层次的思维参与。"有成就"，指师生双方的获得感。

我们通过参与、共进的课堂活动，激发学生的学习兴趣和参与度，在提高课堂教学效能的同时，增强学生学习的幸福感，培养学生的可持续学习能力。

2. 以微课题为载体，改进教学设计和教学方法

在实践中，如何推进"三有"幸福课堂的实施呢？学校采用"微课题"研究的方式，开展改进教学设计和教学方法的行动研究。"微课题"研究以教研组为单位，以解决教师教学工作中的矛盾、困惑为导向，个人申报与组内研究相结合，自定研究题目和研究内容、自控研究过程、自主进行课堂实验、自主产生研究成果，教科室在整个过程中提供统一管理、资源供给和专业指导。

教师围绕自己在学科教学中遇到的问题申报微课题，通过改进教学设计或教学行为来解决问题，达到提高教学效果和教学质量的目的。

以物理组的微课题研究为例，其微课题是"物理幸福课堂的关键要素探究"。在教学中，教师改进自己的教学设计，改变教学方法，以"参与者"的身份，创建"幸福课堂"。他们通过不断感悟、辨析、归纳、探索和运用，使创建"幸福课堂"的过程，成为对"幸福""赋值"的过程。教师立足课堂，以学生为主体，创设情境，加强课堂互动，让学生感受成功的喜悦和收获。具体开展情况如下。

（1）课前与学生沟通，发现学生的优势

为了让学生在课上积极参与，教师在课前与学生进行沟通和交流，发现学生的优势与不足，让学生提前预习和思考相关内容。

（2）课上创设情境，给予学生展示的机会

教师课上鼓励学生展示，及时给予肯定和表扬，帮助学生树立信心。

在新授课阶段，让学生参与实验，收集资料，体现物理学科与生活实际相联系的特点，激发学生的学习兴趣；在复习课阶段，鼓励学生总结，巩固所学，提高表达能力。

在建设物理组"幸福课堂"的同时，提升了学生学业成绩，该学科会考通过率为100%，优秀率为81%。在学习过程中，学生感受到成就感，感受到参与课堂、积极互动的乐趣。

3. 以微项目为切入点，提升常态课的教学质量

"微项目"是以备课组为单位开展的研究。每学期，每个备课组结合各自的教学实际情况，选择一个本年级本学科急需解决的问题作为本组的研究内容，通过问题聚焦、立项教研、课堂教研、行动教研、反思改进等过程开展研究，促使教师在常态课教学中重视学科素养的培养。通过教师的引导、多元教学方法的灵活运用、学生的全员参与，提升课堂的教学效能，减轻学生负担，进而提高常态课教学中师生的幸福指数。

仅2015—2016学年，七年级、八年级、高一、高二四个年级立项的微项目就有43个。具体工作方法如下：

第一，召开"微项目教研"交流暨学生成绩分析会，有针对性地改进教学设计和教学方法。学校在每学期的期中和期末质量检测后，召开各年级的"微项目教研"交流暨学生成绩分析会，通过科学的统计方法，分析学生学业情况，有针对性地改进教学设计和教学方法。

成绩分析会的定位——从学生成绩分析中，看成绩、找问题、寻方法、指方向、促发展。

成绩分析会的作用——总结经验，明确提升空间，促进教师的发展和学生的成长。

成绩分析会的方法——其一，年级成绩分析会一定要与成绩分析连在一起，从成绩的数据中，找亮点、找问题、找方法，制定今后的改进方法。其二，成绩的取得离不开课堂教学，所以分析成绩时要结合课堂教学进行总结，尤其是结合幸福课堂"三有"标准在教学中的体现和做法进行总结，寻找经验和规律，给予可操作的教法指导。

第二,及时总结微项目内容,引领教学设计和教学方法的改进。在"微项目教研"交流暨学生成绩分析会上,请微项目研究做得好的备课组长进行示范性发言,引领其他教师改进教学设计和教学方法,全面提高教师的教学水平和课堂教学质量。

【案例一】七年级语文微项目——"在'圈点批注'中提高阅读能力"

批注,形式灵活而内容广泛,强调自主和灵活性,能够提高学生的综合能力。学校备课组长孙洪超,从以下几方面介绍了七年级语文组的微项目实施情况和取得的成绩。

第一,通过批注式阅读教学研究,改变了学生的学习方式,提高了学生的阅读能力。一方面,改变了学生的学习方式,培养了学生批注阅读的习惯。学生在阅读文章之时能随手写下自己的心得感悟,变被动阅读为主动批注,对文章的理解更深入,有了自己的思考。另一方面,因为学习更自主,激发了学生的阅读兴趣,提高了学生的阅读、写作及表达能力。基础较薄弱的学生可以在他读不懂的地方写下"不懂",或提出疑问。有的学生虽然学业成绩不理想,但能写出自己的疑问和独特想法。虽然有的问题提得不太成熟,却能提高他的注意力,有助于他参与到课堂讨论中来。大家觉得这种方式更能调动学生的学习兴趣。更让人惊喜的是,许多同学在批注过程中,写下了文笔优美的小段批注,形成了一篇篇优美的随笔散文。

第二,通过批注式阅读教学研究,探索了阅读教学新途径,构建了批注式阅读教学新模式。基本模式如下:预习式批注—评价式批注—质疑式批注—悟式批注—小组合作式批注—联想式批注。师生通过研究,总结出一些经验,如批注要因文而异,有些文章不适合作批注,作批注要有所选择;批注可与中考题型相结合,个性化批注可与格式化批注相结合,掌握答题技巧。

第三,研究促进了阅读教学与朗读、写作教学的紧密结合,提高了学生的学习能力,使学生养成了"不动笔墨不读书"的好习惯,提高了学生的语文综合能力。批注即写作。或只言片语,或洋洋洒洒,都可锻炼学生的写作能力,使其提高写作水平。在作文批改中,教师也尝试在作文中加入学生批注,包括自评和互批。为同学的作文写批注,锻炼了学生的鉴赏能力、修改作文的能力,使其提高了写作水平。

第四,研究培养了教师的研究能力,提高了教师的专业水平。研究使教师养成了反思习惯，了解了研究方法，学习了专业理论，在实践中得到了锻炼。

【案例二】八年级数学组微项目——"基于数学阅读理解的对话课堂"

阅读能力不仅是语文学科的基本功，对数学也很重要。学生在数学解题时需要在阅读中正确理解题意，明确已知条件和未知条件，并建立它们之间的相关关系，才能顺利解答。为此，八年级数学组分工合作，通过数学课题的阅读对话研究，解决了教学中的实际问题，提升了教师的教学水平，提高了学生的数学学业水平。

在微项目总结中，他们这样写道："我们组对'基于数学阅读理解的对话课堂'的微项目有了更深一层的认识。学期初，我们组利用几次备课组会议讨论什么是数学的阅读理解，它和语文的阅读理解有何区别，并最后明确了数学阅读理解的定义；同时我们查找各种资料，寻找理论支撑，弄清楚了数学阅读与一般阅读的区别。数学阅读不同于传统非数学阅读特别是语文阅读，主要表现为如下几方面能力：语言理解能力、语言转换能力、语言表述能力、概括联想能力、有效猜测能力、直觉创新能力。"

通过微项目研究，我们明确了数学阅读能力的培养目标：提高学生数学语言之间的转化能力；培养学生的逻辑思维能力；培养学生良好的阅读习惯（圈点批注等）；提高学生的学业成绩；改变教师的教学方式。

八年级数学组的教师又根据学情确定学生的阅读问题"症结"，主要表现在：读不懂题，不明白数学符号的含义；在阅读的过程中丢字、漏字；不能正确地分析图形，挖掘图形中蕴含的信息；文字语言、图形语言及符号语言之间的转换能力差；不能用数学语言正确表达、描述思维过程等。

于是，他们确定了解决问题的几个阶段：第一阶段，带领阅读阶段；第二阶段，带着问题阅读阶段；第三阶段，独立阅读提炼问题阶段。

经过半学期的微项目研究，在期中质量检测中，八年级数学组的教师设计相应的问题，考查了学生的数学阅读理解能力。结果发现，学生的阅读能力、表达能力、理解能力有了很大的提高。八年级数学组在对话过程中实现了知识建构、能力发展、情感交流、思想碰撞、个性张扬和精神交往的教学形态。

4. 以学生认知特点为出发点，整合学科教学

学生的认知具有整体性特点，一方面，教师们突破学科教学相互割裂的局限，以主题探究为路径综合某些学科教学。

如美术、地理、语文、道法四个学科选取与我国西北地区相关的内容，打造以"黄土地民族魂"为题的文科综合课，展示西北的地域文化，涉及西北民俗、艺术（安塞腰鼓和剪纸）、自然环境、文化生活等，使学生多方位地了解西北地区，形成整体印象，在丰富知识的同时，增强学科能力，提升民族认同感和自豪感。

再如，教师们综合物理、生物、数学、地理四个学科，以"西直门交通拥堵"为题，进行主体探究活动，实地调研分析北京西直门交通拥堵的原因和改进措施，使学习与生活、学校与社会紧密相连，提高学生解决实际问题的能力。

另一方面，在已有的跨学科研究基础上，教师们进一步以某一学科教学为主线探索综合教学。

例如，七年级语文教师韩爱军上了一节"尊重文化多样性——凡尔赛宫"的文科综合研究课。韩老师围绕"凡尔赛宫"的语文教学内容，通过教学设计和教学行为的改进，把历史、地理、道法等学科的内容作为语文学习的依托和背景，加强学习过程的开放性、体验性和实践性，构建满足学生个性需求的语文教与学方式。

八年级数学教师孙丽围绕"新能源背景下的函数应用"上了一节理科综合研究课。孙老师带领学生们参观了学校的节能减排设施，围绕数学教材中的函数内容，选定"新能源背景下的函数应用"作为研究主题，通过教学设计和教学行为的改进，探索如何运用数学知识解决在物理、化学、地理、生物学科中涉及的共同问题。

经过专题的整合，教师一改以往从学科本位出发的思维惯性，更关注学生的需要，根据学生的认知特点，以探索这种教学方式最终在学生身上发生怎样的教育效果为出发点和落脚点，来统筹设计课程目标、知识结构、呈现方式及学习过程。

5. 以多元化、发展性的教师评价为契机，引领教师职业提升

一是探索和建立符合校情的教师评价体系，关注常规课堂教学反馈信息。通过多种途径采集、整理信息，分析、整合评价结果。进行评价不是为了奖惩，而是帮助教师发现自身优势和亮点，分析不足，为成长和改进提供空间和建设性指导。

二是重视现场式评价，及时开展评课研磨活动。挖掘退休优秀教师资源，成立专家团，开展全校教师"地毯式"听课；组织专家、干部、教研组，开展"三级联动观课议课"活动；及时向授课教师反馈课堂情况并与之进行交流，共同分析和总结课堂的亮点和需改进之处，为不断完善课堂教学提供依据。

三是注重学生评价，定期开展网上评教评学活动。开发"北京交大附中教师绩效评估管理平台"，修改和完善评价指标，每学期进行学生网上评教评学活动，将评价结果形成分析报告，辅助学校教育教学工作各项诊断和分析，并选择合适时间面对面与教师进行沟通和交流，便于教师更好地改进自己的教学工作。

四是加强家校沟通，重视家长意见和建议。通过教学开放日、家长会、家校互动平台等多种形式与学生家长进行沟通，了解家长对于学校工作的意见和建议，逐步完善学校的各项工作。

6. 以培训为引领，提高教师专业水平

幸福课堂的实施关键在于教师的素养和水平。如何使教师的教学都达到"三有"标准？这需要学校采取一些有力措施。

一是搭建"三级五类"培训平台，引领教师专业发展。针对教师不同的专业化发展需求，组织各种规模和范围的校本培训，为教师搭建有效的、多元的、个性的专业成长平台和同伴互助平台。在培训策略上实施"按学科、按年级、按职级"三层培训课程体系的方式，在培训内容上实施"教育理念培训、学校文化与精神培训、专业技术类培训、通用技术培训、全员专题类培训"五类校本培训系列课程，搭建教师自我发展与成长的培训平台，引导教师体验专业成长、提升幸福感。

二是利用高校资源，提升教师专业素养。利用北京优质教育资源，尤其是学校周边高等院校、研究所等各类资源为教师提供职业成长的环境和平台。比如与北京师范大学合作为干部和骨干教师量身打造研修班，提高集团化办学质量和教育改革深化背景下的教师自身素养；与北京交通大学合作开设工程硕士班，提高教师专业化水平。同时，在校内建立起和谐、温馨、团结、奋进的教研组、年级组等，使教师有归属感，有时不我待的使命感。

三是建立市、区、校三级联动培训体系，提升队伍整体素质。三级联动培训体系是市、区、校联合举办的有特色的多种形式的专题式培训，旨在引发教师深入思考，交流学习经验，促进教师成长。比如，开展特级教师精品课程观摩学习交流月活动。与教育机构合作，邀请名校特级教师在我校上观摩课，为教师搭建与名师近距离沟通交流的平台。举办"跨学科整合教学实践"教学研讨展示活动。教师开展跨学科教学，为加强学科间的整合、发挥综合育人功能提供了有益尝试。

通过系统的培训，交大附中教师队伍素质逐年提升。近几年来，学校涌现出大批优秀教师，并在各种国家、市、区级教学评比中屡获佳绩。交大附中被评为北京市科研先进学校。通过参与、共生的课堂活动，学生培养可持续发展的核心素养，充分发挥主体参与作用，对所学内容感兴趣、有需求、有探索，发挥自己的优势，体验到成长的幸福。而教师则借助这一平台，更好地把握学科核心素养，发挥个人风格，体验到职业的幸福。

（三）共生、能群的幸福团队

幸福团队体现在学生方面，主要是幸福班级建设。此处主要阐述幸福班级建设问题。班级是学生学习、活动的基本单位，对学生的成长起着重要的作用，幸福的班集体有着强大的教育力和凝聚力。在幸福班级建设中，我校以"自主、合作"为关键词，以班级文化建设为抓手，以德育课程体系的构建和实施为平台，逐步实现学生的自主管理。

1. 围绕小组合作，营造班级文化

班级文化建设，实际上就是用更为先进和人文的理念，更为民主和尊重的氛围，更为专业和智慧的方法，建设班集体和发展学生的过程。

"以合作小组为路径促班级文化建设的研究"是引领班级文化建设的总项目，根据班级核心价值，在班级内进行小组建设，确定组员、组名、小组发展目标、组规、分工等，开展小组合作学习和其他各项活动，以小组为单位，促进学习共同体的形成，培养学生的合作意识和团队精神。

另外，在开展的各类活动中，学生们都以小组合作的方式完成了活动方案的提出、协商、执行、效果评估等，锻炼了多方面的能力。

在小组文化日益成熟的过程中，为了推进班级文化建设，定期组织班主任班级文化建设交流活动和班级文化巡展。班级文化巡展是班级文化建设的助推器，对推进小组文化建设，推动学生主动发展，增强同伴互助力量，使学生乐于参与、善于决策有积极作用，可以让学生主动锻造自己的领导力，自主打造班级特色，形成班级品牌，从而达到丰富学生的精神世界的最终目的。班级文化巡展在不同学段有不同主题，比如初中以友善、合作为主，高中则以自由、平等为主。经过近三年的学校班级文化建设的引领，各班都已形成自己独特的班级文化。

学校还定期开展"荣誉合作小组"的评选活动，促进小组文化建设，由学校制作荣誉小组证书、徽章，年级、班级自主表彰。此活动发挥了同伴教育作用，并且使小组文化建设在各班蔚然成风，小组建设成为班集体建设的重要依托。

2. 培养学生干部，建设班级文化

在班级文化建设中，班主任成为班级管理中的"顾问""引路人"和参与者。学校推行以"部委制"代替"班干部制"的班级管理模式，成立学习部、纪律部、宣传部、体育部、生活部等，由部长招募部员，班级每个成员都加入不同部门，为班级建设出力，为班级某一项工作负责，从而增强学生的责任意识，提高学生的自主能力。

在班级建设中，学生干部发挥着骨干作用。为鼓励更多学生担责，学校建立了多样化的学生干部队伍，校级的有学生会、团委会、德育校长助理团，各年级有年级组长助理团，各班级有部委等。学校通过团代会、学代会等途径，充分保障学生"当家作主"的民主权利，锻炼其管理能力。

与此同时，启动了旨在培养学生干部素质的"领·英"计划，努力打造一支素质过硬的学生干部队伍，促进同伴教育，更好地发挥干部的模范作用。"领·英"计划聘请专业团队设计培训课程，形式多样，内容丰富。讲师团队人才多元化，从思想品德、礼仪形象、人际交往、工作智慧等多方面为学生干部量身打造高品质的课程，使学生干部学到了在普通课堂上学不到的知识和本领，得到了综合性的发展指导。"领·英"计划课程包括校级统一课程和专门具体课程，除了全体学生干部参加的校级课程外，还由负责德育工作的各位老师分别实施对班长、宣传委员、团委会成员、学生会成员、各类检查员等的专门培训，满足干部自身成长个性化需求，以他们的良好素养来影响身边同学，充分发挥同伴之间的激励、号召和榜样作用。

3. 丰富学生活动，点亮班级文化

每个孩子都是独特的存在，班级文化需要各类活动来点亮。在交大附中，学校结合学生自身实际和发展需要，在节日、校园活动、社团、实践等方面，为学生创设各种活动作为展示平台，逐步实现培养思想道德品质、个性心理素质和综合素质与能力的幸福德育目标。学校、年级、班级的各类活动也成为班级发展的重要舞台，在组织学生参与这些活动的过程中，班集体的凝聚力得到提升、精神得以体现。

每年 5 月 15 日，是交大附中特有的学生节，学生节就是让学生在玩中学。这是学生最盛大的节日，精彩的节目在这里汇集，智慧的创意在这里勃发，家长的力量也在这里凝聚。在这一天，学生、教师、家长共同打造一场文化的盛宴。在这一天，学校的常规课堂不见了，取而代之的是 T 台表演、校园吉尼斯、球王争霸赛、社团展示、生涯体验、跳蚤市场、小吃一条街等各种学生喜爱的活动。各方奇才大显身手，十分精彩。教师、学长、家长成为志愿者，为学生各类活动服务。"5.15"谐音为"我邀我"，选择在这一天举办学生节，不仅体现了学生的主体性，更重要的是向学生传递了一种理念：学习不局限于课堂，自身综合素质的提升也不局限于教室，在活动中，我们也可以成长和发展。在这个学生自己的节日里，整个校园都欢腾起来，到处洋溢着欢声笑语，相信这将是学生青春记忆里最精彩、最难忘的一段。

为了发展学生的兴趣爱好和特长，学校大力支持社团建设，发展社团课程。交大附中社团分为科技、艺术、体育和实践四大类，目前有 69 个社团，参加社团人数在 1500 人以上，指导教师除了由本校教师兼任外，还外请了专业教师。师生在实践中不断总结，共同制定了《社团活动手册》《交大附中社团星级评定标准》；学生成立了北京交大附中学生社团联合会（社联），独立自主地开展工作，帮助社团顺利组织开展活动。社联是学生与学校沟通的桥梁。

经过多年积淀，学校有不少社团在区、市乃至全国都有一定影响力。例如金帆合唱团，其前身是成立于 1984 年的高中混声合唱团（北京市第一个高中混声合唱团），多次在国内、国际合唱节上取得优异成绩，曾赴美、德、澳、韩、日等国家交流演出，为祖国赢得荣誉。田径队、棒球队和垒球队也多次获得市级、国家级优异成绩，为国家输送运动健将。生物社、天文社、街舞社均获得了区级、市级、国家级奖项。此外，童声合唱团、智能社、辩论社、橡皮章社、模拟联合国、莎士比亚话剧社、目言话剧社、心理协会、软笔书法、国学、传统陶艺、老北京传统文化等社团也很受学生的欢迎，社团文化已成为校园文化中不可或缺的一部分。尤其值得一提的是，莎士比亚话剧社社长在社团活动之余，还积极倡导并组建了城市梦联盟，为新利学校的打工子女提供帮助，并利用周末时间带领莎士比亚话剧社的学生为新利学校的学生指导英文话剧表演，他们充分展现了交大附中人的风采。

社会是最好的课堂，围绕"感恩重责、阳光包容、博学笃行、健康雅趣"的育人目标，学校坚持引进来与走出去相结合，拓展校内外教育资源。开设"思源讲坛"，如请国防科普作家田小川女士讲《百年航母与中国航母精神》，请王挺斌博士开展讲座，使学生感受国学魅力，领略专家学者的智慧，感受各领域的前沿发展。在社会大课堂活动中，学生能够亲身实践，到各大公司、新闻媒体、科研机构等单位体验工作，开阔视野。

此外，学校、班级积极组织球王争霸赛、校园歌会、心理活动月、教育戏剧等活动，创设学生展示的平台。运动会、校园歌会是传统节目，是青春活力的集中体现，是班级文化和民族精神的展现。学校历届运动会都以人文素养的提升为依归，承载着深厚的文化底蕴和人文精神。班级对各类活动中涌现出的优秀人物进行了大力宣传，如将班级内评选出的"最美交大附中人"、班级风云人物及先进个人材料制成海报先在班级张贴，再让学生带回家珍藏，有效地培养和发展了学生的综合素质。

4.构建德育课程，助力班级文化

班级管理是德育工作的基本单位，同时，德育工作也为班级建设提供了有力支持。如何通过德育工作，推进班级文化建设，值得人们深思。近年来，学校采取德育工作课程化的方式，将德育工作打造成特色课程，包括荣誉课程、仪式课程、七彩团课、班会课程等十大课程，在班级中实施，在课程中不断拓展和促进班级文化建设。

（1）荣誉课程

德育常规管理工作较为琐碎，却是学生基本素养和行为规范形成的保障。经过反复调查和研讨，学校将十项常规工作打造成班级建设的"十大荣誉"。随着对"荣誉"理解的深入，学校把荣誉评比工作上升到课程的角度思考，从课程指导思想、目标、实施方式、管理办法、评价几个方面对荣誉评比活动进行设计和实施，"班级十大荣誉"课程应运而生。同时，我校出台了《交大附中十大荣誉课程考核条件及办法》，鼓励"荣誉班级"的创建和申报，为班级管理提供系统化、制度化的抓手，为班级文化建设提供助推力和展示平台。

十大荣誉课程包括学生在校的一日流程、荣誉合作小组章程、荣誉考场的申报、荣誉之星评选四类。这四类正是班级制度文化建设的着力点，其以中国传统文化底蕴为支撑。传统文化主张仁爱，注重群体，强调和而不同，强调"天下兴亡，匹夫有责"的爱国情操，强调"己所不欲，勿施于人"的待人之道，强调吃苦耐劳、勤俭持家、尊师重教的传统美德等，我校将这些中华传统美德教育融入学生日常学习生活之中。比如，在思政教师的指导下编制了《礼仪学习手册》，该手册成为学生"文明"行为指南，让学生领会"文明"背后的含义。

荣誉课程最终以"最美交大附中人——道德模范"的评选活动进行表彰，包括文明礼仪之美、遵规守纪之美、默默无闻之美、积极乐观之美、无私奉献之美、公益服务之美、勤奋拼搏之美七方面，以此传承和弘扬优秀传统文化。近几年，我校有几千名学生被评选为"最美交大附中人"。另外，还有荣誉合作小组、优团优干、三好学生、荣誉班级、荣誉值周班、全优星级荣誉班级的推荐评比。一些学生在这些评比活动中体验并感悟到"文明"，同时发挥自身的示范作用，引领身边同学更好地践行文明。这些学生成为交大附中精神的传播者。社会主义核心价值观、学校培养目标、学校文化精神的践行在学生中时时处处呈现。

荣誉课程为班级文化建设提供过程性、多元化、全方位的评价和激励机制，促进班级、小组及学生个人的成长；激发学生的荣誉感和责任意识，促进学生良好习惯的养成；提高德育管理和服务的系统性、实效性。

（2）仪式课程

仪式课程对学生成长的特定时期具有特殊的意义，学校十分重视开学典礼、升旗仪式、建团仪式、离队仪式、成人仪式、毕业年级百日誓师等集体大型活动，爱国主义、责任意识是贯穿仪式课程的精神内核。特有的仪式感营造了隆重庄严的氛围，无论形式还是内容，都给学生带来心灵的震撼，让学生展示了个性色彩、丰富了精神世界、增强了精神力量。

例如，在升旗仪式课程中，每次升旗的班级需要事先进行申报，然后由负责德育工作的教师进行培训，分别从升旗仪式的重要性、升旗仪式工作流程、国旗下讲话主题、申报程序和奖励措施等方面为学生进行解读，并鼓励各班积极申报，学校根据申报情况，确定申报成功的班级。动员会召开后，很快就有许多班级提交了升旗仪式自主申报单，这充分反映出学生阳光、进取的精神品质，也体现出他们较高的主人翁意识和爱国意识。对于申报未成功的班级，学校将以其他形式给予展示的机会。

有一次，北校区团委承办"铭记历史，励志前行"主题升旗仪式。其间，团委秘书部代理副部长就铭记历史这一话题展开国旗下讲话，以各年级学生切身参与的活动为切入点，以"吾辈当自强"为演讲主旨，深入阐发，声情并茂，引发了学生们的思考，收到了共同缅怀历史、激励学生创造未来的效果。

学校高三学生的成人仪式是非常隆重的，学校在总结活动经验的基础上将该活动课程化。例如，每届成人礼主题都是"感恩重责"。流程则是：请高三所有任课教师上台，并由学生送红围巾体现"感谢师恩"的主题；邀请学校后勤、医务室等的工作人员上台，让那些默默无闻的奉献者得到应有的尊重；请往届校友参与，因为他们用行动践行着"饮水思源，爱国荣校"的校训。

有一届毕业生用两年的时间为成人礼创作并拍摄了微电影，诠释他们对成人的理解；有一届毕业生为成人礼制作了祝福视频；有一届毕业生在成人礼上还邀请了50、60、70、80、90不同年代的校友登台与大家分享他们十八岁的故事。成人礼主题曲的创作征集活动，让学生们在创作过程中加深了对成人的理解。

"百日誓师"仪式是毕业年级的传统活动。近年来，学校力求在传承的基础上不断创新，深入挖掘活动的育人与文化内涵。"穿越龙门"环节是学生们最喜欢的环节，学生们踏着红毯，跑过龙门，与列队两侧的教师击掌，感受来自教师的鼓励与祝福。百日誓师不仅是一个仪式，更是一个起点、一个新的开始。无论过去怎么样，未来都还有希望、还有机会。通过活动，学校激励学生相信只要这一百天倾注全部的汗水，就有机会创造奇迹；激励学生用实际的行动与成绩，向父母、向学校证明，经过中考、高考的历练，他们终将成为真正的强者。

（3）七彩团课

学校团委也将团队工作开发成独具特色的七彩团课（见表0-1），引领学生思考，服务学生成才。

表 0-1　七彩团课

颜色	寓意	课程名称
红色（red）	红色是热烈、积极、强有力的色彩，使人联想到滚烫的红心、沸腾的鲜血，用来传达热诚、进取、奋斗等含义。	党团课程
橙色（orange）	橙色是欢快活泼的色彩，是暖色系中最温暖的颜色。它使人联想到金色的秋天、丰硕的果实，是一种快乐而幸福的颜色。	社团课程
黄色（yellow）	灿烂、辉煌的黄色，象征着希望和活力。它是自信的色彩，象征着对更高生活品质的追求。	活动课程
绿色（green）	鲜亮的绿色是一种美丽、优雅的颜色，它生机勃勃，象征着生命。	社会实践课程
青色（inbig）	青色是中国特有的一种颜色，在中国传统文化中，具有重要的意义，如"青出于蓝而胜于蓝"，青色象征着提升与超越。	团队建设
蓝色（blue）	蓝色是博大的色彩，无边的天空和大海都呈蓝色。蓝色是最冷的色彩。纯净的蓝色表现出一种文静的理智、沉稳的追求，是永恒的象征。	民主实践课程
紫色（violet）	紫色是非知觉的颜色，它美丽而又神秘，给人深刻的印象。紫色象征智慧，表现出自省与神圣。	仪式课程

（4）班会课程

班会是班主任对学生进行教育引领的有效形式和重要阵地，班会课在学校教育的课程中发挥着重要作用。为此学校举办多种多样的主题班会，加强学生的责任意识及价值观教育。学校还聘请了西城区教育研修学院德育心理部的资深专家，为班主任培训如何开好班会，讲解如何把握学生活动时的底线、常态和高标，从而使班会达到研究学生、教育学生的目的。

高一教师苗莹的"让青春在暖阳中绽放"主题班会，取得了良好效果。她在介绍经验时说，她想培养的学生是拥有阳光乐观的心态、自我管理的能力、持续学习的动力的学生；她希望建设的是一个有凝聚力、有归属感、班风正、学风浓、学生自主管理的班集体。为了培养这样的班集体，她从班级建设、课程建设、家长资源三个方面逐步进行班级文化建设。其他教师听完经验介绍后感悟："没有爱就没有教育，班主任就要真诚地、耐心地给予学生自己的爱！"

正如苗莹老师所言："教育就是怀着一颗仁爱之心，带着一种教育情怀，牵着一群蜗牛优雅地散步。引导孩子们走出成长中的困惑，陪伴他们度过成长中的平淡，见证他们实现成长中的超越！让青春在暖阳中尽情绽放！"

5. 加强教师培训，引领班级文化

在班级文化建设中，班主任的工作定位是指导与引领，即指导学生学业、引领学生心灵。学校努力搭建专业成长平台，培养智慧班主任。智慧班主任达到一种"宁静而致远、慎思而明辨、情笃而超验、坚韧而洒脱、通达而圆融"的境界。

第一，以培训引领班主任成长。在班主任队伍建设的过程中，学校搭建了幸福班主任走向专业化的五层阶梯，以此作为班主任成长的目标。

第一层阶梯：阳光心态。工作中遇到问题和困难不逃避、不躲避，当成自我成长的机会。积极寻求帮助，学会解决此类问题，努力提升自己。（事务型）

第二层阶梯：案例学习。学会针对班级建设中他人或自己的案例进行分析，并结合对自身教育理念、教育经验、教育实践的反思，提出解决问题的方案，提高解决问题的能力。（经验型）

第三层阶梯：自觉反思。班级建设充满创造性和挑战性，在每个环节，都应该贯穿班主任独具个性的思考，做到亦育亦思、常思常新。在反思中享受教育，实现教育生涯的可持续发展。（思考型）

第四层阶梯：系统思考。以学生的发展为目标，用整体思维去规划班级建设，把班级建设成学习型组织，由此实现教育目标。（科学型）例如，学校一位班主任在班级文化建设中进行了系统思考：该班主任首先用思维导图梳理出班级建设的思路，进而设计出班级三年的发展蓝图，并在此基础上进行近景规划，构思学期的班级计划。这个过程体现出班级建设目标明确、脉络清晰。

第五层阶梯：自我培养。在工作中逐步形成先进的教育理念，具备谦和、包容、有责任感的品质和创新精神，并能影响和指导他人。（文化型）因此，希望班主任工作是从工作状态到生命状态的提升，并最终提升师生的精神生命质量。

班主任培训以"超越汗水型教师，做智慧型教师"为主题，从调研入手，以问

题为切入点，开展幸福班主任的系列培训，设置培训课程，同时把班主任就是培训者的思路贯穿始终，提升班主任的专业水平。

培训课程共四部分，把建设有生命力的班级文化，相信每一位学生都很棒，依靠每一位学生建设好班级作为班级管理信条。班主任在这个信条的引领下，智慧层出不穷。

在搭建平台的基础上，班主任提升很快，各省市慕名到学校参观学习的人越来越多，班主任在传播自己思想的同时幸福地成长着。"我们期盼智慧、乐观、胸怀、幸福"，成为北京交大附中班主任的心声。

以下是一位思考型班主任进行班级管理的案例：

【案例】真正的财富是什么

前不久，班里发生了一件小事，让同学们重新认识了"财富"。

事情的起源是一位同学丢了钱包。家长认为钱包是在学校丢失的，希望能在全班范围内进行排查。我和宋老师（青少年心理专家）商量了一下，认为这样做实在不妥，于是决定先和丢钱包的同学聊一聊。

找来这位同学后，我先问他："你最后一次见到自己的钱包是在什么时候？"这位同学说，头天晚上在家里见过，爸爸认为钱包丢在了学校，但他其实也不能确定。

我们为这件事召开了一次班会。

在班会上，我首先问大家对这件事的看法，让学生们开诚布公地讲出来。学生们纷纷发言："烦死了，没完没了的。""我相信这钱包不是我们的同学偷的。"也有人对丢钱包的同学表示理解："他丢了钱包很着急，大家也不要怪他。"

等到大家各抒己见后，我请丢钱包的同学发言。他说："我丢了钱包确实很着急，但现在我不认为是咱们班同学偷的。如果之前给大家添了麻烦，我向大家道歉。"

任何事情都是教育的契机，我趁机问大家一个问题："你们说，真正的财富是什么？"

讨论过后，我告诉大家："真正的财富有三个层次，首先是有形的金钱，然后是能帮你挣钱的知识与能力，最深层次的财富，是人与人之间的关系，比如情感，比如信任。"并请学生思考："有同学丢了一个钱包，里面还有钱，可能总价值很高。但如果为了这个钱包，我们全班同学失去了对彼此的信任，是不是损失更大呢？"

这件事最后得到了圆满解决。

通过这件事，我认为，学生对财富的认识，不能只停留在金钱的层面上。学生要有支配金钱的能力，也要懂得什么才是最珍贵的财富。

对于丢钱包事件，首先，这位班主任没有按家长的要求进行排查，保护了学生的自尊心；接下来，这位班主任将丢钱包事件作为一次难得的教育契机，在专家的配合和全班学生的支持下，圆满地解决了丢钱包事件，并将学生对财富的认识引领到了一个更深的层次，展现了班主任的智慧。

专业的培养和引领，使得班主任以乐观心态，充满智慧地工作，享受学生成长的快乐，交流分享案例故事，做智慧、成功、幸福的班主任。

第二，学校提出"人人都是班主任"这一概念，以"人人都是班主任"项目推进班级建设。通过采用"潜能生导师制""班主任助理制（副班主任）"等办法，让任课教师都参与班级管理，加强对潜能生"一对一"的人生指导、心理疏导和学业辅导，协助班主任建设幸福班级。从最初的调查、座谈、研讨，到达成共识，方案出台，历时9个月。学生发展中心作为项目主要负责部门，在各年级组逐步实施。

目前，学校已经形成了"人人都是班主任"的良好氛围，教师们彼此支撑，同舟共济，形成了一个有生命力的团队、一个幸福的团队。在交大附中，"人人都是班主任"不是口号和形式，更多的是一种心态和行动！

在此过程中，学校涌现出很多让人感动的人和事。八年级（2）班副班主任项菲，怀有身孕依然提出自己可以帮助班主任管理值日和静校。八年级（4）班副班主任乔春燕，在班主任近一个月病假期间，坚守岗位，任劳任怨。八年级（6）班副班主任杜文华，犯了高血压病依然带病上岗。八年级（7）班副班主任孙伟，在班主任每周三上午进修时间，坚持从早读、课间到课间操全面负责，遇到班主任生病时，义不容辞上岗带班……

通过"人人都是班主任"项目的实施，无论是班主任还是任课教师，在教育教学过程中都主动关注学生的内心，关注学生的成长，关注他们人生观、价值观的形成，形成教育教学的强大合力。

幸福班级建设，不仅可以使学生在和谐、自主的氛围中，增进自我管理的成就感和人际交往的归属感，而且可以多角度帮助学生发现自我优势，形成优势美德。

教师则可以通过五层境界的逐步提升，成长为智慧型、生命型班主任，增进职业幸福感。

（四）怡人、人本的幸福环境

在幸福环境建设过程中，我们以"怡人"和"人本"为关键词，不仅注重环境的外在优美，而且注重其实用功效。

葱茏的绿树、宽敞的跑道、如茵的草坪、庄严端美的教学楼、富有灵性的艺术雕塑……当清晨第一缕阳光洒进交大附中的校园时，师生们的笑脸和这一切静态之美交相辉映，不用任何言语诉说，幸福之感便会盈满每一个交大附中人的心房。

点缀在校园里的雕塑和文化广场，静静地散发着文化气息。

迎南门而立的祥云石，天然形成"渊源共生，和谐共融"的祥云图案，寓意着"一校六址"集团化办学力量凝聚并开启新的征程。

校园中央的"师生石"，为一高一矮两块巨石，它们相依相携，呈向上生长之势，象征着师生为本、教学相长的教育理念。

林荫中的雕塑"道"，结合了校徽中齿轮设计元素和火车车轮的外形，运用长短不一的笔直不锈钢管，呈现出充满力量的生命状态，启迪师生们思考生命的厚重与不同，鼓励大家实践"一切皆有可能"的人生。

雕塑"悟"，在锻铜铸造的书中浮现出人脸，象征着知识和思想等待着我们不断去探索和发现，预示着"知识是成长的营养，学习改变人生，智慧成就梦想"。

校园西侧17面文化墙，展示了15种人生幸福的能力，代表着对幸福学校文化价值观的传递和对师生们掌握幸福能力的期许。

而这些幸福能力，除了在宽敞明亮的教室中获得，学校还开辟了科技馆、数学馆、物理馆、生物馆、化学馆、通用技术馆、音乐馆、美术馆、体育馆、心理健康中心等专门的活动场所，尽可能地为学生的多元发展提供适宜的沃土。

除了物质环境，每一位初入交大附中的新生，入学后的第一课就是幸福环境课程。学校以学生的核心素养为指导，结合幸福学校的办学理念，以校园物质环境为载体，挖掘环境背后深刻的内涵和文化韵味，从品行、能力、学业、生涯四个方面入手，设立幸福环境课程体系，全面培养学生终身学习和人生发展必备的品格与能力，让学生真正学会思考、学会生活、学会学习、学会做人，为未来事业成功及生活幸福打下坚实的基础。

总结实施效果，凝聚幸福品质

学校文化的发展与积淀，幸福学校建设的实践与探索，使学校基本形成了具有自身特色的幸福和谐文化，师生有气质，环境有气场，从整体上为学校营造了一种氛围，明确了一种方向，提供了一股强大的力量，推进了学校的全面发展。

（一）推进学校管理的精细化、科学化

1.建立一室六中心体系，推进管理的规范化、精细化

世界在变，创新不变。面对不断深化的中国基础教育改革，随着办学规模的不断扩大，学校原有的单一的从上至下行政指令式的管理模式，已经远远不能满足新的时代背景下学校发展的需求。2012年，学校变革了单一管理体系，建立"一室六中心"的管理体系，即课程建设中心、教学管理中心、学生发展中心、教师发展中心、毕业指导中心、行政服务中心和党政办公室。

其中，课程建设中心专门负责将学校工作课程化，为学生量身定制包括创意科技课程、美感艺术课程、德行价值课程、心理体育课程、文化积淀课程等在内的多维幸福课程。学生发展中心主要是打造彰显个性的班级文化，创设自主"自治"的幸福班级。毕业指导中心专门探讨毕业年级学生的成长规律，为他们的幸福人生提供科学有效、重点突出的智慧启迪。教师发展中心为每一位教师提供多元发展平台，给予教师专业的引领。行政服务中心则专心为学校教育教学活动和师生发展需要提供各类保障和服务。

"一室六中心"的管理体系，使学校各项工作都由专门人员推进，使学校管理走向规范化、精细化。

2.引入项目管理机制，促进管理的专业化、科学化

所谓项目管理，就是项目的管理者，在有限的资源约束下，运用系统的观点、方法和理论，对项目涉及的全部工作进行有效的管理。即对从项目的投资决策开始到项目结束的全过程进行计划、组织、指挥、协调、控制和评价，以实现项目的目标。项目管理有利于优化资源配置，实现对项目全过程的科学把控，从而促进目标的有效达成。

学校引入项目管理机制，将全部工作分为若干管理项目，既有学校发展的大型项目，又有某部门主责或两个部门合作的项目，还有年级组、教研组，甚至备课组的"微项目"。学校发展的大型项目不仅领导层可以参加，普通教师也可参加；部门内和部门间的项目主要由某中心牵头；年级组、教研组、备课组的"微项目"，则根据具体年级、学科的学生发展需要开展。

学校还鼓励教师个人申请项目，研究工作中的痛点，并将痛点逐渐发展为亮点。

此外，学校在各项规章制度的建立方面，从教师幸福、学生幸福、家长满意度出发，创建了以人为本的管理制度共计 200 余项，使管理合情、合理、合法。

（二）增强师生的幸福感

在幸福学校建设项目实施前后，学校分别对教师和学生的幸福感进行了问卷调查和访谈。

1．教师幸福感调查

学校分别于 2012 年 6 月、2016 年 6 月对南北校区（校本部）的全体教师从总体幸福感、学校归属感、职业认同感、自我发展满意度、工作成就感、学校环境、制度管理、人际关系八个维度进行问卷调查。答案包括满意、比较满意、不太满意、不满意四个选项。

（1）总体幸福感

总体幸福感是指教师关于幸福的主观体验和总体感觉。教师的总体幸福感满意度（选满意、比较满意的比例）由 2012 年的 77.4% 上升到 2016 年的 90.1%。

（2）学校归属感

学校归属感是指教师对学校的隶属感、责任感。教师的学校归属感满意度前后都比较高，2012 年为 95.8%，2016 年为 96.1%。这与交大附中和谐融洽的文化传统有关。

（3）职业认同感

职业认同感是指教师对职业的看法和认同程度，满意度由 2012 年的 62.5% 上升到 2016 年的 79.7%。

（4）自我发展满意度

自我发展满意度是指教师对自我专业素养及发展的满意程度，满意度由 2012

年的 81.2% 上升为 2016 年的 92.0%，这与学校成立教师发展中心，以多种途径促进教师的专业发展有密切关系。

（5）工作成就感

工作成就感是指教师在教育教学过程中体验到的满足感，满意度由 2012 年的 67.7% 上升为 2016 年的 81.9%。

（6）学校环境

学校环境维度调查的是教师对学校物质环境的满意程度，满意度由 2012 年的 83.5% 上升到 2016 年的 96.7%，提升幅度较大。教师普遍认为学校环境怡人，场所具有多方面育人功能。

（7）制度管理

制度管理维度调查的是教师对学校各项规章制度的满意程度，满意度由 2012 年的 59.2% 上升至 2016 年的 86.8%。

（8）人际关系

人际关系维度调查的是教师对教师之间、师生之间关系的满意程度，满意度由 2012 年的 91.7% 上升到 2016 年的 97.5%。

数据显示，与 2012 年相比，在 2016 年的调查中，各项维度的满意度均有所提升，满意度几乎都在 80% 以上，其中，总体幸福感、学校归属感、自我发展满意度、学校环境、人际关系的满意度在 90% 以上。而职业认同感、工作成就感和制度管理满意度虽然不到 90%，但前后对比，提升幅度较大，分别提高了 17.2、14.2、27.6 个百分点。

同时，学校还对部分教师进行了访谈，访谈中教师们的幸福感也溢于言表。

王蕾（数学教师）：交大附中给予我全新的感受和启发，这里的同事和学生给予我莫大的帮助……让我有了充实感、成就感、愉悦感、满足感，让我深深地感受到温暖，体会到幸福，很像这冬日里午后的阳光——不那么热烈，但恰到好处……学校领导的鼓励，同事们的支持，学生和家长的信任，也时常让我感受到温暖和幸福。这些幸福的时光像潺潺小溪，浸润着我的心田；又像温暖的阳光，洒在我的脸上。我感到交大附中是一个践行理想的优质平台，这里有以人为本，这里有诚信友善，这里有团结奋斗，这里有文明和谐……我耳目一新，受益良多，华丽转身。

李欣（高三班主任）：我理解的幸福并不一定是什么轰轰烈烈的大事儿、大的成就或是什么值得夸耀的东西，而是在每天的平淡甚至劳累的生活中就可以体会到……我常常想他们（学生们）会以怎样的姿态结束高三生活，我又能带给他们什么，一路走来，我陪伴他们走到高三的终点、人生的新起点，这大概就是幸福吧。有人说，幸福不是状态本身，而是状态的改进。在高三，我看到孩子们越来越懂事，同事们配合越来越默契，所有的一切都向好的方面发展。这就是我的高三，我的幸福高三。

董元芳（英语教师）：教师的幸福不仅来自学生的成长，还来自自身的发展。"三有"课堂的探索和实施帮助我逐步实现专业成长，使我的教学突破了瓶颈，上升到新的台阶，让我的职业生涯远离倦怠。我会在课改的路上一直走下去，虽然一路风尘，但也是一路欢歌！它已经使我普通的日子变得阳光灿烂。

每年年末，学校都举行"幸福，我来说"演讲活动，师生欢聚一堂，述说一年的感动、收获和喜悦。

2. 学生幸福感调查

相对于教师而言，学生群体不稳定，因此，学校没有对全体学生进行调查，而是选取七年级、高一两个起始年级进行调查。学校于2013年9月对北校区七年级、高一学生进行幸福感调查，三年后再次调查，包括总体幸福感、学校归属感、对自我成长的期待、学习成就感、学校活动、学校环境、学校人际关系、家长认可八个维度。

（1）总体幸福感

总体幸福感是指学生关于幸福的主观体验和总体感觉，满意度由2013年的69.9%上升到2016年的89.8%。

（2）学校归属感

学校归属感是提高幅度最大的维度，满意度由2013年的51.0%上升到2016年的96.3%，由于第一次调查是在新生刚入校的时候，因此他们的归属感较低，而通过三年的学习以及班级文化建设，他们的归属感大大增强。

（3）对自我成长的期待

对自我成长的期待是指学生对自己的看法和对发展潜力的自信程度，满意度由

2013 年的 82.7% 提高到 2016 年的 88.6%。

（4）学习成就感

学习成就感是影响学生幸福指数的重要维度，满意度由 2013 年的 67.4% 提高到 2016 年的 91.1%，这与学校"低进高出"加工能力强是密不可分的。

（5）学校活动

学校活动包括三年来学校开展的教育教学各类大型活动、年级组织的特色活动、班级开展的主题活动以及学生社团活动等。学生对学校活动的满意度由 2013 年的 77.5% 提高到 2016 年的 92.8%。其中，学生节、体育节、校园歌会、心理拓展、生涯规划等活动深受学生喜爱，成为学校的经典活动。

（6）学校环境

学校环境主要指学校的教育教学设备、校园环境等物质条件，满意度由 2013 年的 85.6% 提高到 2016 年的 94.4%。学生对校园的绿化设计、食堂的饭菜以及后勤部门的服务评价较高。

（7）学校人际关系

对学生而言，学校人际关系主要是师生、生生之间的关系。满意度由 2013 年的 64.9% 上升到 2016 年的 86.0%。最初满意度较低主要是因为学生刚入校、彼此不熟悉。

（8）家长认可

家长认可指的是家长对学生的认同和肯定，满意度由 2013 年的 60.5% 提高到 2016 年的 79.4%。相对于其他维度而言，该项满意度最低，这反映了家长对孩子要求普遍较高。

从调查中可见，经过三年的学习、生活，学生的各项幸福指数都提高了（几乎都在 80% 以上）。由于刚入校时，学生对学校不了解，某些维度数值较低，但三年后迅速提升。其中，学校归属感、学习成就感、学校活动、学校环境满意度均在 90% 以上。同时，也要注意，家长对学生的认可度虽然提高了，但仍不足 80%，说明家长有对孩子期望过高、要求过严的倾向。在今后的实践中，学校要通过家长学校进一步加强家校沟通，使家长树立正确的家庭教育观念，提高家长在教育孩子过程中的幸福指数。

在访谈中，学生们也流露出归属感、幸福感和对老师、学校的感激之情。

小泽【原高二（12）班学生】：2014年年底，我和另外两位同学代表学校参加了浙江卫视的《中华好故事》节目……当看到自己的名牌下印有"北方交大附中"的名字时，我们就明白了自己肩负的责任，我们代表的不是我们自己，而是学校！……经过一番激烈的对抗，我们取得第四名的成绩。当车子进入学校时，我看到的第一个人是我的班主任"阿芝"（学生对老师的昵称），我的心里泛起一阵暖意。当看到阿芝带领整个12班同学来迎接我时，我想起了一个个属于2014年的故事，这些故事既是属于我们学生的，也是属于陪伴在我们身边的每一位老师的！有课堂上我们和老师的一次次互动，也有老师和我们一起分享生活中的逸闻趣事。他们告诉我们如何为人、如何处事，在元旦联欢会上与我们一起开怀大笑，在田径运动场上给我们加油鼓劲，陪我们一起看天河、一起登临长城，给我们带来温暖、带来爱。下车后阿芝给了我一个大大的拥抱，那时我多么想大喊一句，我终于回家了！……有一个像家一般让我依恋的学校，有一群像父母一般让我温暖的师长，这，就是我莫大的幸福！

2015届九年级学生给数学老师苏曲光颁发了"最具活力奖"，以此来感谢师恩："响亮的高跟鞋和永不熄灭的激情是您的标志，'苏氏语录'更是您的独门秘笈。您的智慧与用心像 π 一样无限不循环。您有着太阳般的活力与热情，源源不断地给予每一位学生动力与温暖。不管遇到什么样的困难，您都执着向前不知疲倦。不管出现什么样的问题，您都笑着寻找解决方案，您让我们知道办法总比困难多，您让我们相信，纵然道路曲折，前途却永远光明！经全体同学认证特授予您'最具活力奖'。"

泽华（2015届高三毕业生，2016年5月在微信上发表长篇文章《我真的挺感谢北方交大附中的》）："作为一个初中和高中在这里度过了6年的孩子，我感觉更深的是学校教给我的不单单是知识，更是如何去综合地运用知识，如何去创造新的东西；同时，还教会了我如何做人。

交大附中的老师在课堂上，让我们自己准备一些与所学知识相关的资料与其他同学分享；让我们就自己感兴趣的领域或事件作出评论。这培养了我的讲解能力、综合运用能力和勇气。现在我在大学，每当老师让学生在180人的大班上进行讲解时，我总是能够如鱼得水，从容应对，并有自己的讲解模式，让听到的同学产生强烈的认同感。每当这时，我都会想起我的母校，因为正是母校老师给了我培养综合运用能力的机会，练就了我今天的从容。

交大附中的老师在课堂外，让我们参加各种各样的社团活动。就拿我所在的生物社来举例：每一次的实验，从实验设计到向社员讲授方法，从实验操作到实验报告记录，都有着完备的流程、细致的规范。在每一处，老师都会给予专业的帮助。前段时间我申请大学生创新性实验时，试验计划撰写得行云流水，实验框架构造得井井有条，让高年级同学敬佩，得到了相关老师的夸奖。每当这时，我又会想起我的母校，因为正是母校给了我培养实践能力的机会，才练就了我如今的才能。

再说如何做人这件事。交大附中的教育是引导我们向善的，告诉我们要去奉献，要在别人危难时刻或是需要帮助的时刻主动搭把手。……在同学凌晨生急病时，我将其送入急诊室，潜意识告诉我应该这样做。但这种潜意识，在很大程度上是交大附中的教育让我形成的。这让我真的很感谢交大附中，我相信我帮助过的同学也一定会很感谢我的母校。

我并不是交大附中最好的毕业生，也不是交大附中毕业生中能力最强的，但是到了大学，我确实深深地感受到了中学六年交大附中让我学到的东西是多么有用……"

（三）凝聚快乐、有成的幸福品质

在幸福学校建设中，学校不断探索，竭诚努力，提高了学生的学业水平，也逐渐凝聚成交大附中的幸福品质。

四年来，学校高考成绩不断攀升、屡创佳绩，700 分以上人数名列海淀区前列；650 分以上人数稳步提升，而 600 分以上人数更是大幅度增长。2014 年，我校共有 113 人获得加分资格，名列北京市前茅；2015 年，10 名同学通过清华大学的"领军计划"和北京大学的"博雅计划"进入清华大学、北京大学学习，自主招生通过人数位列北京市第五名；2016 年又有 16 名同学通过清华大学的"领军计划"和北京大学的"博雅计划"进入清华大学、北京大学学习，7 名同学通过中国科学院大学自主招生考试。

2014 年学校的教育增值能力位居北京市第一，2015 年学校文、理科教育增值能力均为海淀区第一。

不仅是学生学业上取得成功，交大附中特有的幸福品质也日益突出：

一是"有精彩"。通过和谐、归属、恰适、智慧、引领、感动等元素，使师生获得多元的"我的精彩"。

二是"有成就"。尊重人性，为不同层次的需要提供可能的环境，鼓励师生实现"我的成就"，提高学校的教育价值。

三是"有追求"，幸福成为组织成员的共同追求，幸福不只是终极目标，师生都能在这一过程中体验幸福，一路收集"我的故事"，较好地完成社会赋予的使命和任务。

在这里，有让学生终身受益的课程、健康快乐的课堂、教师发展的平台、生态怡人的校园；在这里，全体师生自由呼吸，快乐成长，实现自我价值，体验着自我实现的幸福；在这里，心灵找到诗意栖居的港湾，生命找到动力不竭的沃土。

学校每年都开展"迎"和"送"的活动，"迎"是迎毕业生回到母校，重返高三幸福课堂。许多高三毕业的学生希望重回母校上课，向母校致敬！学生们说："虽然我们不能永远地栖居母校，但我们将带着能力与幸福上路！再上一次课，再次走出母校课堂，去交一份我们满意的答卷。"

高三学子霖源同学高考总分为704分，在谈到在校三年的学习时，他说道："交大附中的老师在传授知识与学习方法的同时，也教会了我们使用批判的观点来看待身边的事物；交大附中的学生热爱创新，勇于对社会、道法、民生等方面的问题提出自己的看法，拥有独立的思想。我在交大附中最大的学习收获，即拥有了自由地将自己的想法表达出来的能力。无论何时何地，无论何人何事。"

"送"是所有毕业年级老师在学校排成长队，以欢庆、喜悦、期待和不舍的心情与学子惜别，祝福他们带着幸福踏上征程。

正如王自闿老师所言："我们要想把学生培养成能幸福生活的人，我们自身首先要成为一个能幸福生活的人。我是教师，伟大和平庸都可能在我这里形成，这让我如履薄冰。我是教师，以现在求证未来，让生命幸福完整。"

走在幸福的路上，学生更有朝气，教师更添智慧，教育更富创造性。

/三/ 在幸福教育的路上砥砺前行

2021年是中国共产党建党100周年，是"十四五"规划开局之年，是全面建设社会主义现代化国家新征程的开启之年。

站在历史新起点，交大附中教育集团要充分认识和准确把握教育改革发展的新要求和广大人民群众对优质教育的新期盼，切实增强教育教学工作的前瞻性、系统性和科学性，全面贯彻党的教育方针，积极探索改革发展的新机制、新路径、新方法，以扎实行动，为交大附中教育集团高质量发展开好局、起好步。

面向"十四五"规划，交大附中教育集团致力于让各校区、各分校进一步探索"品质相同，各具特色"的发展道路。在幸福教育理念的指引下，各校的发展重点各有不同，彰显自己的特色。特别是基础相对薄弱的学校，也要找到自己新的增长点，努力成为区域内家门口满意的优质学校。

整体布局再优化

"十四五"期间，交大附中教育集团依托集团整体层面与各校区、各分校自身优势和特色，秉承传统，充分利用周边的各种资源，进行集团整体布局再优化。集团层面将健全机制，完善集团治理结构，进一步健全集团管理架构和明确权责划分，健全集团内部行政和教育教学运行机制；进一步构建顶层设计，优化办学布局和管理结构，继续完善教育集团内部管理制度。校区层面将突出特色，全面提升。

北校区依托北京交通大学资源，开设高中特色课程，设计相关的课程体系和培养模式，在全面培养的基础上，为学生个性化成长搭建平台。

南校区设计完成"2+4"项目中的初中部分课程体系与培养方案，"2+4"项目南北校区合作开展，包括培养目的、培养模式、课程建设等内容。

东校区做强做大美术特色，并从单纯的美术特色，扩大到舞蹈、音乐等方面。

分校开展小语种教学，并承担教育集团国际化项目。

二分校开展气象科技特色项目，与中国气象局合作，进行人才培养，项目内容包括基地建设、课程设置。

密云分校以足球为特色，开展好北京市各种特色体育活动。

文化建设注灵魂

"十四五"期间，强化显性文化与隐性文化建设，彰显文化对集团发展的促进作用。"显性文化"指物质文化；"隐性文化"包括制度文化、观念文化和行为文化，如办学目标、办学理念、校训、学生培养目标等。

进一步深化幸福学校理论学习，进一步研究、学习幸福学校的基础理论，用幸福学校的理论指导幸福学校 2.0 的建设。创新文化建设与管理，把文化建设与集团的软硬件管理相结合，实现文化建设与环境、项目等的建设有机结合、协调推进，提高管理的实效性。

"十四五"期间，建设"互联网＋"管理平台。采用管理—治理—项目改造模式，逐步实现管理的现代化。

党建工作为统领

"十四五"期间，坚持以党的政治建设为统领，以"引领·融和·服务"为路径，实践"围绕中心抓党建，务实创新促发展"党建理念，研究新时期党建工作新方法，切实提高交大附中各级党组织的创造力、凝聚力、战斗力，为办好人民满意的教育提供坚强的组织保证。具体表现为，依托学习载体，加强思想建设；依托科学管理，加强组织建设；以特色项目为抓手，自选动作有章法；以先进典型为引领，加分动作有创新。

队伍建设强发展

"十四五"期间，坚持以党建引领学校干部队伍建设，主要包括提高干部队伍思想觉悟、加强干部队伍制度建设、发挥干部先锋模范作用。

德育建设聚人心

以德育项目组为德育建设龙头团队，实现交大附中"感恩重责、阳光包容、博学笃行、健康雅趣"的育人目标。优化德育课程，提升活动内涵；树立青春榜样，引领同伴成长；整合教育资源，提升育人效果。最终实现学生面貌积极进取有朝气，班级文化和谐向上有亮点，德育工作与时俱进有特色，德育团队凝心聚力有活力。

教学建设提质量

以教学项目组为教学建设龙头团队，深入开展"三有"课堂教学实践，总结固化实践成果，提升集团教学质量。落实新课改精神，研究新课程标准，深化大小教研活动，抓好常规教学工作，做好学带和骨干教师的引领示范工作，以学科基地校评选和建设为平台加强教研组建设。最终实现集团范围内开展"有趣、有参与、有成就"的"三有"课堂教学实践与交流，并使之成为教学常态，助力集团内各成员校教学质量稳步提升。

课程建设出特色

以课程研究院为课程建设龙头团队，基于育人目标构建幸福课程体系，实现培养幸福人的课程目标，树立幸福意识，培养幸福能力，引导幸福生活。集团内各成员校结合校情，构建各自的课程体系。充分发挥集团本校的课程优势，加强课程共研共享；完善交大附中课程体系，建立学校课程实施的管理制度及评价标准；丰富特色课程，满足学生的自主发展需求；稳步进行课程改革，形成适合新高考的课程体系。最终实现集团课程体系的系列化、一体化、特色化。

人力管理做支撑

以集团人力资源项目组为人力资源管理龙头团队，打造一支思想过硬、业务能力强、结构合理的教师队伍。充分发挥资源优势，内部统筹，分阶段、分学科有计划地开展集团内师资的再调配。充分发挥集团内名师工作室、名班主任工作室、学科教研基地等的优势，促进集团内整体教师队伍建设和教育教学质量的提升。改变管理结构，由传统的金字塔式人力资源模式，转变为理想的橄榄型人力资源模式，运用培训、培养、评价发展体系，开展集团内、校区间人才流动，实现人尽其才、人岗匹配、高绩效。

行政管理做保障

以集团服务保障中心为行政管理龙头团队，细化"怡人、人本幸福环境"的建设，提升"三个一体化"：一体化管理、一体化培训、一体化服务。以方法促效率，遵规律促行动，定制度促规范，最终实现集团行政管理的标准化。

对外合作拓思路

深化与三所小学的合作，努力做好中小学衔接教育，为交大附中教育集团的长远发展考虑。

创新与北京交通大学的合作方式，充分利用北京交通大学的各方面资源，通过设置课程、建立基地，为高端人才的培养搭建平台。

密切与周围大学、科研单位的合作，有效利用各种资源，拓宽办学思路，提升办学质量。

总之，"十四五"期间，交大附中教育集团在总体目标上致力于实现集团优质均衡发展，建成幸福学校 2.0。

从具体目标来说，就是：

在学校管理方面，以制度建设为抓手，通过管理现代化，提高管理效率。

在党建工作方面，以党建为统领，进行价值引领，凝心聚力谱新篇。

在集团文化建设方面，以幸福为主线，加强双重文化（软文化和硬文化）建设，保证学校稳步发展。

在德育工作方面，以课程为平台，注重实践与评价，促进"五育"融合发展。

在课程建设方面，以政策为引领，构建课程体系，实现学生多元个性全面发展。

在教学工作方面，以"三有"为标准，深化教学研究，提升集团教学质量。

在科研工作方面，以项目为平台，全员进行课题研究，促进教师专业成长。

在人力资源方面，以统筹为主，创新管理方法，实现人才效益最大化。

在后勤管理方面，以制度为保障，实行统一管理，达到高效服务。

第一章

幸福教育之路

　　课程是学校场域中存在和生成的有助于学生积极健康发展的教育性因素以及学生获得的教育性经验。在英语中，课程（Curriculum）一词是从拉丁语"Currere"一词派生出来的，意为"跑道"，由此课程就是为不同学生的成长设计的不同轨道。

　　交大附中基于国家、社会对人才培养的要求，结合青少年认知发展的规律和个体认识的独特性，围绕"感恩重责、阳光包容、博学笃行、健康雅趣"的育人目标，逐步建立起"德、心、智、美"四位一体、以学生综合素养提升为指向的幸福课程。为满足不同学生的需要，交大附中将教育资源重新整合，形成基础性、拓展性和发展性三个纵向发展层级，从而构建起具有综合性、生成性、开放性、实践性等特性，横纵交错、丰富多样的课程体系。

　　教育的灵魂是课程，课程的关键在课堂。因此，在幸福学校建设的四大载体中，交大附中尤为重视对课堂教学的研究与打磨，关注学生的真实获得感和实际效能。学校根据对学生诉求的调查，将课堂的标准凝结为：有趣、有参与、有成就，正好对应积极心理学的幸福三要素：快乐、投入、有意义。"三有"课堂的实施，注重学生经验的自我建构和深度学习的智慧增长。

　　学生的成长，始终是教育的出发点和落脚点。

/ 一 / 构建幸福课程体系，促进学校品质发展

在教育改革硕果层出的今天，课程已然成为衡量一个学校办学品质的重要标杆，成为学校找准自身定位和实现品质发展的核心竞争力与内在先驱力。

幸福课程是联结师生的纽带，构建幸福课程是建设幸福学校的必由之路。学生借助课程的学习体验成长的快乐，教师通过课程的实施收获事业的成功。学会统筹，构建理想的幸福课程体系，最大限度地发挥课程育生、育师的双重功能，在师生互动中追寻幸福，是交大附中孜孜以求的目标。

课程建设背景

（一）时代背景

21 世纪是中华民族伟大复兴的世纪。优先发展教育、提高教育现代化水平，对建设富强、民主、文明、和谐的社会主义现代化国家具有决定性意义。为此，2010 年以来，国家层面的《国家中长期教育改革和发展规划纲要（2010—2020 年）》《教育部关于全面深化课程改革落实立德树人根本任务的意见》《义务教育课程方案及各学科课程标准》《普通高中课程方案和语文等学科课程标准》等纲领性文件，一方面明确了把教育摆在优先发展的战略地位，把立德树人作为教育的根本任务，把改革创新作为教育发展的强大动力，把促进公平作为国家基本教育政策；另一方面针对国际竞争日趋激烈，人才强国战略深入实施，时代和社会发展需要进一步提高国民的综合素质，培养创新人才的要求，给基础教育课程改革进一步指明了方向，并提出了新的更高的要求，尤其是对课程的设计与实施作出了更为细致的规划。

进入 21 世纪以来，面对新时期基础教育改革发展的新形势、新要求，北京市相应出台了《北京市教育委员会关于加强义务教育课程管理推进课程整体建设的意见》《北京市教育委员会关于印发北京市基础教育部分学科教学改进意见的通知》《北京市教育委员会关于做好 2014—2015 学年度基础教育课程教材改革实验工作的意见》《北京市中小学养成教育三年行动计划 (2017—2019 年)》《北京市实施

教育部〈义务教育课程设置实验方案〉的课程计划 (修订)》《北京市教育委员会关于实施教育部〈普通高中课程方案（2017 年版)〉的课程安排指导意见》《北京市教育委员会关于做好初中课程教学与初中学业水平考试衔接工作的通知》等文件，作为北京市基础教育改革的纲领和行动指南，指导北京市各级各类学校开展课程改革与创新实践，以顺应时代发展的需要。

把立德树人的要求落到实处，充分发挥课程在人才培养中的核心作用，进一步提升综合育人水平，更好地促进学生全面发展、健康成长，是时代所赋予学校的艰巨而光荣的使命。

（二）学校需求

1. 学校发展需求

首先，学校亟须由传统优质学校向品牌特色学校发展。虽然交大附中是一所传统优质学校，但是当今社会对于人才的需求日益呈现出多元化的趋势，这对新时代教育，尤其是对学校管理水平、教育教学工作质量、校园文化建设等方面提出了更高的要求。因此，学校的特色发展势在必行。

其次，学校亟须寻求课程结构的自我突破与创新发展。2014 年，学校荣获"北京市基础教育课程改革先进单位"称号，构建了内容丰富、逻辑严谨、功能完善的课程结构。然而人的发展没有极限，教育改革也没有终点。为顺应时代需求和教育改革的迅猛发展之势，在已有基础之上固化成果、统筹学科间的知识联系、统筹校内外师资、统筹软硬件协调发展，实现其优化配置，更好地为学生成长服务，成为摆在学校面前的全新课题。

最后，课程改革是学校实现规模化发展、发挥示范带头作用的迫切需要。2007年以来，学校进入了规模化发展的快车道。2012 年 6 月，为促进城乡教育均衡发展，密云分校成立，交大附中由原来的"一校两址"发展为"一校三址"。2014 年 8 月，学校承办明光中学，拥有"一校四址"。2015 年 5 月，学校又承办原北京市第一零五中学。同年 5 月，北京市陶行知中学并入交大附中，成为东校区。至此，交大附中成为拥有三个校区（北校区、南校区、东校区）、三个分校（分校、第二分校、密云分校）的教育集团。本校进行课程改革所获得的宝贵经验，将辐射带动交大附中教育集团内各成员校的协同发展，实现优势资源共享，促进教育公平。

2. 学生成长需求

学校在先期的调查中发现，单调乏味的课程体系已严重制约了学生的发展，学生在以下四个方面有着迫切的需求：

一是希望能在某些科目上对所学内容进行深化或扩展；

二是希望通过新奇、富有趣味性的课程来拓宽视野；

三是希望能采取活泼、生动的学习方式以提高课堂参与度；

四是少数学生对某一学科表现出浓厚的兴趣和较强的专业科研潜力。

因此，如何最大限度地满足学生的多元需求，使他们在成长中培养个性、收获幸福感，成为学校工作的重心，而对课程的整体设计与把握则是重中之重。

3. 教师成功需求

经过多年的培养和历练，交大附中已形成了一支年龄结构合理、师德好、业务精、教风严的优秀教师团队，曾被评为海淀区师德先进集体。然而，新的教育改革对教师提出了更高的要求，教师需要迅速转变角色，从传统课程的讲授者转变为课程建设的主力军，全程主导课程研发、教材编纂、课堂教学、课程评价与反思等多个环节。科学、严谨的课程体系能最大限度地促使教师挖掘自身潜能，缩短其走向成功的周期。

课程建设历程

交大附中自 2007 年至 2015 年，历时八年，不断探索适合自身发展的特色课程体系，其实施过程主要分为以下几个阶段。

（一）探索尝试阶段（2007—2011 年）

学校成立了课程建设领导小组，由校长直接领导，成员还有教学副校长，德育副校长，教学处、德育处、团委等部门的负责人。在课程建设领导小组的领导下，学校初步完成了学校课程建设方案及相关规章制度的制定工作，并努力挖掘传统优势，对传统优质课进行提炼和固化。

（二）规模发展阶段（2011—2013 年）

学校进行组织机构变革，专门成立课程建设中心，负责学校课程建设与管理工作。校本选修课程呈规模化发展：学科领域逐渐清晰，搭建起涵盖语言与文学、数学、科学、人文与社会、技术、艺术与审美、体育与健康等学习领域的校本选修体系；课程门数增多，由最初的 10 余门增加至 200 余门；校本选修课程的服务对象由最初的高一扩宽到七年级、八年级、高一、高二四个年级；管理方式由粗放式管理转变为借助数字化平台的精细化管理。

（三）体系构建阶段（2013—2014 年）

学校进一步明确幸福学校的发展目标与幸福课程的建设目标，对各中心工作进行梳理，实现国家课程校本化、校本课程精品化、社团活动课程化，推进三级课程的一体化建设与品质的提升；紧密围绕育人目标与办学理念，构建并完善幸福课程体系，并以此为依托研发新课程。

（四）统筹提升阶段（2014—2015 年）

各学科深化研讨育人规律与学科内在的发展规律，出台课程标准与实施方案，在已有课程结构基础上，进一步明确义务教育阶段与高中教育阶段各自的功能定位。初中阶段，继续推进国家、地方、校本课程的高度融合；在高中阶段，注重基础性课程、拓展性课程和发展性课程的全新三级课程的一体化构建和特色化实施，将课程资源统整为"文学与社会""科学与技术""体育与心理健康""艺术与审美"四大学习领域。

课程结构设计

（一）顶层设计

1. 解读"幸福"

幸福的教育，要具备和谐、环境、归属、名师、智慧、引领、感动这些元素；要让每一名师生感受到人文关怀，在一个和谐的氛围内，全体师生自由呼吸，快乐成长，实现自我价值；要能够诠释幸福的真谛，幸福是快乐而有成，快乐是通向幸福的阶梯，有成即学业有成、教有所成。基于"幸福教育"的远大理想，学校提出了建设"幸福学校"的美好愿景。

幸福学校的"四大载体"

何谓"幸福学校"？交大附中认为，能为学生成长、教师成功提供广阔空间，人际关系和谐，富于文化生活气息与科学研究精神的学校就是幸福学校。幸福学校的两大核心要素是学生与教师；幸福学校依托四个载体得以实现：优美宜人的校园环境、科学完备的课程体系、相互助推的幸福团队与优质高效的教学实施。其中，"幸福课程"的设计，是实现"幸福学校"的重要命题。

何谓"幸福课程"？交大附中认为，学生乐学、教师乐教、科学严谨、充满趣味、兼顾基础发展与个性培养的课程就是幸福课程。学校以三个标准来衡量一个课程是否为"幸福课程"：第一，课程目标是否与学校的育人目标紧密契合；第二，课程结构的设计是否符合学生的成长规律；第三，在课程的实施与评价中是否能体现出公平、公正、自主、创造等精神品质。

2. 育人目标

浓郁的校园文化孕育了我校独特的育人氛围。学校建立了全体师生认同的精神文化体系，以"建一所富有生命动力的幸福学校"为共同愿景，弘扬"饮水思源，爱国荣校"的校训精神，秉承"育人为本，课比天大"的教风传统，确立了"感恩重责、阳光包容、博学笃行、健康雅趣"的育人目标。

感恩重责是指培养学生心怀感恩、勇挑重责、敢于担当、奋力拼搏的优秀品质；阳光包容是指培养学生温暖多彩、快乐向上的阳光心态，欣赏尊重、自信博爱的宽容之心；博学笃行出自《论语·子张》中的"博学而笃志，切问而近思"，旨在培养学生勤于学习、乐于探究、博采众长、知行合一的品质，同时努力为优秀学生搭建适合他们成长和发展的舞台，旨在培养高端人才，放飞他们绚烂夺目的梦想；健康雅趣是指帮助和引导学生拥有健康的体魄、协调的身心、高雅的情操和广泛的志趣，使学生放射出生命夺目的光辉。

交大附中的学生应成为"德""心""智""美"四大素养协调发展的复合型人才。

3.办学理念

"学生在成长中体验快乐，教师在成功中体验幸福"，是学校的办学理念。交大附中一贯秉持"以人为本、统筹兼顾、和谐发展"的原则，致力于营造"自主提升、追求幸福"的教师成长氛围，

积极创设"积极向上、健康成长"的学校育人文化，力求通过科学有效的管理，实现学生发展与教师成功的双赢目标。

4.课程建设目标

学校致力于搭建幸福课程体系，在实际工作中认真贯彻落实关于课改的相关文件精神，不断建立健全学校课程建设管理制度，增强学校的课程管理能力，更好地为师生服务。让学生通过课程的学习，基本达到育人目标的要求，具备扎实的基础知识与基本素养，实现全面而有个性的成长；通过课程的研发、实施、评价与反思，促进教师挖掘潜能、提升业务水平。最终目标在于师生形成合力，彰显学校的小学特色，提升学校的办学品质。

（二）课程结构

基于"幸福教育"的远大理想，以及对"幸福学校""幸福课程"的理解，学校紧密围绕育人目标，科学有效地整合各级各类课程，逐步构建师生双赢、"育德""育心""育智""育美"四位一体、以学生综

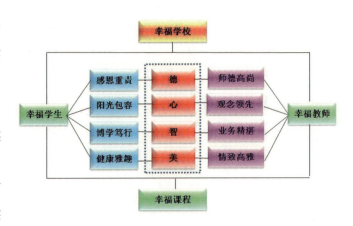

合素养提升为指向的幸福课程体系。

学科课程是学生学习的主要方式。学校以教研组为单位，根据学科属性与学科内部的育人规律，将已有学科划分为"文学与社会""科学与技术""体育与心理健康""艺术与审美"四大学科领域的横向领域课程；同时，为满足学生不同能力水平的需要，对学科内部的知识结构与教学资源进行重新整合后，划分为基础性、拓展性和发展性三个能力层级的纵向发展层级，构建起横纵两个维度、逻辑严谨、功能完善的学科领域课程结构。

课程实施

（一）统筹课程管理

1. 管理机构

（1）组织机构变革

为实现学校管理从规范化迈向专业化，学校在管理层面上进行了资源重组，成立"一室六中心"，专门成立课程建设中心，建立以课程为中心的可持续的学校发展模式，构建六位一体的学校管理体系。

（2）三级管理模式

学校建立了课程开发和实施的三级管理模式。

一级管理：成立课程开发与管理工作领导小组，组长由校长、书记担任，由课程建设中心副校长任执行组长，对校本课程建设作出决策与部署，在经费投入、政策支持、办学条件、制度建设、师资培训、舆论宣传等方面提供保障。

二级管理：成立课程开发指导小组，由课程建设中心牵头，以学校骨干教师为核心，分学科成立课程建设专家团队。该小组负责校本课程的申报、审定、立项、指导、考核、评价、调整等具体事宜，并从课程内容、教学过程、学习效果、学情调查四个方面对各学科课程的研发、整合，校本教材的编写等工作给出具体的指导意见，确保课程建设的科学性和规范性。

三级管理：成立课程实施小组，由教学副校长牵头，以各教研组长、年级组长为主体，负责对各学年、各年级的课程计划形成建议并组织反馈，协助做好学生选课的指导工作。

2. 管理平台建设

为进一步加强对课程建设的管理，学校结合校本选修课的实施情况，以及学生、家长、教师、管理干部等多方的意见和建议，并对多所兄弟学校的相关管理方式进行广泛深入调研，最终确定研发方案，自主开发了校本选修数字管理平台。依托该数字管理平台，能够实现对全校师生在课程实施过程中的数字化管理，使学校的课程管理高效而规范。

3. 多元评价机制

（1）课程综合评价

学校遵循科学性、可操作性、全面性的原则，充分发挥评价的导向功能和对课程质量整体提升的促进功能，将以下"四性"作为课程评价的主要依据，并制定了相应的细化指标。

第一，综合性。课程是否能有机整合学生已有的知识和生活经验，引导学生以多种学习方式有效地解决学习、生活中的问题。

第二，生成性。课程是否能促使学生在一系列亲身经历过程中，逐步形成自己的能力、情感、态度、价值观等；同时又在师生的共同参与下，生成高质量的课程。

第三，开放性。以开放的体系、开放的内容、开放的学习形式，充分引导学生自主探究，满足学生不同层级的发展需求。

第四，实践性。采用生动活泼、发现学习的方式组织课程内容，以探究问题为线索引导学生积极参加实践活动。

学校以"四性"为指向，建立了多元主体课程评价机制。课程专家团队对课程设置、课程开发方案、校本教材质量进行专业引领；课程巡视小组实时跟进课程的实施情况；教师通过课程纲要的撰写和反思，进行阶段性自我总结，进行自我评价与改进；学生通过网络平台和问卷调查的方式进行评教、评课。

（2）学生发展评价

学生是学习活动的主体。学校十分重视评价对于学生成长成才的激励作用，专门成立学生发展中心。学生评价工作主要遵循以下思路：

第一，学业评价与潜能发展相结合。评价标准主要包括发展性目标和学科学习目标。评价标准既要体现对全体学生的基本要求，又要关注学生个体的差异，提高学生的综合素质；既关注学生的学业成就，又重视学生多方面潜能的发挥，提高学生创新精神和实践能力。

第二，终结性评价与过程性评价相结合。评价不能只关注结果，更重要的是要关注学生的发展过程，把学生发展的过程作为教育评价的重要组成部分。

第三，一般评价与个性化评价相结合。力求采用多样、灵活的评价方式，除纸笔考试或直接检测外，还要有针对性地通过观察、访谈、综合实践活动等多种形式，提高评价的真实性和有效性。

第四，校内评价与校外评价相结合。除学校管理部门建立学生综合素质评价档案、教师给予评语、学生互评之外，还积极做好家校之间的沟通工作，家长定期反馈学生的校外表现，家校形成合力，关注学生点滴成长。

（3）教师业务评价

学校建立了符合校情的教师评价体系，多维度评价教师教学过程和效果，努力达到评价与教师发展的整合，以促进教师专业发展为最终目的，变定性评价为发展诊断性评价，变局部性评价为全面性评价，变单一主体评价为多重主体评价，变单向性评价为双向性评价。

在上述原则的指导下，学校建立和发展"三维式"教师评价体系，即以"三级联动观课议课制"为主要途径的现场式评价、以"交大附中教师网络评价系统"为主要途径的反馈式评价、以"学情数据分析"为主要途径的业绩式评价。

学校投入专项资金定制开发了"北京交大附中教师评价系统"。该系统基于学校实际需求设计，具有学生评价教师、客观性评价和主观性评价相结合的功能。每学期，组织北校区四个年级的学生给每一位任课教师打分。学校制定了十项专项评价指标，涉及职业道德、工作表现、教育能力、教学能力、教学效果等方面。评价完成后，会生成被评价对象的平均分、同组内排名等统计结果，帮助学校掌握教师的综合情况。学校可以根据评价结果和学生留言进行分析，找出教师群体相对不足的方面进行培训，还可以帮助个别教师发现问题，有针对性地改进工作方式和方法。

通过以上三种评价途径，学校对教师的评价既依靠各种工具、平台以及评价组织机构，又依托教学管理部门的各种反馈信息和数据信息。据此整理、分析、整合的评价结果，可为学校教育教学各管理部门的科学管理、政策制定以及制度实施，提供强有力的理论依据、信息保障。

（二）三级课程整合

学校课程结构在明确初高中不同学段的功能定位基础之上，强调学科内统筹和特色化实施；按照学生素养发展的层级划分，打破了原有的国家、地方、校本课程的管理模式，克服了必修、选修、社团活动零散脱节的固有弊病，做到共性化教育中孕育个性化教育，个性化教育中兼顾共性化教育。以学科为本位对课程资源进行层级划分，可将学校课程划分为基础性课程、拓展性课程和发展性课程。

1. 基础性课程优质化实施

基础性课程强调促进学生基本素质的形成和发展，在体现国家对公民素质的最基本要求的同时，也体现学校对学生的基本素养的要求。基础性课程由各学习领域体现共同基础要求的学科课程组成，是全体学生必修的课程。初中的基础性课程包括国家必修课程、地方必修课程和校本必修课程，高中的基础性课程包括国家必修课程和校本必修课程。

基础性课程的着力点在于夯实基础，其课程实施以行政班为主要形式，以课堂教学为主要途径，有效落实三维课程目标，稳步推进课程计划。学校以教师为研究

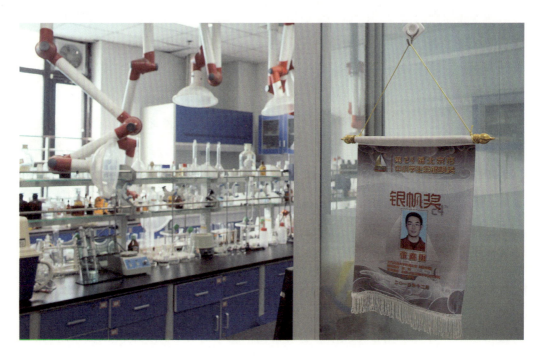

主体，以教师在教育教学实践中遇到的真实问题为研究内容确定研修主题，建立教研活动三级研修体系，提高教师的研究能力和教学水平；借鉴"可持续发展""高效课堂""三疑三探""基于阅读理解的对话课堂"等教学模式，探索适合交大附中的，有兴趣、有参与、有成就的幸福课堂。

初中阶段侧重于地方课程与国家课程的有机融合。

比如，结合学生的年龄特点和身心发展规律，八年级（第二学期和道法课结合）开设心理课，引领学生平稳度过青春期；九年级通过个性化咨询和减压活动，让学生释放不良情绪，不断增强抗挫折能力，放松心态。七年级、八年级的安全应急和人防知识专题教育与生物课相结合，以相关活动为载体，向学生传授在意外灾害和突发情况下自救互救的急救知识，并进行实际演练，还对学生进行尊重生命、爱护生命、博爱奉献精神的教育。开设环保课程，以北京市地方课程"环境与可持续发展"和海淀区地方课程"海淀地理""海淀历史与文化"为重点，研究学科课程与活动课程相结合的实施模式，开展保护资源、节能减排的节约教育。

高中阶段侧重于特色化实施。

第一，引导支持利用公共信息平台开展教学活动。学校教师利用微信公众号，开展线上写作辅导，取得了较好的效果。学校以此为经验，利用市教委、区教委及社会公共信息平台，开展开放性的线上教学活动，引导学生利用公共资源进行自主学习。

第二，通过PAD教学实验促进教学方式多样化改革。PAD应用于教学，既可以营造学生喜爱的学习氛围，又可以帮助教师及时准确地了解每一位学生的学习动态。

第三，利用智能点阵笔加强教学互动。智能点阵笔具体应用在数学、物理等学科中，对于增强教学互动大有帮助。

第四，微课录制及翻转课堂的创新实施，实现了人机交互，具有便捷、生成文件小等特点。学校以此为支撑，鼓励教师进行微课录制，开展线上教学。

第五，利用智能点阵笔开展思维导图在教学中的应用，有益于学生扩宽思路，构建知识体系。

2. 拓展性课程特色化实施

拓展性课程以培育学生的主体意识、完善学生的认知结构、提高学生的自我规划和自主选择能力为宗旨，着眼于培养、激发和发展学生的兴趣爱好，开发学生的潜能，拓宽学生的视野，促进学生的个性发展。初中的拓展性课程包括地方选修课程和校本选修课程，高中的拓展性课程包括国家选修课程和校本选修课程。

学校的拓展性课程强调参与性、趣味性、主体性、开放性，把学科活动作为相关学科基础知识拓展，把全员"走班"的校本选修作为学生知识面拓展，把游学课程作为校本课程资源拓展，最大限度地增加学生实践体验。

第一，注重课内外知识的统筹。为实现课内知识的拓展，各学科都开展了不同形式的学科活动，如语文学科的"雅韵金声"经典诵读（古诗文诵读）、英语的圣诞Party、理化生的实验比赛等，以充分调动学生学习的积极性，增强学生的动手能力，并激发学生的潜能，给予学生充分的自主空间，培养学生的学科思维和创新精神。

第二，采取开放性教学模式。校本选修课实行全员"走班""小班化"教学，以增加学生的主体体验，提高学生的学习兴趣与参与度，提高课程实效。为兼顾学生全面发展与个性发展，学校要求学生至少完成8个学分的选修内容，至少覆盖4个学习领域。

第三，注重学科知识与社会活动的统筹安排。学校还组织安排学生参与游学活动，走进其他学校，接触同龄的学生，交流各自的人生规划；走进社会，观察不同地域人群的待客方式与人文特点，对比身边的类似现象，分析历史文化对人们生活方式的影响；走进社区，观察人们的日常起居和生活消费现象，对比分析不同城市中，相关人群的生活消费水平和消费习惯，以新鲜的方式更生动地获取课本以外的知识。

3. 发展性课程个性化实施

发展性课程是面向在某学科具有较强专业意向与发展潜能的学生而设定，以学生自主探究为主、导师个性化指导为辅的课程。初中的发展性课程主要是科技、艺术、体育社团课程，高中的发展性课程主要为大学先修课程、创新人才培养课程和高端社团活动课程。学生通过课题探究、大学先修课程、学科竞赛活动、高端社团活动等方式完成此类课程的学习。高中阶段，在全新的三级课程架构下，各学科针对自身的学科属性与实施特点，以国家课程为基准，并增添校本化内容，分别设置了各学科的课程标准与学科架构，作为学校课程结构的有力支撑。

发展性课程强调对学生的个性化与专门化辅导。发展性课程的实施旨在帮助学生深造，发现并培养各学科的拔尖创新人才，满足对学科领域有特殊兴趣爱好学生的发展需要。

学校专门成立了相关学科高端社团，以个体研究和小组项目研究为主要形式，学生自主选择研究课题。实行"1+2+1"导师制管理，其中人生规划导师 1 名、学业导师 2 名（本校学科指导教师 1 名 + 高校的优质师资 1 名）、学长导师 1 名，对学生职业生涯规划与学业规划进行个性化的指导。结合学校创新人才培养的经验，借助周边高校、科研院所高端硬件资源和优质师资，由交大附中和北京师范大学、北京理工大学等高校共同开发了基础理论课程。

（三）跨学科整合

为培养学生的跨学科意识，提高其综合思考、全面认识与分析问题的能力，学校探索出两条路径以实现学科间知识的整合。

1. 学科主线路径

所谓学科主线路径，即以某一学科为主线，融入其他学科知识，根据内容难易程度、学生认知的发展层级，将与其他学科有交集的内容安排在某一学科的某一学段教授，避免重复教授相同内容。

比如，在初中科学课中，为更好地推进初中物理、化学、生物、地理等科学类学科教育教学内涵发展和质量提升，切实解决科学类学科教学方式单一、实验教学薄弱、学生缺乏想象力和创造力等深层次问题，学校顺应教改动向，以初中科学课为先例和试点，探索学科间知识的统筹。比如，将生物学科中生物体的结构层次单元与化学学科结合进行拓展，介绍构成细胞的化合物。"生物的生存依赖一定的环境"和"绿色植物的光合作用和呼吸作用"，以及发生在肺部及组织细胞处的气体交换过程都涉及大气的相关知识，可与物理学科中关于大气压强的专题知识进行有机融合。又如，将物理学科中透镜成像的原理与生物课上的眼睛视网膜成像知识进行整合等。

2. 主题探究路径

主题探究路径以主题设定、综合探究的形式展开，鼓励学生多学科、多角度进行自主发现式学习。选择综合性主题，能有效整合物理、化学、生物、地理等学科知识内容，可采用观察、实验、制作、参观、调查等活动方式，引导学生体验科学与生活的联系，体验科学方法的应用。

例如，环境教育是一个综合性主题，可以通过环保科普系列活动进行，如环保讲座、环保宣传、环保竞赛、环保参观、环保调查等形式。环保科研活动，是贯彻落实各学科平均应有不低于10%的课时用于开展校内外综合实践活动课程要求的重要途径。又如，学校美术、地理、语文、政治学科选取与我国西北地区相关的内容，打造以"黄土地民族魂"为题的文科综合课，展示西北的地域文化，涉及西北民俗、艺术（安塞腰鼓和剪纸）、自然环境、文化生活等，既包括知识学习，又包括学科能力的强化，还有态度、情感、价值观的提升。

学校通过专题的整合，一改以往从学科本位出发的思维惯性，关注学生的需要，根据学生的认知特点，以探索这种教学方式最终在学生身上发生怎样的教育效果为出发点和落脚点，来统筹设计课程目标、知识结构、呈现方式及学习过程。

（四）统筹校内外课程资源

1. 统筹校内外硬件设施，提供坚实物质保障

学校积极建设与完善硬件设施，包括数学数字化实验室、物理传感实验室、化学学科创新实验室、生物组培实验室、信息技术实验室等高端实验室以及学校心理专业教室、体育馆、阅览室、茶艺室及社团活动室，服务学生的发展。

学校利用周边知名高校、科研院所众多的地域优势，与北京交通大学、北京邮

电大学、北京理工大学、北京师范大学等高校，以及中国农业科学院、中国钢研科技集团、中国铁道科学研究院等科研院所建立合作共建关系，为学校的创新人才培养提供了实验设备、基地建设等方面的必要支持。

2. 统筹校内外师资力量，助力学生成才

学校充分挖掘自身教师队伍优势，团队合作、协同教学，通过学校的统筹安排将所有教师集中起来，进行优化组合，形成不同的教育团队，将多元智能融为一体，增强了教育的力量。例如，在综合实践活动课程中，不同学科教师的协同合作使学生能够得到多位教师的多角度指导，学生可以接触、学习到不同领域的知识，教师的特长也会得到充分的体现。这样，教育的效果就达到最优化。

学校在专业性较强的科技、艺术、体育类课程方面，克服自身师资条件的局限性，聘请中国气象局的许健民院士，张养梅、信欣等气象专家，开设气象卫星及运用、雾霾与人体健康、雷电气象灾害及其防御、天气预报如何制作、台风知识等方面的气象系列课程；另有北京交通大学、北京邮电大学、北京师范大学、首都体育学院、中国人民解放军艺术学院的多名专家为学生开设了精彩的课程。

"感恩重责"是交大附中学生的精神特质，已经进入高校学习的校友本着感恩母校、回馈母校的情怀，主动要求为学校开设校本选修课程。清华大学的正清同学和对外经济贸易大学的思睿同学合开的"经济金融初探"课程，北京师范大学的帅鸣同学开设的"自然摄影"课程，受到了学生们的广泛好评。学校将继续探索这种模式并将其固定下来，为更多感恩母校的校友提供情感表达的渠道和实习锻炼的机会，使之成为课程师资建设的一大亮点。

（五）整合提炼特色课程

学校根据课程功能的侧重点，紧密围绕育人目标，对部分特色课程进行了整合提炼，设计了功能指向明确的"育德""育心""育智""育美"四大素养类特色课程。

1. 育德课程——培养"感恩重责"的学生

在与《中学德育大纲》中规定的德育目标一致的基础上，形成以"明理、明志、冶情"为总目标的幸福德育课程，并把目标分解为六个层面，即"做人""精神""心态""习惯""品格""学习"，提炼出内化责任、外显品格的 30 个"特"字精神。据此开设入校课程、班会课程、规划课程、实践课程、节日课程、主题教育、国旗下讲话、荣誉课程八大类特色德育课程。

2.育心课程——培养"阳光包容"的学生

学校以"为每个学生终身发展奠基，培养阳光包容的学生"为宗旨，开设一系列特色心理课程，以必修、选修、社团等多种方式呈现。"生涯规划心理特色课程"从探索自我、探索职业、探索专业等方面，深化学生对自我成长与生涯规划关系的认识；"青春期心理健康教育课程"侧重于学生的情绪管理、时间管理、目标管理、压力管理、人际交往等方面，培养学生的自我管理能力；"亮心计划课程"和"静心计划课程"积极引导学生以轻松、快乐、平和、宁静的心态面对生活中的得失与成败。这些课程的设置，为学生的心理健康与幸福成长保驾护航，提供正能量。

3.育智课程——培养"博学笃行"的学生

育智课程以中考高学科为主，旨在培育学生的学习能力与创造能力。为适应不同学生的认知方式差异与发展层级差异，学校以学科教研组为单位，分析学情，对学科内的课程资源进行重新整合与架构，确立了基础性、拓展性、发展性的三级阶梯式学科课程结构。基础性课程包括国家必修课程和校本必修课程，严格依照国家课程标准，追求课堂的实效性，夯实学生的学业基础。拓展性课程涵盖语言与文学、数学、人文与社会、科学、技术、艺术与审美、体育与健康等学习领域，开设200余门校本选修课程，大力开阔学生视野，最大限度满足学生的多元发展需求。发展性课程以"翱翔计划"、北京市教委"大中联动"项目为依托，形成数学与信息技术、物理与地球科学、化学与生命科学、人文与社会科学四个领域齐头并进的课程结构，致力于为有特殊需要的学生提供高端社团课程和创新人才培养课程及大学先修课程。

4.育美课程——培养"健康雅趣"的学生

除国家规定的艺术必修课程的既定内容外，学校还开设了吉他、古典音乐、壁画、色彩、爵士舞、民族舞等艺术选修课程。针对专业性较强的艺术社团，如金帆合唱团、童声合唱团、金帆书画院，还另外开设了艺术社团课程，以丰富学生艺术审美经验、陶冶情操、提升人文艺术素养。

除国家规定的体育学习内容外，学校还开设了包括棒球、垒球、羽毛球、乒乓球、游泳、跆拳道、篮球、拳击在内的多门体育选修课程，并鼓励具有专长的学生

加入专业运动队参加训练和比赛，旨在激发学生的运动兴趣，强健体魄，培养学生勇敢顽强和坚韧不拔的意志品质。

（六）着力打造精品课程

为打造具有北京交大附中特色的精品课程，学校进一步打磨、优化原有的传统优质课程。为体现教育公平，学校将所有精品课程设定为必修课程，面向全体学生开放，并根据不同年级学生的认知特点设计教学内容。此外，学校为满足少数学生的特殊需要，在精品课程的实施过程中细致观察、认真选拔，再通过高端社团活动对其进行个性化指导，鼓励学生积极参加学科竞赛，锻炼学生的胆识与魄力，培养学生敢于拼搏、奋勇争先的优良品质。近年来，学校学科竞赛成绩斐然，正是基于精品课程广泛开设的厚重基础。交大附中希望通过精品课程的示范带动作用，为整体课程品质的提升探索并总结宝贵经验。

1. 智能机器人课程

2001年，学校在全国率先把智能机器人课程作为初中生的必修课程、高中学生的选修课程，作为科技类校本课程的特色窗口。在没有先例可借鉴的情况下，交大附中独创了一套系统完整的智能机器人学习制作的教学方法。

在教学中，教师把专业性极强的知识，甚至是大学课程中涉及的知识，结合中学阶段学习制作设备的特点，用通俗易懂的语言讲授给学生，把日常生活中的事物和科技结合起来。随着信息技术的发展，在课堂教学中，教师还经常结合当今世界上先进的机器人技术与学生展开讨论，并开发适合中学生的课题引导学生。

学校对于不同年龄段的学生，在学习机器人制作上有不同的要求。对于七年级学生，要求他们学习机器人知识、锻炼手脑，学会观察和思考；对于高一学生，要求他们从中掌握学习方法，从实践中学习知识，体验简单的科学探究过程，学会表达、创造和合作。

在近几年的智能机器人竞赛活动中，学校获得各级各类奖项多项，多名学生被保送到全国知名大学，几十名学生在高考中享受科技特长生待遇。

2. 无线电测向课程

学校自 2008 年高中开设校本必修课"通用技术"课程以来，增设了电子技术和无线电技术方面的学习内容。

电子技术具体内容包括焊接技术、电子制作技术和电子实验室。参加无线电测向活动，可以学到电子知识和制作技能，加上室外操作和奔跑找台，充分体现了理论与实践、动手与动脑、室内与室外、体能与智力的结合，备受学校重视，深得家长支持和学生喜爱。近年来，学校在全国无线电测向赛中捷报频传，参赛选手获得了 7 个团体第一，十余人次获国家级一等奖。

3. 航空航天模型课程

航空航天模型课程是交大附中传统的科技类课程，也是重点发展的科技教育项目。

学校面向初中年级开设了模型校本课程，任课教师编写了该课程的校本教材。该课程以模型制作为依托，成为中学生培养专业技术和增长才能的沃土。在这里，学生可以学习控制、航空动力方面的知识，了解众多新型材料的性能，掌握工具的使用方法和成品完成的工艺过程；可以培养热爱劳动、热爱科学的品德和克服困难、勇于进取的品质。

学校希望通过开展形式多样的航模科技活动，营造科技创新的浓厚氛围，激发学生探索科学的兴趣，培养学生的动手、动脑能力，增强学生尊重知识、尊重科学、探索科技知识、将来报效祖国的意识。

学校通过课程的延伸积极组织学生训练，学生的专业水平提高很快，连续几年在比赛中保持全国团体冠军。有多名学生获得国家二级运动员等级认定，另有多名学生获得北京市银帆奖。

4.创新人才培养课程

在夯实学生学业基础的同时，为帮助学生深造，发现并培养各学科的拔尖创新人才，学校与一些高校联合，给予学生修习部分大学先修课程的机会，助力学生个性发展。多名学生分别在北京师范大学、北京理工大学等高校实验室内参与或开展了相关项目的研究，并撰写了学术论文，已具备一定的专业素养，获得大学自主招生的加分资格。

5.环保课程

学校结合均益安联太阳能工艺系统、恒有源地热处理工艺系统、中水回用系统，编写《太阳能的使用与保护》《地热的使用与保护》《中水的使用与保护》等校本教材。学校开设相应的交大附中可持续发展教育和节能减排校本课程，以课堂为依托，将节能减排教育渗透到课堂教学中，以校本课程的方式进行节能减排教育和环境教育。同时，结合引桥课程、德育的环保主题系列活动，形成交大附中系列环保课程，提升学生对环境的认识和保护环境的意识。

实施效果

（一）初步形成幸福课程体系

随着课程建设工作的不断推进，学校课程体系日趋科学合理。同时，学校进一步明确并坚定了办学思路及育人目标，学校的各方面工作也得以在课程体系的带动下呈良性发展态势。

学校紧密围绕育人目标，遵循教育教学规律，通过对育人模式的适应性研究与创新性探索，总结出"厚基础、宽口径、重能力、促个性"的课程建设思路，进一步提升课程的育人功能。

（二）建立完善的学校课程建设管理制度

围绕幸福课程体系的构建与实施，学校逐步摸索并形成"一室六中心"的组织结构，由课程建设中心负责学校的课程建设与管理；同时，逐步形成并完善了一系列清晰、合理、系统、协调的制度，为课程建设提供有效的制度保障，并且以制度为基准开展课程的研发、实施、评价等工作，注重过程管理，狠抓各项制度的落实；通过完善课程建设工作评价体系，加强日常考核评估工作，形成良性运作机制。

为调动广大教师主动参与课程建设工作的积极性，确保课程的有效实施，学校制定了相应的激励制度，倡导主动学习课程理论和技术，鼓励求索与创新，营造团结合作的氛围，集思广益，共同研究。

（三）促进学生全面而有个性地发展

学校通过课程实施，全面夯实学生的学业基础。全新的课程设置，极大地提升了学生的学习主动性与自觉性。学习方式的改进，给了学生更多的自主空间，促进了学生主动、富有个性地学习。同时，学校在促进学生综合素质全面提高的基础上，培养学生良好的个性，发展学生的特长，增强学生的创新精神、实践能力，以使学生更好地适应现代社会的发展。

课程的通盘思考和优质实施，为学生的全面发展奠定了扎实的学业基础。学校自 2012 年课程改革以来，中高考成绩喜人。

依托幸福课程体系，学校科技、艺术教育成绩喜人。智能机器人、航模、天文、无线电测向技术等项目位于全国乃至国际领先地位，先后获得 50 余项国家级一等奖及国际金奖，在全国青少年科技创新大赛中获得四项金奖，学校被评为北京市"十佳科技教育创新学校"。

"领军计划"是清华大学从 2012 年开始实行的自主招生计划，主要面向志向远大、追求卓越、品学兼优、素质全面的应届高中毕业生。学校因为在科技竞赛中的优异表现以及学生综合素质的全面提高，顺利成为该项目在北京市的 23 所生源校之一。

（四）为教师的专业素养提升提供多元展示平台

学校在课程建设工作中，充分尊重教师的课程开发自主权。教师们通过全程参与课程的研发、实施与评价，树立了全新的课程观与教学观，提升了课程意识、课程素养和课程实施能力，教师的观念、行为发生明显转变，成为课程建设的受益者和重要的助推力量。部分教师已由专业型人才转变为复合型人才，师资结构进一步优化。

近几年来，学校涌现出大批优秀青年教师骨干，并在各种国家级、市级、区级教学评比中屡获佳绩。

在各部门和教师们的共同努力下，学校教科研工作收获累累硕果。在第五届北京可持续发展教育国际论坛上，戴文胜校长和代阿老师作专题发言，得到了与会代表的好评。另外，戴文胜校长的论文、姜华老师的教学设计，分别获中国可持续发展教育项目、北京教科院一等奖。在刘利民主编的《推进可持续发展教育 提高教育质量》一书中，校长戴文胜，教师代阿、文瑞琴、姜华作为编委，参与了编写工作，学校的《推进可持续发展教育 建设优质教育品牌学校》《地理学科可持续教学模式设计：高二地理／区域环境保护与开发》《物理学科可持续教学模式设计：初二物理／飞机为什么能飞上天》等多篇文章收录其中。在海淀区教育科研创新奖活动中，马志太书记、教师赵楠获教育科研创新奖，副校长程学军获教育科研管理奖。

随着各课题组研究成果的不断完善，学校也将研究成果汇聚成校本教材运用到选修课教学当中。共有 11 个学科的教师编写完成 17 本校本教材，姜华负责的国家"十二五"可持续发展教育课题已转化为"北京交大附中节能减排系列校本教材"，其中包括"太阳能的利用与保护""地热能的利用与保护""中水的利用与保护"等篇章。这些研究成果，为学校开展多元化的校本课程提供了有力保障。

（五）学校办学水平得以提升

学校完成的主要研究项目

学校积极参与中国可持续发展教育项目课题研究，明确了办学理念和办学目标，促进了教师的专业化发展，提升了学校的整体发展，获得了诸多荣誉。

"中英项目"的研究，制订了交大附中的共同愿景和三年发展计划，确立了优先发展目标，提高了课堂教学的实效，促进了教师的专业化发展。

在海淀区 26 项"十二五"立项课题中，学校有 2 项重点关注课题、9 项重点课题，每个课题依据学校各学科的特点和问题设立，覆盖了所有学科，而且 90% 以上的教师都有课题。

在海淀区高中生人生规划教育课题的研究中，学校帮助学生初步理解了人生规划、职业规划的目的和意义，多次举办海淀区高中生人生规划教育课题主题活动。

学校参与全国教育科学"十一五"规划课题"学科教学中实施世界遗产教育的策略研究"的研究，使其成为对学生进行爱国主义教育的有效途径，同时使教师提高了教学中资源保护、资源开发、资源利用、资源整合的能力，编写了多本世界遗产教育校本教材。

/二/ "三有" 课堂助力学生幸福成长

建一所富有生命动力的幸福学校,是交大附中全体师生的共同愿景和不懈追求。交大附中在传承中发展,在发展中传承,走出了一条独具特色的内涵式发展之路。教育改革的核心在于课程改革,课程改革的核心在于课堂改革,课堂改革的核心在于教师的专业发展。为了进一步传承幸福教育的理念,学校深入思考幸福教育的内涵,通过幸福课堂的建设,实现"有趣、有参与、有成就"的师生之间的生命互动。教育之美在于实践,教育之美在于改变,教育之美在于探索。交大附中在阔步前行中研究,在积极思考中实践。这是一种探索,也是一种尝试,还是一种幸福。

教育思考与价值追求

(一)幸福学校的建设

幸福从何处来?交大附中于 1957 年建校,到目前为止,经历了不同的发展时期:1979 年以前,关注勤奋严谨的做事态度;从 2000 年开始,关注和谐创美的育人氛围;2005 年以后,关注人的发展,并提出"学生在成长中体验快乐,教师在成功中体验幸福"的办学理念;2013 年至今,进一步落实"以人为本"的内在要求,在学校传统文化的基础上,系统建构学校的价值追求。

纵观学校发展的整条脉络,从最初关注做事的态度,到中期关注人和环境,再到 2013 年以来紧紧围绕着"人"来进行学校的系统构建和形成学校的价值追求。

亚里士多德说:"幸福是终极的和自足的,它是行为的目的。"教育的终极目标是指向幸福的。

基于对教育的思考、学校历史的积淀和师生发展的需求,2013 年,交大附中将"建设一所幸福学校"作为学校的愿景和发展目标。

在实践过程中,交大附中围绕建设幸福学校的办学目标构建学校价值体系,初步确立幸福学校实现的四大路径:幸福课堂是核心,幸福课程是载体,幸福班级(后发展为"幸福团队")是氛围,幸福环境是保障。

环境以"怡人、人本"为出发点,使师生时时处处体验到和谐之美,增强对学校的归属感和荣誉感。

课程突出多元、个性，围绕育人目标，形成了"德、心、智、美"的幸福课程体系。

幸福班级围绕"自主、合作"的主题方针，从"环境文化、活动文化、组织文化、制度文化、精神文化"五个方面入手，引领学生逐步实现自主管理。

课堂是学校育人的主要阵地，通过师生互动，形成参与、共生的幸福课堂，彼此间进行思想和情感交流，从而达到共识、共享、共进的目的，实现教学相长与共同发展。

（二）课堂观察的思考

有一年，香港校长团到访学校，听了王玥老师的一节历史课，课的内容是《从计划经济到市场经济》。这节课通过视频导入、实物体验、倾情讲述、身边事例、趣味设疑五个环节徐徐展开。视频以歌曲《社会主义好》为背景音乐，汽车行驶在中国特色社会主义道路上，每到一个阶段，就展现出这一阶段的重大历史事件，使学生在轻松的氛围中温故知新。在第二个环节中，学生通过对粮票及其他票证的观察，体会计划经济体制下购物的艰难，认识到了改革的必要性。接下来，是安徽省小岗村18户农民签署秘密协议、分田到户的场景，学生们从中深切感受到了农民改革的信心和勇气。王玥老师还给学生讲述了自己家成为万元户的经历，并模仿她的父亲用浓重的东北口音表达对农村改革的赞扬，学生借此体会到经济体制改革给农民带来的真正好处，进而认识到改革开放带来了现今的美好生活。

最后，王玥老师用美国《时代》周刊的三个封面，先后引出十一届三中全会、改革开放、农村经济体制改革、城市经济体制改革。整个教学环节环环相扣，循序渐进，激起学生探究的愿望和热情。

对于这节课，香港校长们给予了这样的评价——"好课！"在视频导入、实物体验、知识的过渡与讲解、学生活动、逗笑小插曲等几个方面都给予了高度评价。"More expected"：在学生的笑容、学生的参与、学生的专注上，远远超出了我们的预期。当然，香港校长们也给我们提出了宝贵的建议，香港的课堂更注重学生自主学习、自主探究、自己推出结论的过程，他们的学生能够通过思维导图设计自己的板书，把所获得的知识讲给同学听，从而更有成就感。在这些评价中，大家注意到"笑容、专注、参与、获得"这些关键词，这样的课堂也是交大附中幸福课堂建设所追求的。

交大附中在探索的过程中，绝不是一帆风顺的，也遇到了一些问题和困惑。

这些问题和困惑引发了我们的思考。是不是把学习简单看成了知识由外到内的输入过程？是不是低估了学生已有的认知能力和知识经验，轻视了学生心理世界的差异性？是不是过分关注学科本身？是不是忽视了对人的生命存在及其发展的整体关怀？带着这样的思考，交大附中认为，幸福的课堂一定是学生喜欢的课堂。

（三）"三有"课堂的来源

学校首先对全体学生进行了调研，请学生写出自己喜欢的课堂的十个关键词。在这些关键词中，大家发现"语言幽默、内容精彩、多媒体"，体现了课堂的有趣性；"交流、自主、联系实际、实践体验"，体现了课堂的有参与；有收获、"激励评价"，体现了课堂的有成就。根据学生的诉求，教学管理部门制定了"有趣、有参与、有成就"的幸福课堂的实施方案，并请专家团队进行理论指导，最后由教学研究团队进行研究实践，形成北京交大附中"三有"课堂的标准。标准形成后，学校在教师中进行调研，75% 的教师认同"三有"课堂，89% 的教师愿意尝试课堂改革。于是，"三有"课堂因需而生，因同而建。

课堂研究与教学实践

（一）政策指导与理论依据

1. 政策指导

2012 年年底，教育部颁布教师专业标准。"改善学生在课堂上的存在状态，提升学生学习生活质量，让学生经历美好的课堂生活"，已经成为教育教学活动的基本要求。课堂教学的真谛在于让学生获得幸福体验，提升学生的幸福境界，发展学生感受幸福的能力。

2. 理论依据

著名的教育心理学家布鲁纳说过："追求优异的成绩不但同我们教什么有关系，而且同我们怎样教和怎样引起学生的兴趣有关系。"著名心理学家皮亚杰指出："所有智力方面的工作都要依赖于兴趣。"心理学研究表明，兴趣是人对事物的一种向往、迷恋、积极探索追求的心理倾向。兴趣是一种特殊的意识倾向，是学习的情感动力，是求知欲的源泉。兴趣还对学生的智力起着促进作用，是开发智力的钥匙。

可见，只有激发学生的兴趣，才能让学生成为学习的主体，从而让教与学达到最好效果。

建构主义学习理

论认为，情境、协作、会话和意义建构是学习环境中的四大要素。知识不仅是通过教师传授获得的，而且是学习者在一定的情境即社会文化背景下，借助其他人（包括教师和学习伙伴）的帮助，利用必要的学习资源，通过意义建构的方式获得的。建构主义的核心思想是在实践中学习。我们提出这样的简单标准，达成共识，就是为了教师在备课中能围绕这三个标准去思考，能不断追问自己。

叶澜教授是我国新基础教育实验的开创者和奠基人，其"让课堂充满生命活力"的课堂理论，开创了新基础教育实验的理论先河，并且为当前基础教育课程改革奠定了坚实的理论基础和舆论基础。叶澜教授认为，传统教学论从教的角度探讨问题，实用教学论则从学生的立场出发，教育心理学的兴趣在心理过程的分析，社会学的眼光集中在师生互动、课堂生活、人际关系等的描述上，它们都缺乏对课堂教学本质的理性的认识。她认为："课堂教学应被看作师生人生中一段重要的人生经历，是他们生活有意义的构成部分；课堂教学的目标应全面体现培养目标，促进学生的全面发展，而不是只限于认识方面的发展。"

因此，交大附中认为，课堂教学蕴含着巨大的生命力，只有师生的生命活力在课堂教学中得到有效发挥，才能真正有助于学生的培养和教师的成长，课堂才能真正有活力。

（二）"三有"课堂的内涵及教学策略

"有趣"是"三有"课堂的基础，"有参与"是"三有"课堂的过程，"有成就"

直指"三有"课堂的目标，这是"三有"课堂理论构建的来源。实际上，"三有"课堂并不是孤立的，而是你中有我，我中有你。

1."有趣"课堂的内涵及教学策略

交大附中认为，有趣课堂从外在表现形式上来看，离不开学生的兴趣、情趣和志趣。更多地关注兴趣是为了让学生有学习的乐趣；探索情趣，最终是为了追求学生的志趣。所以，这样的课堂一定是变化的课堂，在趣味中获知，在求知中得趣，这才是我们真正要追求的目标。那么，在有趣课堂的构建中，教师和学生起到什么作用呢？交大附中认为，教师的教学一定要有很好的设计，内容丰富，形式多样。比如，课堂上有教师说，有学生说，有设问，有质疑，有多媒体，有翻转……这些是为了唤起学生学习的欲望。学生的体验也很重要，学生积极的、愉悦的情感体验，与主动学习的意识，一同构成了有趣课堂的基础。当然，有趣的课堂一定离不开情境的设计。学校对有趣课堂进行了一些思考，在实践中归结出以下几种教学策略。

策略1.捕捉学生的兴趣所在：关注学科知识与生活的联系

简单的、形式上的有趣，不足以保证整个学习过程的顺利有效。在课堂的学习活动中，教师应根据不同的教学内容，联系学生的实际情况，从学生的感性认识出发，让学生认识到知识在生活中的作用，从而激发起学生深层次的学习兴趣，使学生积极参与到学习活动中来。这保证了学生在学习活动中的主体地位，为学生的自主发展奠定了基础。比如，生物教师马剑在生物课中讲述呼吸作用时，通过猪肺实物展示，捕捉学生的兴趣所在，关注学科知识和生活的联系。

策略2.从"坐中学"走向"做中学"：让学生的智慧在指尖灵动

传统的教学方式是"坐中学"，只重视学而忽视做，教学以课堂为中心，学生在教室里规规矩矩地端坐听教师讲授。正如学走路一样，在爬行的过程中会懂得走的要领所在，在实践中我们发现，做与学同等重要。

首先，课堂教学增加"活动"环节，可以增加实践性内容或者小组活动，让学生动手做一做。在生物教学中，可以让学生动手制作"DNA双螺旋模型""细胞模型""生态缸"等。

例如，在"制作'DNA双螺旋模型'"一课中，学生始终带着问题，边思考讨论，边模拟建构，有不同意见还会争论，发现问题和错误后，展开探讨，学生之间或师生之间进行交流。教师在进行课堂教学设计时，并不过多地给学生展示、提示或是暗示，而是让学生自主探究，在错误中发现问题，在思考中讨论问题，得出自己的结论；在探索中深化对知识和原理的理解，在交流中懂得合作；在动脑动手中学会对知识的应用，在观察和体验中增添智慧，获得发展。学生在动手中体验了理论联系实际，感受到了成功的快乐。

苏霍姆林斯基认为："学生对眼前能看到的东西是不感兴趣的，对藏在后面的奥妙却很感兴趣。"这个阶段是学生自主体验阶段。在这一阶段，学生个体的感受是不尽相同的，教师要根据学生个体的认知规律，对学生进行指导，给予学生不同的体验方法。

物理教师在教学"超重与失重"一课前，先带领学生乘坐电梯，每个学生做两种体验：一是手提 5 千克的重物，体会一下电梯启动前后的感觉；二是站在体重秤上，观察体重秤在电梯加速运动、匀速运动和减速运动三个阶段的示数。通过体验，学生获得了超重与失重的第一手资料。

其次，在讨论、争论中体会、感悟。尤其是涉及生活实际的问题，只靠教师讲解，学生很难理解，需要动手实践。学生在实际操作的过程中建立整体思维，而不是机械地记住概念、定理等。学生在动手活动中生成智慧，有利于达到"培养核心素养"的教育目的。

策略 3. 上有味道的课：有趣课堂要有"学科味"

有"学科味"，就是要在注重获得知识的过程中，培养学生的探究能力；注重打通课内外的衔接，让课堂成为学生积累生活经验的途径，让学生体会知识对于生活的意义。

物理学科是一门以实验为基础的自然学科，许多自然现象仅凭语言表达难以让学生真正理解。如果借助真实情境（如学生动手实践），学生获得的知识就会更加真实可靠。如果学生在小组合作中完成了一项探究实验，心情就会很愉快，就更容易理解比较抽象的概念、原理。因此，物理教学要关注学生的生活世界，要紧贴学生生活实际，强化学生直观体验。教师在平时的教学中尽可能为学生创设生活情境，从生活中提取教学素材，体现知识来自生活，知识运用于生活。这样的教学优化了知识呈现的载体，提高了学习效能，这样的物理课堂也才有"物理味"。

策略4. 课堂生成的"错误"：不可多得的教学资源

课堂的动态性，造成错误随时可能发生。教师要善于利用"资源"，维护学生的持续学习兴趣，帮助学生建立自信。

策略5. 设计有趣的问题：从一般问题到重要问题

"问题"是人类好奇心的表现，也是激发学生学习的原动力。问题既包括教师设计的问题，也包括课堂上学生发现的本原性问题。"本原性问题"是学生学习时最感兴趣的问题。

策略6. 设计有趣的活动：从感性认识到理性认识

教师在课堂中呈现的问题逻辑顺序，要尊重学生的认知规律，按照一般问题（指向一般概念）到重要问题（指向重要概念），从感性认识到理性认识的顺序。在这个过程中，教师设计学生易于参与的教学活动，在教学活动中促进意义建构。

2. "有参与"课堂的内涵及教学策略

交大附中认为，"有参与"课堂一定要以教学内容为基础，教师起主导作用，学生起主体作用，这三部分构成了"有参与"课堂的基础。那么，教师的主导作用是如何发挥的？一是教师要激活当前学习情境下学生应该具备的知识储备和知识经验；二是教师要带领学生通过探究得到完整的答案。

学生的主体作用如何发挥？学生通过自主学习，在知识能力的提升过程中，使多重的教育目标得以实现。课堂参与度的表现主要分为三个方面：行为参与、认知参与、情感参与。最终追求的是高层次的思维参与。

在教学中，大家对"有参与"课堂进行了一些思考，在实践中归结出以下几种教学策略。

策略1. 让教师"懒惰"一些：经营有空间感的课堂

有空间感的课堂，就是要给予学生充分的学习空间、学习机会。学习一定是学生自己的事情，谁也不能替代，教师的任务只是提供帮助。当教师把学生的学习空间打开时，就把学习的时间还给了学生。学生经历完整的学习过程，一定会把精彩呈现给教师。

让学生经历完整的学习过程，对学生思维的发展具有重要的作用。但是在很多课堂上，教师为了在规定时间内把课上完，往往牺牲了学生经历完整学习过程的机会。表现最为突出的就是"替学""替说"。

课堂教学中常常有这样的现象：教师提问，学生甲回答一点，学生乙回答一点，学生丙回答一点，等答案凑齐了，教师就开始总结："同学们说得真好，看来都学会了。"但问题是，每个学生只回答了一点，怎么就算是会了呢？这就是"替说"。

现实中也存在很多教师替学生说、替学生学的现象。我们提倡的是，学生能说的，尽量让学生说；学生能做的，尽量让学生做。让学生经历完整的学习过程，才是真正打开学生学习空间的途径。

例如，历史教师在讲授"北方的民族汇聚"一课时，根据考证，得出花木兰生活于北魏时期的结论。因此，在教学中，历史教师把学生们所熟悉的女英雄花木兰作为线索，整节课的设计围绕这条线索展开。这样一来，学生们觉得这节课的内容离他们并不遥远，进而产生了学习兴趣。

在课堂教学中，历史教师设计了三个问题：

第一个问题：花木兰是在怎样的社会大背景下，感受到她的生活方式发生了变化的？

第二个问题：花木兰替父从军，"归来见天子，天子坐明堂"。可是她很惊讶地发现，"明堂"的位置发生了变化，那么国家为何迁都了呢？

第三个问题：花木兰回乡后，发现生活当中的哪些方面发生了变化呢？

教师将花木兰这条线索与本课的知识内容结合起来，不断引领学生追问、思考，并根据相关史料进行分析，给足了学生时间，而且打开了学生的思维，使学生经历了分析问题、解决问题的完整过程。

策略 2. 有挑战性的合作学习：追求课堂卓越与兼顾公平

合作学习是 20 世纪 70 年代初兴起于美国的一种富有创意和实效的教学理论与策略。由于它在改善课堂内的气氛，提高学生的学业成绩，促进学生形成良好非认知品质等方面成效显著，很快引起了世界各国的关注，并成为当代主流教学理论与策略之一。20 世纪 80 年代末、90 年代初，我国也出现了合作学习的研究与实验，并取得了较好的效果。

近年来，国际教育学界关于合作学习的理论有了较大的变化。日本学者佐藤学指出："有质量的合作学习并不只是简单的分组讨论，有两个方面更为重要：教师应该为学生提供有较高难度的、挑战性的任务；教师采取策略让来自个体或小组的思想和学习过程在班级中得到分享。"

现实中存在一些不和谐的现象。例如，在参与课改、推进课改的过程中，有些教师对于传统教育全盘否定、标新立异、另起炉灶。肤浅的认识，必然导致机械的行为，使课改流于形式。很多课堂教学贴标签的味道很浓，好像一堂课中没有"任务单"，没有"讨论"，没有"动手实验"，就是与课改背道而驰。难道只要分成小组，就是互动了？几个脑袋凑一块儿唧唧喳喳一番，然后有代表发言，就算合作学习了？在成果交流中，学生也常常是轮流"坐庄"，缺少相互间的质疑、讨论。因而，学生到底从交流中了解了什么，记住了什么，产生了哪些即时的想法，就不能得到充分的证明。这种"学生讲，学生听"的方式，实际上是"教师讲，学生听"的一个翻版，也就难以真正发挥学习群体的对话、共生功能，更难体现"合作"之内涵。

策略 3. 丰富多样的教学策略：造就课堂的精细高效

注重多种教学模式"混搭"。不同科目采取的教学模式应有不同，同一科目不同课时采取的教学方式也应有一定的区别。

很多优秀一线教师在课堂教学过程中，既突出重点，又为学生搭建学习和掌握知识与技能的阶梯，如帮助学生把一个大难题分为若干小问题，由易而难，一个台阶、一个台阶地学习前进。

比如，在数学课堂学习过程中，为了使学生真正掌握数学知识，教师应注意利用不同变式，让学生从多层面和多形式的变化中真正掌握知识的内涵；同时要善于利用不同难度的题目对不同程度的学生发问，让每个学生都有学习存在感、成就感。

教学有法，教无定法。科目不同，教学模式不同；科目相同，教学方式也应不同。

策略 4. 为思维而教：向深度学习转变

在有参与的课堂中，学生运用原有知识经验去获得新的知识，学生对知识本身的魅力产生兴趣而展开学习，不仅亲身体验知识的发生、发展过程，而且了解知识的本质和内核，并把所学的知识拓展到其他相关领域。学生不仅理解了知识，而且掌握了知识的结构和关系，进入深度学习状态，从而获得多元发展。

这种学习状态是学习者积极地探索、反思和创造，可提高学生的学习素养，促进学生全面而又富有个性地发展，强调学生在知识与技能的学习和探索中，对知识进行加工，产生高层次的思维、深层次的体验和内在品质的提升。

近年来，美国凯斯西储大学的教授大卫·库伯提出的"让体验成为学习和发展的源泉"的观点，越来越得到世界各国教育者的认同和重视。学生在课堂中并不缺少体验，但是纯粹自发的体验往往是肤浅而零散的，因此，作为教师，关键是如何根据学科特点，有意识地组织学生参加体验性活动，借助多种方式来引导学生通过体验实现深度学习，让学习更有意义。

以数学学习为例，数学学习的实质，是个体作为主体与数学知识作为客体相互作用，通过一系列反应动作，在头脑中构建数学认知体系的过程。数学学习效果的好坏，在很大程度上取决于学习主体在数学学习活动中思维的参与深度。分类、比较、归纳是构建数学模型、促进思维发展的好方法。在知识的学习过程中，学生从合理分类、合情归纳到演绎证明，对知识本质有了可持续的探究方法；通过比较、修正，再次总结提炼，学生的思维品质得到进一步提升。

比如，高中数学讲"直线和平面垂直的性质"一课时，数学教师先让学生在纸上画出一组线面垂直，接着让学生添加一条线或者一个面，约束它和已有图形的一个位置关系，然后思考结论，写出一个真命题。学生完成后，数学教师再把所有符合要求的图形贴在黑板上，引导学生思考第一个问题：符合要求的图形找全了吗，怎样才能找全所有图形？这个提问是在引导学生思考如何分类。学生完成后，教师又提出第二个问题：这些图形对应的命题有什么共性，如何描述这种共性？学生通过观察、比较、归纳、证明，得到了线面垂直的若干性质。学生的数学思维在递进的问题中，得到了锻炼和提升。

3. "有成就"课堂的内涵

"有成就"课堂，主要是指通过教师组织教学后，学生获得了具体的进步或发展。也就是说，学生有无发展进步是教学有没有效益的唯一标准。交大附中认为，这和当下追求的核心素养、学科素养、学生素养息息相关。在这个过程中，教师的教是为了让学生会学，学生的学是能够学会，最终体现在学生在建构过程中获得能力。学校认为，需要在建构中激发学生的获得感，在获得感中进一步深化学生的建构。这就是学校追求的"有成就"的课堂教学。

有没有效益，不是指教师有没有教完内容或教得认真与否，而是指学生有没有学到什么或学得好不好。如果学生不想学或者学了没有收获，即使教师教得很辛苦，也是无效教学。同样，如果学生学得很辛苦，但没有得到应有的发展进步，也是无效或低效教学。因此，"有成就"的课堂教学，是为了提高教师的工作效益、强化过程评价和目标管理的一种现代教学理念。具体地说，"有成就"的课堂教学，主要包括以下内容：关注学生的进步或发展；关注教学效益，要求教师有时间与效益的观念；关注可测性或量化。

"有成就"课堂的教育意蕴：师生获得感。学生感觉到自己在课堂上是有收获的，并可以分享他人的收获。教师的幸福感来自学生，具体来说，来自教师在教学中进入一种状态，体验到生命的自尊、自由、自觉、灵性与创造，拥有对专业自由的执着追求与良好的工作心态，做到爱教、乐教。

对于语文教学中的《社戏》一课，之前的教学落脚点，往往是鲁迅对童年生活的美好回忆。如果立足于学生未来的发展，引导学生对生活的思考，培养新的思维方式，学校教师是这样设计的：《社戏》中的"戏"可以理解为鲁迅先生为国人编排的一出"理想之戏"，在这出戏中有几个要素需关注：(1) 人与人没有等级之分；(2) 人性是纯真的；(3) 人与人之间的关系是融洽的；(4) 平桥村未受外来力量的侵扰，质朴、自然。

另外，《社戏》选自鲁迅小说集《呐喊》，作者写这篇文章绝不是仅仅回忆一下自己小时候的美好往事；作者描绘的平桥村，更像是作者心中的桃花源，是作者对当时社会出路的一种思考，平桥村便是作者心中的一种图腾，虽然没有找到一条实现的路，但它是一个方向、一种理想，启迪大众去思考、去寻找。

在这样的有创意的课堂教学设计中，学生对《社戏》这篇经典文章的理解就不再止步于怀念童年，而是有了对人生的一种新的思考。

"有成就"课堂的特点：以关注人的幸福指数为前提，是人性最为本真的一种价值追求；力求将师生的幸福体验浸润在教学的全过程中，呼唤课堂理性之美、智慧之美和人性之美；在建构理想框架的同时，又根植于实践的土壤，使幸福课堂的追求回归实践的大地；课堂教学追求学生达到学业与人性的双丰收，教师达到教艺与人格的双提升。

"有成就"就是每一个学生在每一节课上，在自己原有的基础上都有提高，就是每一节课都要关注学生的学习结果。这个结果不仅是知识的获得，更多地包括学习自信心的培养、合作交流意识的形成、独立思维习惯的养成、情感态度价值观的逐渐形成等。这样的课堂，才能为学生一生的发展奠定坚实的基础，才能使他们未来的人生道路有意义。

中学人文地理教学理论性强，学生在学习过程中普遍感到枯燥乏味。地理核心素养要求在教学过程中培养学生的地理实践力素养。因此，在高一地理必修2"城市空间结构"一节中，学校地理教师设计了一个乡土案例分析的问题："商业区往往布局在城市中心，交通便利的地方，学校附近就有很多大型的商业中心。其中大钟寺中坤广场紧邻三环，靠近大钟寺地铁站，但是为什么里面的商铺大面积闲置，没有一点商业气息？"针对这个问题，教师让学生们在课上利用所学知识进行分析讨论。对于没有实地调查的讨论，教师没有给出答案，而是让学生课下进行网络查询、现场访问，利用所学知识找出其中的原因，然后再结合自己课堂中的思考，总结自己的收获。

在整个问题的解决过程当中，学生收获的是自己独立思考、合作交流的能力，养成了用地理视角分析和解决地理问题的能力，形成了"学习对生活有用，对终身发展有用"的理念。

学校的英语阅读教学逐步从过去的浅层的文本性阅读（literal reading），转变为解释性阅读（interpretive reading）和批判性阅读（critical reading）。

第一个核心内容，就是教师在课堂教学中指导学生如何通过思维导图来自主整理文本的信息，并根据教材选取不同体裁的文本，引导学生分析、总结、掌握常见的说明文、议论文、记叙文、应用文等文章的行文特点，让学生能够自己画出这些不同体裁文章的思维导图。这比以前单纯地教单词、句型，已经加强了对思维能力的培养，但这种思维能力的培养也只是第一步。

第二个核心内容，就是如何在读后设计有思维梯度的解释性、批判性阅读任务，引导学生形成自己阅读后的回应和思考。这些读后的任务要既源自文本，又高于文本，让学生能够联系自己的生活，怡情益智，从而激发阅读兴趣。这样的阅读活动涉及对文章内容和风格、作者情感和态度的批判及评价，涉及较深层面的思维活动，即关系到学生思维能力的发展和提升。这样一来，学生通过阅读，形成了自己的独立思考，对身边事物有了自己的独立判断，能够表达自己的观点，从而收获了自信。

课堂的成就不仅体现在学生当下的获得，也是学生时代的一段幸福记忆，更能成为学生生命历程中的一抹光彩。学校从 2013 年起，倡导并开展毕业生重回母校上一天课的活动，一直坚持到现在。毕业生们以这种独特的方式，表达对母校的感恩。

过程反思与持续改进

教育的改革，千改万改，离不开课堂教学这一核心。交大附中只给出了幸福课堂的简单标准："三有"——有趣、有参与、有成就，就是希望每一位教师都能潜心研究课堂教学，每一节课都能从这三个方面追问自己，不断探索和完善交大附中的教学观，在实现幸福课堂的过程中形成学校教学文化。

（一）"有趣"课堂考核基本维度

在教学中，"有趣""体验""生成"是关键词。有趣是体验的前提。学生在特定的情境中，以兴趣为纽带，才会缩短与教材、教师的距离，才会积极地体验文本。体验是学生发展的重要途径。它以亲身经历、实践活动为基础，又是对经历、实践和感受的再认知。生成是知识内化的有效手段。它是学生认知和经验的升华，这种升华是对感受的再感受，对认知的再认知，对经验的再经验。只有这样，学生才能将知识潜移默化地应用在实践中。"有趣"课堂的评价维度见表1-1。

表1-1 "有趣"课堂的评价维度

项目	维度	描述
情绪表现	乐趣感	学生在学习过程中对学习内容感到有趣、不枯燥。
	焦虑感	主要指学生对学习过程及学习内容表现出的担心、忧虑。
	厌倦感	学生对学习表现出厌恶和倦怠。
兴趣保持	获得感	学生的学习兴趣在一段时间内由"不懂"到"有点懂"再到"真的懂了"。
	挫折感	学生不懂的问题在一段时间内没有解决。
	失落感	学生因最终没有学会而产生失落感。

（二）"有参与"课堂考核基本维度

表1-2 "有参与"课堂的评价维度

维度	项目	指标
行动参与	主动性	学生在课堂教学过程中自发（真正）地参与学伴讨论。
	专注度	学生在课堂教学过程中的认真与努力程度。
	思维度	学生在课堂教学过程中对问题理解的深度、做题的钻研程度。
	时间投入	学生在课堂40分钟内用于学习的时间。
	小组学习	学生在课堂教学过程中畅所欲言，形成自由探讨的班级氛围。
认知参与	基本认知	较低层次认知，表现在死记硬背、机械的认知方式。
	深层认知	较高层次认知，表现在理解、应用概念、原理，解答问题。
情感参与	意向度	学生在课堂教学过程中自发（真正）地参与学伴讨论。

（三）课堂参与度的影响因素

课堂参与度受外部因素和内部因素的影响。针对研究目的和研究课题本身的性质，学校研制了"课堂参与度影响因素问卷"（见表 1-3）。

表 1-3　课堂参与度影响因素问卷

因素	维度	指标
行动参与	教师因素	①教学方式；②教师的激励与认可；③教学设计；④教学艺术；⑤师生关系。
	同伴因素	同学关系。
	班级因素	①班级学风；②班级纪律；③班级凝聚力。
	学校因素	①学校资源；②学校归属感；③学校氛围。
认知参与	学习情感	①自信心；②意志力；③自控力；④性格。
	动力来源	①学习兴趣；②学习动机；③学习基础；④人生追求。

（四）"有成就"课堂考核基本维度

表 1-4　"有成就"课堂的评价维度

项目	维度		指标
学生获得感	双基获得	独立作业	①学生的独立学习方式（当堂做卷）；②根据知识间的逻辑关系，构建知识网络。
		问题解决	正确运用科学方法分析现象，具有判断、推理、类推等能力；实验操作技能和观察技能的熟练。
		课堂生成	课堂表现较为机智，及时发现问题的解答思路,超出教师、同伴的思考范畴。
		语言表达	①以学生为主体作出的总结；②在与同伴、教师交流中思维缜密，用词准确，表述清晰，符合学科规范。
	意义获得	自信心	乐此不疲地学习。
		习惯养成	①独立思维习惯的养成；②谙熟学习方式。
		发展能力	学习能力：学会学习（获取信息能力、理解能力等）、学会合作、学会反思。实验探究能力：①自由实验（独创性与多样性）；②对新设计的不成熟方案的评价（含挑战权威，对现行教材上的一些实验进行评价）。

续表

项目	维度		指标
教师获得感	专业方面：课堂学习力的提升	应变力	在师生交流中及时洞察学生的所思所想所为并采取相应的恰当的措施。
		关注力	指教师在课堂中通过观察和自我观察相结合的方式把握学生、教学内容和自身的存在状态及关联方式的能力，是"有成就"课堂学习力的基础。
		判断力	指教师在课堂中能对学生和自我的教学行为产生合理或不合理、适当或不适当的判断。课堂判断力是教师课堂学习力的核心。
		表现力	指教师在课堂中随着教学情境的变化，以言行方式因势利导地对学生施以某种影响。
	精神方面：主观幸福感		在客观的教育教学过程中、在现实生活环境下（主要来自学生）得到的一种需求的满足，是主体自身的一种积极的情感体验。

学校物理教师张利国在一节公开课上，用示波器显示电子在加压下的偏转情况，示波器显示亮点的跳变过程。区教研员提出：能不能想办法让那个亮点由慢变快，连续变化，最后变成一条直线呢？当年的示波器是无法实现这个要求的。张利国老师带着这样一个问题，开始了长达10年的探索。

10年间，张利国老师拆开了示波器，研究其内部构造和工作原理，无效之后又尝试改变电路，不知道做了多少次试验。在试验有了进展之后，张利国老师又向大学教授请教，在教授的建议下，张利国老师在网上购买了各种型号的信号发生器继续进行试验，最终达到了想要的效果。张利国老师这样说道："如果没有10年的坚持，也许我将错过物理中瞬间的精彩！什么是幸福，当你苦苦追寻10年的目标最终实现时，那种感觉就是幸福。"

如果说，学校今天的课堂有一些亮点，那希望由这些点开始，逐步实现明天更完美的线。

/ 三 / 用文化的力量提升学生课堂学习的效率

如果说学校是一棵葱郁蓬勃的树，那么学校的文化精神就是这棵树生长的土壤，师生的共同愿景、核心价值取向就是它的主干，行为态度、做事方式和发展状态就是它的枝叶。

自参加"中英学校发展项目"以来，学校从学校文化中凝练出共同愿景，确定核心价值观，并不断从文化中汲取养分，开展七个领域（学生发展、学校课程、教与学、对学生的支持和关爱、校风和学校氛围、学校资源、学校领导与管理）的行动研究，在实践中不断反思，在反思中不断改进，从而推动学校的可持续发展。

相关背景

和谐、务实、积极、勤勉是交大附中的文化精髓。2009 年 3 月，在"中英学校发展项目"第一次校长培训中，学校基于对文化的解读，为学校画了自画像——"和谐号"：列车上有全体师生，在和谐的育人氛围中，学生健康快乐地成长；教师在专业化成长的道路上，追求职业的幸福感。这辆"和谐号"列车，勾画了学校共同愿景与核心价值观的雏形。

2009 年 7 月，学校通过沙盘游戏、互动培训和讨论，最终提炼出学校的共同愿景："构建阳光生态校园，创设和谐育人环境"，并明晰了核心价值观："让教师在成功中体验幸福，让学生在成长中体验快乐"。

此后，学校制订了发展计划，在七个领域充分拓展教育活动的价值空间。

领域 1：在促进学生发展方面，通过开展"主体探究、综合渗透、合作活动、知行并进"的可持续发展教学实验，提升学生的中高考成绩，培养学生的可持续学习能力和创新能力。

领域 2：在学校课程方面，通过开发校内外资源（包括周边科研院所和大学优质资源，以及学校内部资源，如科技课程、艺术课程、环保课程、入校课程等），在全校渗透课程化意识，为学生发展提供个性化服务。

领域 3：在课堂教学方面，将学科知识与学生生活紧密联系，加强师生互动，促进思维提升，提高师生课堂教学的获得感。通过开展大教研、小教研活动和听评课活动，提高课堂教学质量，形成"课比天大"的教学文化。

领域 4：在对学生的支持和关爱方面，成立学生发展中心，根据不同年级学生的需要，构建学生活动体系，更贴切有效地促进学生发展。

领域 5：在校风和学校氛围方面，彰显"饮水思源，爱国荣校"的校训精神，致力于培养"求真、立善、创美"的交大附中学子，优化校园环境，努力创建生态校园、人文校园、数字校园。

领域6：在学校资源方面，与北京交通大学等高等院校合作，让学生走进各类国家级实验室，参与国家级课题研究，将大学的课程教学与学术研究向中学延伸，共同培养高端创新人才。

领域7：在学校领导与管理方面，随着办学规模的不断扩大，学校对组织机构进行了资源重组，成立了学生发展中心、教学管理中心、毕业指导中心、教师发展中心、课程建设中心、行政服务中心六个中心，建立以课程为中心的可持续发展的学校发展模式，构建六位一体的学校管理体系，使学校的管理从规范化迈向专业化，为学校的多元、有序发展提供强有力的组织保障。

在七个领域中，教与学领域一直是学校关注的核心，也是学校发展的根本所在。目前，学校正在以班级文化建设为突破口，通过小组合作，培养学生良好的学习习惯；以课堂教学为落脚点，通过"课堂日志"的运用，培养学生自主管理能力，实现课堂教学的全面提升。

人类学家科拉克洪说："集团的成员所共同拥有的某种观点、感受方式、信仰方式，这就是文化。"如何用文化的力量引领课堂教学管理的高效？学校认为高效课堂从形式上看必然具备以下要素：课堂井然有序，气氛充满活力，师生相处融洽等。其中，课堂井然有序是高效课堂得以实施的基础，那么，怎样对课堂秩序进行有效的管理与维护呢？这值得探索和研究。

基于问题的研究

2012 年 1 月，学校在教师会上对班主任工作中主要的十大项目进行调研，并对亟须解决的问题进行降序排列。结果显示，95% 以上的教师认为课堂纪律、课堂参与、课前预备和作业上交是日常工作中存在困惑较多的方面。概括而言，课堂常规和完成作业成为急需解决的两大突出问题。教师对课堂的高标准与学生现实之间产生了巨大的落差。根据调研结果，结合班情、学情，学校决定从班级荣誉入手，设定星级作业示范班、课堂常规示范班等十项班级评比活动。

基于理论的实操

（一）赫洛克效应

心理学家赫洛克（E. B. Hunlock）做过一个实验，他把被试分成四个等组，在四种不同诱因的情况下完成任务（见表 1-5）。

表 1-5 赫洛克的实验

组别	效果
第一组为表扬组。每次工作后予以表扬和鼓励。	最强 1：成绩不断上升
第二组为受训组。每次工作后严加训斥。	弱 2：后劲不足
第三组为被忽视组。不予评价，只让其静听其他两组受表扬和挨批评。	很弱 3：下降
第四组为控制组。让他们与前三组隔离，不予任何评价。	最弱 4：持续下降

实验证明，及时对工作或学习结果进行评价，能强化工作、学习动机，对工作、学习到起促进作用。适当表扬的效果明显优于批评，而批评的效果比不予任何评价要好。

基于以上的理论支持，学校各班学生历时两个月，利用头脑风暴的方法，进行班级文化大讨论，之后在班级内以 4~6 人为一组，分小组进行小组文化建设，组名、组旗、组训、组规等的建设过程让小组的凝聚力迅速增强，每天的日表扬、日总结更加促进了小组内部的融合，从而逐渐形成各组的组文化。小组文化建设为解决课堂常规和完成作业两大突出问题做好了组织上的准备。

（二）罗西和亨利的反馈效应

心理学家罗西和亨利做过一个反馈效应的实验（见表 1-6）。

表1-6 罗西和亨利的实验

阶段	分组	反馈频率	周期	结果
第一阶段	第一组	每天告知成绩	8周后	好
	第二组	每周告知成绩		中
	第三组	不告知成绩		差
第二阶段	第三组	每天告知成绩	8周后	成绩有突出进步
	第二组	每周告知成绩		稳步上升
	第一组	不告知成绩		成绩逐步下降

实验说明，及时知道自己的学习成绩对学习有重要的促进作用，及时反馈比延迟反馈效果更好。

那么，如何及时反馈学生的课堂状态并给予适当鼓励，怎样根据目标运作操作层面呢？经过反复研讨碰撞，学校认为这是一项系统工程，从人员配合来说，需要以学生小组为核心，班长、学生会、班主任、任课教师、年级组长为纽带，学生发展中心、教学管理中心为统筹调控机构，将培训和运转同时进行，环环相扣、步步实施。从操作工具入手，学校设置了课堂日志。在此基础上，学校又设置了评价标准和若干统计表格，形成日总结、周反馈、月表彰的评价体系，以便及时快速告知学生个人和小组，对学生进行及时的鼓励和表扬。同时，班主任、副校长、校长也能准确了解课堂状况，及时调整课堂教学管理策略，给学生和教师以帮助和支持，很好地实现教育教学的协调与统一。因此，在班主任例会上，学校研讨的第一项内容就是"十大荣誉综合反馈"，第二项内容就是小组建设中的困惑及策略的交流。

基于调研的反思

美国教育家雷夫的《第56号教室的奇迹》一书告诉我们，一个正确的教育行为，当一遍十遍不能起作用时，如果坚持一百遍甚至五百遍，就会收获奇迹。一张简单的"课堂日志"表告诉学生的是什么？良好习惯的养成需要的是坚持。坚持的背后是责任，要对自己的行为负责，要敢于担当，学会包容，特别是包容别人的过错，还要学会合作，在自己进步的同时，还要帮助组员成长，因为大家共处于一个集体之中，要寻找集体的乐趣。一位学生在每日的"联系本"中这样写道："因为成立了小组，每一个人出错都会连累别人，不仅自己不能出错，还要帮助组员不犯错误，我头一回知道，世界上还有一种东西叫'责任'。"

值得注意的是，在这一过程中，教师要充分理解、赏识学生，要学会发现学生的点滴进步，公平地对待每一个学生。因为只要学生看见教师惩戒不公，教师就会失去人心，惩戒就会产生负面效应。在"课堂日志"的使用操作中，建立一套公平公正的惩戒规则尤为重要，目的是培养学生的规则意识和公平公正意识。

关于惩戒规则，学校主张由学生开发纠错模式，即学生自己开"出错罚单"，自己选择改错的方式，如讲一个伟人的故事，讲一下父母的辛劳，说说同学的优点等。20多种方式，避免了处罚办法的单一。其实，这种罚单本身就具有极强的自我教育效果，学生也乐于接受，是一种阳光积极的文化叠加。

"课堂日志"实施后，学校分别对任课教师、班主任、学生进行了反馈调查，师生谈到变化很是兴奋：①课堂纪律有进步，作业上交情况越来越好；②课堂参与度提高；③学生的集体荣誉感增强；④捆绑式评价提高了学生的责任意识；⑤课堂上随意说话的少了，回答问题的多了。

师生们同时建议：①对评价标准进行微调（针对教师）；②使操作程序更高效（针对学生）；③希望学校坚持下去。

面对师生的关注、支持和鼓励，学校更加明确：凡是值得做的事情，就得好好去做。于是，学校将每月的课堂常规荣誉示范班、荣誉合作小组、荣誉师徒的表彰坚持下来，因为教育的终极追求是塑造人格。

为了进一步挖掘"课堂日志"的价值，我们还开发了"九段学子学习习惯导航阶梯"，从"会听课"到"会做计划"共九段学习习惯晋级，让学生在学会学习的同时学会做人。学校通过强化课堂管理使对学生学习习惯的指导不断深入，促进学生的学习和人格得到可持续发展。

在"中英学校发展项目"的实施过程中，基于学校文化衍生出共同愿景和核心价值，指导理念和行为，同时又根据现实问题，以文化建设为突破口解决问题，丰富校园文化，提高学校发展力。在这一过程中，我们最大的感触是：成功无捷径，真正的卓越是靠不断尝试，以及大量的努力得来的。

第二章

可持续发展的幸福教育

习近平总书记说过："大家一起发展才是真发展，可持续发展才是好发展。"教育亦是如此。

教育是人类社会特有的活动，是人类社会进步的基础，是人类社会可持续发展的核心推动力。从辩证唯物主义的发展观来看，教育本身也需要实现可持续发展，教育可持续发展对实现人类社会可持续发展具有重要作用，因此，可持续发展是21世纪教育的必然选择，也是北京交大附中幸福教育的必然选择。

中国可持续发展教育项目始于1998年。在实现中华民族伟大复兴中国梦的今天，可持续发展教育需要契合建设中国特色社会主义的需要，尤其是契合生态文明建设的时代要求；需要立足中国国情，将实施《全球可持续发展教育行动计划》与中国学生发展核心素养培养紧密结合；需要不断探索可持续发展教育的新方向、新内容、新征程，形成新路径、新模式、新经验。

多年来，交大附中在可持续发展教育的理性思考与创新实践中，一直在努力实现"学生在成长中体验快乐，教师在成功中体验幸福"的学校双重发展目标。面向未来，交大附中更期待秉承可持续教育理念，成就学生，成就教师，成就学校！

/ 一 / 实现学校可持续发展

苏霍姆林斯基曾说："学校领导首先是教育思想的领导，其次才是行政领导。"科学的教育思想和理念为学校发展指明了方向，奠定了基调，是一所学校的灵魂所在。古今中外不乏先进的教育思想，其中邓小平同志于 20 世纪 80 年代提出的"三个面向"教育思想，既基于我国国情，又放眼世界，更着眼未来，对当今和未来的中国教育事业以及各级各类学校的发展具有至关重要的战略指导意义。

"三个面向"教育思想最重要的特征，是其具有中国教育事业发展战略的导向性。从 1985 年 5 月的《中共中央关于教育体制改革的决定》，到 1993 年 2 月中共中央、国务院印发的《中国教育改革和发展纲要》；从 2001 年的《国务院关于基础教育改革与发展的决定》，到 2010 年发布的《国家中长期教育改革和发展规划纲要 (2010—2020 年)》，"三个面向"教育思想始终在为我国教育体制的改革和发展指引着方向。

新时代的教育工作者，要站在历史沿革、时代前沿和战略全局的高度，继续重温和深刻领会"三个面向"教育思想，并将其融入教育改革发展新蓝图，推动教育事业在新的历史起点上科学发展。

为了更好地将"三个面向"教育思想落实在学校当前的教育教学实践中，首先要明晰其科学内涵。

"三个面向"教育思想的内涵

1983 年 9 月 8 日，邓小平同志为北京景山学校题词"教育要面向现代化，面向世界，面向未来"。1985 年 5 月 27 日，"三个面向"教育思想被写入《中共中央关于教育体制改革的决定》，成为我国教育改革发展方向和教育工作的指导方针。

（一）面向现代化

"面向现代化"，是"三个面向"教育思想的核心。

2019 年，中共中央、国务院印发《中国教育现代化 2035》，明确提出，推进教育现代化的总体目标是：到 2020 年，全面实现"十三五"发展目标，教育总体实力和国际影响力显著增强，劳动年龄人口平均受教育年限明显增加，教育现代化取得重要进展，为全面建成小康社会作出重要贡献。在此基础上，再经过 15 年努力，到 2035 年，总体实现教育现代化，迈入教育强国行列，推动我国成为学习大国、人力资源强国和人才强国，为到本世纪中叶建成富强民主文明和谐美丽的社会主义现代化强国奠定坚实基础。

教育要"面向现代化"，是指教育要为我国社会主义现代化建设服务以及教育自身的现代化。也就是说，一方面，教育要主动适应和服务于我国社会与经济的发展需要，培养和造就数量充足、质量合格、结构合理的各级各类现代化建设人才，提高我国公民的科学、文化和思想道德素质；另一方面，教育自身也要现代化，包括办学模式、办学理念及教育制度、教育目标课程设置的现代化，教育方法、教育技术、教育评价、教育科研的现代化，以及办学条件、办学设施的逐步现代化。

（二）面向世界

党的十九大报告提出："推动构建人类命运共同体""促进全球治理体系变革""共同创造人类的美好未来"。这进一步表明了中国教育将坚持面向世界，不断扩大对外开放，为"更好构筑中国精神、中国价值、中国力量"作出应有的贡献。

教育要"面向世界"，是指教育改革与发展，既要有中国自信，又要有全球视野。这里也有两点含义：

一方面，教育要为实现社会主义现代化建设的战略目标培养立足本国、放眼世界的新型人才，要善于通过教育教学活动及社会实践，对学生进行对外开放教育、国际形势教育、世界经济文化科技教育等，为培养学生正确的世界观、良好的国际意识、国际交流与合作能力、国际竞争能力奠定扎实的基础。

另一方面，也要求教育自身的对外开放，要了解世界的科学、教育、文化的发展现状和趋势，关注各国教育发展的成功经验，吸收世界上先进的教育科学成果，学习世界上先进的科学技术、先进的管理经验，吸收反映世界优秀文明成果以及当代科学技术文化新发展的教材、教学内容和教学方法，在坚持立足中国实际的基础上，努力学习借鉴外国先进经验和成果。

（三）面向未来

2013 年 4 月，习近平总书记在致清华大学苏世民学者项目启动仪式的贺信中指出："教育决定着人类的今天，也决定着人类的未来。人类社会需要通过教育不断培养社会需要的人才，需要通过教育来传授已知、更新旧知、开掘新知、探索未知，从而使人们能够更好认识世界和改造世界、更好创造人类的美好未来。"

教育要"面向未来"，是指教育要有预见性和前瞻性，要根据我国社会主义现代化事业的长远需要，为未来的社会发展培养和储备人才。一是要培养具有可持续发展能力的人才，要求提高学生的学习能力、实践能力、创新能力，教育学生学会知识技能，学会动手动脑，学会生存生活，学会做人做事，促进学生主动适应社会，开创美好未来，从而培养出适应并推动社会可持续发展的人才；二是指教育自身也要走可持续发展的道路，从教育理念、思想、原理，到教育方式、方法、手段，从教育设备、设施、场地，到教育从业人员等都要有前瞻性和预见性，不仅要适应时代发展，更要走在时代前列。

全面建设社会主义现代化强国，需要千千万万高素质人才。面向未来，我们要继续全面贯彻党的教育方针，落实立德树人根本任务，培养德智体美劳全面发展的社会主义建设者和接班人。

教育的"三个面向"是不可分割的统一整体，教育面向现代化是"三个面向"的核心，是教育工作的出发点和立足点。同时，面向现代化，必须面向世界和面向未来。只有面向世界和面向未来，才能更好地适应和服务于我国社会和经济的对外开放，适应和服务于我国社会与经济的未来发展和可持续发展战略。面向世界和面向未来，是为了更好地面向现代化，是为了更好地搞好社会主义现代化建设。

以上简析了"三个面向"教育思想的内涵及相互间的辩证关系。概括而言，"三个面向"主要包含两个层面的要求：一方面是对教育培养人才的要求，即要求培养掌握现代化科学知识和技术、具有世界眼光和意识、可持续发展的人才；另一方面是对教育本身的要求，即要求教育本身也要实现现代化、面向世界、走可持续发展之路。而要实现人才培养和教育自身的"三个面向"，就必须以学校为载体，因为学校是培养人才的主要场所，也是教育实践的专门场所。下面以中学为例，探索学校如何贯彻"三个面向"教育思想，从而实现学生和学校的可持续发展。

学校如何面向现代化

（一）凸显科技教育特色，培养创新型高端人才

现代社会科学技术发展日新月异，培养现代化人才不仅是要让学生掌握现代科学文化知识和相应技能，更要大力培养其创新意识和创造能力，为未来社会培养创新型高端人才。为此，不少学校将科技教育作为实施素质教育和现代化教育的突破口，为培养学生现代社会生存能力与未来社会创新能力提供广阔的发展空间与平台。

以交大附中科技教育课程为例，经过多年的摸索研究、实践与反思，逐渐形成了交大附中实施科技教育的指导思想，即"学会观察、学会思考、学会表达、学会创造、学会合作"，开发了一系列完整的、具有时代特色的科技教育校本课程：智能机器人、航天模型、无线电测向、天文观测、气象观测、头脑奥林匹克、生物科学技术，等等。特别是学校开设的"智能机器人"课程，在教材开发、教室设计、设备配备等方面都独具特色，受到有关单位的一致好评，成为学校最具有特色的科技教育课程。同时，为更好地培养创新人才、促进并推进更多有潜力的学生走向成功，学校与北京交通大学合作，以"茅以升班"为先行团体，将大学的课程教学与学术研究向中学延伸，共同架设一条优质教育桥梁，为学生创新能力的培养作出卓越努力，为国家、社会培养出一批批创新人才。科技教育不仅增强了学生的学习兴趣，提高了学生的科技素养，也为学校带来了诸多荣誉和良好口碑，成为可持续发展的一大特色和亮点。

（二）注重多种课程建设，促进多元化人才发展

课程是表现一所学校最核心、最有特色的东西，也是实现学生成长和发展的载体。除了开齐、开好国家课程和地方课程，学校秉承"一切工作课程化"的思想，以学生学习、生活实际需求为依据，全校教师全员参与，充分挖掘高等院校、科研院所的优质资源，为学生提供丰富多彩的课程资源。

其一，在起始年级开设引桥课程。通过体验环境、熟悉课程、建立团队等活动，让七年级、高一新生迅速、自然地融入学校文化，适应新的角色，提高其身份认同感和归属感。

其二，将学生活动课程化。将经典的德育活动（如国旗下讲话、班会等）和节日活动（如读书节、体育节等）课程化，建立系统化的活动课程体系。

其三，初步建立多元化的校本选修课程体系，学校近年累计开设 200 余门校本选修课程，涉及语言与文学、数学、科学、人文与社会、技术、艺术与审美、体育与健康等学习领域，从而构建起以学生为本的丰富多彩的初、高中课程体系，为学生多元化发展提供了更多选择和创造的空间。

（三）建立科学管理体系，推行现代化学校管理

1. 建立"一室六中心"管理模式

为适应新形势下学校发展和课程改革的需要，学校重组学校管理机构，建立了"一室六中心"的管理模式：

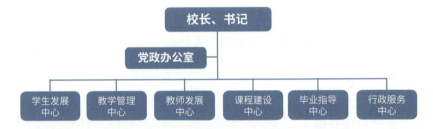

各中心以"规范、合作、自主"为关键词，根据本中心的职能与特点制定出本中心的制度、措施、方法，并有效地进行监督和保障，由点到面，有层次、有阶段、有目的地开展具体工作，从而初步形成了较稳定的工作制度和管理模式。如教学管理中心推动了课堂规范建设；教师发展中心推进了教师专业成长；学生发展中心促进了学生自主能力的形成；课程建设中心初步构建了学校选修校本课程体系；行政服务中心推动了校园环境和后勤服务建设；毕业指导中心对毕业年级进行了系统指导和分析，研究规律，固化成果；党政办公室不断完善上传下达、左右协调的职能。新的管理体系的构建和运行使得学校行政管理工作更为规范和科学。

2. 健全现代化学校管理制度

学校制度与流程管理的实施要遵循"公平、公开、公正"原则，接受群众的检验，成熟一个执行一个。学校主要从三方面进行制度建设：一是规范教育、教学、行政三大领域的管理制度和流程，定职定责；二是规范会议制度，规范公示与决议发布流程，落实会议决议执行度；三是规范常规管理，根据各部门学期具体化的工作目标和计划，将目标管理深入各个工作环节与流程中。

在制度的制定与实施上，充分体现以人为本，在人性化的基础上，以工作目标

为导向，使学校各岗位人员合理、有效、建设性地完成工作。

3. 引入项目化管理机制

为实现创建一流特色品牌学校的办学目标，学校将每学期的重点工作分为具体若干项目，分别由各部门负责人牵头，确定每个项目具体的完成标准，并对项目目标、理念、人员、条件、步骤、结果、评价等进行科学规范的分项管理，实施行动研究；在项目实施过程中不断把控、反思，在学期末或项目结束时对各项目进行梳理、总结。如此一来，使得学校每项重要工作都民主地进行研讨和决策，有明确目标，责任到人，科学管理，积极落实，最终民主评议、反思总结，从而提高工作效率，不断改善工作方法。

（四）更新教育教学设备，打造信息化育人环境

先进的教育教学设备为现代化人才培养提供了硬件条件。学校积极更新各项设备，打造良好的信息化育人环境。学校建有现代化图书馆、电子阅览室、高端物化生实验室、计算机综合教室、模型操作室、多功能报告厅、演播厅和校园电视台、电脑美术室、电声活动室、专业的声乐排练室和书法国画教室、游泳馆、篮球馆等。教学楼的每个教室都配备正投、视频展台、计算机等多媒体设备，筹建多功能的心语小屋、高科技的学生互动区、4D 体验馆、校史馆等。现在，学校体、音、美、电教等方面的设备均已达到北京市教委颁发的"办学设备较高标准校"的要求，学校先后被评为"教育现代化改革试点校""北京市电化教育优类校""北京市教育信息化工作先进单位"。

学校如何面向世界

（一）重视国际交流，吸收先进文化

要面向世界，首先就要了解世界。为了更好地学习国外先进教育经验，让学生了解异国他乡的优秀文化，学校采取走出去、请进来的办法，促进师生与外国师生的交流。例如，与德国、澳大利亚、英国、美国、新加坡等国家的著名中学建立友好关系，定期交流互访；通过学校间互派教师、学生访问，实现国际教育资源共享，更新师生观念，增强对不同国家教育的了解和学习；通过中外学生一起上课，一起参加课外活动，增强双方对彼此国家社会、文化、生活各领域的了解，开阔视野，

增长见识，加深友谊。

（二）注重音乐会友，传播中华优秀传统文化

在吸收国外先进文化的同时，学校还注重培养学生的"中国元素"，将中华优秀传统文化向世界传播。"艺术无国界"，学校金帆合唱团和童声合唱团，从成立至今30余年，演出中国及世界名曲近百首，曾赴德国、澳大利亚、匈牙利、韩国、朝鲜等国家进行国际交流演出，向世界传播中国文化。

学校如何面向未来

教育要面向未来，要求学校着力开展可持续发展教育，培养学生的可持续学习能力，引导学生树立"四个尊重"理念，对学生进行节能减排教育。

（一）通过课堂教学，培养可持续学习能力

在教学方面，要着力培养学生可持续学习能力。课堂教学不能只关注学生科学知识的教育，更要重视并大力推进学生的主动探索、亲身实践和积极创新。我校课堂教学以"主体探究、综合渗透、合作活动、知行并进"的"十六字"教学原则为指导，遵循以学生发展为本的教育思想和学生的认知规律，从各学科的特点出发，

精心设计、打造学科教学的各个环节：课前精心设计学生学案；课中以学生自主学习为主、教师引导点拨为辅，引导学生思考学习内容的本质，注重展现知识的发生和发展过程以及内在联系，努力为学生创造自主探究的学习空间；课后引导学生运用所学知识解决实际问题或进行相关实验，培养学生解决问题的能力和创新精神。教师在学生学习过程中充分挖掘各学科的学科知识、学科精神，培养学生可持续发展价值观，帮助学生形成可持续发展需要的科学知识、学习能力和生活方式。

（二）通过德育活动，树立"四个尊重"理念

在德育方面，注重培养学生"四个尊重"理念，即尊重当代人与后代人、尊重差异与多样性、尊重环境、尊重资源。

一是通过班级管理和班级文化建设，培养学生的责任意识和爱心，强调"尊重他人，爱护环境"，学会担当，明确自己的责任，感谢老师和同学的付出。

二是通过心理咨询、心理健康教育活动，如心理游园会、中考高考减压、心理拓展活动、亮心活动、5.25心理健康日等，让学生学会友爱，知道感恩，调整心态，放松自己。

三是结合年级活动，培养学生的理想信念及感恩重责的品质，如七年级开展"唱响青春，歌颂祖国"建队活动，八年级开展"青春激昂，团旗飘扬"离队建团活动，九年级开展"迈好青春第一步"百日誓师活动，高一、高二开展"党旗下的青春"党课开课仪式，高三开展"励志成人，拼搏成才"的成人仪式，通过鲜明的主题，贴近学生的活动形式，唤醒学生心中的民族自豪感，使学生坚定理想、志存高远，同时也将理想、信念、责任、担当这些内涵深厚的词语生动地镌刻在心中，定格为铭记一生的画面。

四是组织环保社团，让学生学会尊重差异与多样性、尊重环境、尊重地球上的资源。如开展绿色银行、搜罗者等社团活动，进行废旧物品的回收，爱护环境，保护资源；设立节约粮食监督岗，实施"光盘行动"，督促全校师生节约粮食，珍惜资源；坚持日常节水节电活动，宣传节水、节电和节约各种资源的必要性；组织学生到社会上参加环保活动。

五是利用重要的节日，对学生进行"四个尊重"的教育。如在传统节日主要进行爱国、爱校、感恩、责任、传统文化教育；在世界环境日进行爱护环境、保护资源的教育；在校庆时，进行尊重他人、爱国荣校的教育。

（三）通过校园环境建设，进行节能减排教育

在校园环境和校园文化建设方面，学校致力于建设节约型校园，使学校由单一的资源消耗单位转变为环境友好基地。一是在校园内安装雨水回收装置，收集雨水，主要用于校园的绿化和保洁，以每年下雨20次计，每年可回收雨水约5000吨；二是安装中水回用设施，日处理杂水20余吨，每年大约能节约水资源10000吨；三

是充分利用地热资源，用于冬季的供暖、提供生活热水、夏季的降温，与天然气相比每年可节约 16 万元；四是建立太阳能照明系统，主要用于地下车库、楼道及校园公共景观照明，每年可节电约 16 万度。

学校不仅为学生营造了低碳环保的生态环境，更利用这些环境设备开发了以环保为主题的校本课程，这对学生的价值观教育和节约行为的养成起到了重要作用。

经过多年的不懈努力，学校于 2008 年被评为中国可持续发展教育示范学校，2010 年成为中国可持续发展教育国家级实验学校，实现了学生和学校双方面的可持续发展。

以上主要梳理了学校贯彻实施"三个面向"教育思想的实践经验。邓小平同志提出的"三个面向"教育思想，对学校，尤其是中学，深化教育教学改革具有重要的理论价值和指导意义。学校将不断研究其科学内涵，多方面探索其实践途径，在培养国家和社会所需人才的同时，使学校自身也能立足传统，面向现代化，立足中国，面向世界，立足当今，面向未来，实现学校的稳步、健康、可持续发展。

／二／依托可持续发展创建特色品牌学校

关于可持续发展教育理念

可持续发展基本概念的完整内涵包括四个要义：①以人为本；②全面；③协调；④可持续。其中，前三点强调怎样实现当代人的可持续发展，第四点强调怎样实现当代人及当代人与后代人之间的可持续发展。

要实现可持续发展，就要培养大批正确理解可持续发展思想并有能力推动可持续发展进程的建设者和接班人，为此，广泛开展可持续发展教育势在必行。

大力实施可持续发展教育，首先，要求教育进一步做到，在教育过程中以学生发展为本，把实现学生的终身健康与和谐发展置于首要地位；其次，在教育功能上，要求教育应当进一步明确为社会、环境与经济可持续发展服务的时代功能；再次，在教育内容上，要求教育把可持续发展价值观教育摆在重要地位，把可持续发展科学知识与科学思想教育以及相关能力培养纳入素质教育体系，并用以解决可持续发展的实际问题；最后，在教育自身发展上，要求教育应当在改革与创新中实现自身的可持续发展。

（一）关于学校办学目标的说明

学校经过长期的历史积淀和办学实践，特别是经过深化改革，已经创造性地开始构建新型的办学模式，初步形成了独特、稳定、优质、整体的办学风格，被评为北京市示范高中校，成为海淀区乃至北京市公认的优质特色学校。学校以可持续发展教育理念为引领，将办学目标定位为：独具鲜明特色、社会影响深远、具有可发展前景的北京市一流品牌学校。

（二）关于可持续发展教育理念的界定

可持续发展教育的内涵是"一个核心"和"三个基本点"。

一个核心——以培养可持续发展价值观为核心。

三个基本点——帮助受教育者形成可持续发展需要的科学知识、学习能力、生活方式。

联合国教科文组织中国可持续发展教育 (EPD) 项目明确提出，将培养人的主体精神和培养人的可持续发展思想作为 EPD 项目的最高实验目标和育人目标，以此为前提，将主体教育思想和可持续发展教育思想共同确定为实施 EPD 项目的指导思想和基本理念，将主体教育与可持续发展教育的衔接和融合确定为实施 EPD 项目的推进策略，并且制定了课堂教学实验原则："主体探究、综合渗透、合作活动、创新发展"，以及教育活动实验原则："主体探究、关注社会、合作体验、创新发展"。两者合称"双十六字"实验原则。

（三）实施可持续发展教育战略的意义

通过对可持续发展教育理念的学习和实践，我们清楚地认识到，运用可持续发展教育理念指导学校办学具有科学性和前瞻性，具体意义体现在以下方面。

1. 实施可持续发展教育战略是学校发展的需要

大力推进可持续发展教育，是国家与北京市新时期推进全国教育改革的重要要求，《国家中长期教育改革和发展规划纲要 (2010—2020 年)》在"战略主题"部分明确指出要重视可持续发展教育。学校是实现这一战略主题的重要阵地，教育的本意，就是为促进人类社会与文化的可持续发展服务、为促进人的可持续发展服务，所以，学校的根本任务，就是要帮助每一个学生具有适应 21 世纪社会和现代化建设需要的学习能力、科学知识、价值观念与生活方式。因此，学校要发展就必须实施可持续发展教育战略。

1998 年以来，中国可持续发展教育演绎着一个个动人的教育故事，为中国教育改革创新作出了杰出贡献。项目学校广泛推

进教育教学模式创新，普遍开展新型课堂教学模式和专题教育活动模式实验，有效推进了项目学校的课程体系改革，提高了课堂教学和学校整体育人质量。项目学校广泛开展关注环境、节约资源、弘扬优秀传统文化、尊重文化多样性、关注与参与循环经济建设、践行可持续生活方式和关爱健康与生命的教育，更好地发挥了学校作为精神文明基地的作用，有效增强了社区居民环境意识、健康意识、可持续发展意识，提高了其整体文明水平。

2. 实施可持续发展教育战略是教师自身发展的需要

可持续发展教育的课堂教学实验原则是：

主体探究——突出学生在教学过程中的学习主体地位，注重培养学生终身学习和终身发展所需的主体探究精神与能力。

综合渗透——以环境、人口与可持续发展教育为核心内容，将相关或所有学科内容综合起来，渗透环境、人口与可持续发展科学知识与科学思想教育，注重培养学生终身学习和终身发展所需的可持续发展思想与能力。

合作活动——将指导学生开展小组及全班讨论与其他探究性活动作为课堂教学的主要活动形式。

创新发展——通过更新后的课堂教学模式培养学生在学习活动中的科学创新精神与能力，并促进他们的多方面发展。

这充分体现了以学为主、教学同步、先学后教等先进教学理念，为教师提供了

以学生发展和教师发展为本、重在培养学生学习能力和教师教学能力的操作平台，充分体现了教师发展的主体性，激发了教师的工作探究欲望，帮助教师通过自我反思与合理扬弃，实现超越和提升。

3. 实施可持续发展教育战略是学生健康成长的需要

可持续发展教育的教育活动实验原则是：

主体探究——突出学生在环境、人口健康与可持续发展多方面专题教育活动中的活动主体地位，努力培养学生终身学习和终身发展所需的主体探究精神与能力。

关注社会——师生共同关注环保、人口健康与社会可持续发展及其他重要问题，并主动以 EPD 思想为指导提出解决相关问题的建议。

合作体验——指导学生开展学生—学生、教师—学生、家长—学生、社会—学生之间的合作，在共同参与有关部门解决环境、人口与经济社会可持续发展问题的实践和体验中提高相关的认识水平与能力水平。

创新发展——通过环境教育与人口健康教育等活动，培养学生的科学创新精神与能力，并促进他们的多方面发展。

可持续发展教育把可持续发展的理念、知识和能力作为教育的重点，通过优化知识结构、丰富社会实践、强化能力培养，着力提高学生的学习能力、实践能力、创新能力，教育学生学会知识技能，学会动手动脑，学会生存生活，学会做人做事，促进学生主动适应社会，成为适应社会发展需要的人才。

4. 实施可持续发展教育战略是实现我校办学理念的需要

交大附中有"以人为本、统筹兼顾、和谐发展"的办学原则：营造"自主提升，追求幸福"的教师成长氛围；创设"积极向上，健康成长"的学校育人文化；设定"学生在成长中体验快乐，教师在成功中体验幸福"的办学理念，确立"饮水思源，爱国荣校"的校训等。

可持续发展教育德育方面有"四个尊重"中的"尊重当代人与后代人"的核心理念；在教学方面有通过课堂教学着力培养学生可持续学习能力的"十六字"教学原则；在校园环境和校园文化建设方面有建设节约型校园，使学校由单一的资源消耗单位转变为环境友好基地。

综上所述，可持续发展教育理念与交大附中办学理念一脉相承，因此实现学校新的办学理念必须以可持续发展教育理念为依托。

运用可持续发展教育理念全面指导我校工作

学校的管理机制为：在校长统一领导下，设置六个中心。每个中心具有各自的职能，在可持续发展教育理念指导下，六个中心根据本中心的职能与特点制定出本中心的制度、措施、方法，并有效地监督和保障，由点到面，有层次、有阶段、有目的地开展具体工作。

（一）六个中心的主要职能

1. 学生发展中心

以学生发展为中心，系统规划学校德育工作，研究学校德育的规律，明确学生主体地位，探索学生成长规律，做好班级文化建设工作，促进学生自主学习和自主管理能力的提升，使其具有主动学习和勇于创造的能力，从而快乐健康地成长。学生发展中心应该成为一个学生喜爱的、充满笑容、充满活力、充满希望、温馨温暖的心灵之家。

2. 教学管理中心

主要是承担教学管理工作和教务管理工作，其主要任务是：负责全校教学工作计划的制订和实施；承担教研组长的管理工作，加强教学研究，摸索教学方式变革，打造高质量轻负担的课堂；做好教师的聘用和学生的学籍管理工作。

3. 教师发展中心

以学校"以人为本""统筹兼顾"为方法，实现教师和学生的双重幸福，即以"学生在成长中体验快乐，教师在成功中体验幸福"的学校发展总体目标为指引，与其他中心和部门紧密合作，着力开发并建设教师专业化发展的多元化平台，共同营造学校浓厚学术氛围和文化环境，着眼于如何充分发挥学校内部评价的导向、激励、调节、改进、管理和服务作用。

4. 课程建设中心

全面实验《普通高中课程方案》和各学科课程标准，研究探索在交大附中实施新课程的有效途径，为进一步修订完善课程方案和课程标准提供经验。

积极开发优质课程，打造精品课程，从中挖掘、提升，形成学校校本选修课程特色。

5．毕业指导中心

致力于探索适合毕业年级的教育、教学和课程建设的方法，为毕业年级师生的发展服务。目标是：提升学校的中高考成绩，扩大学校的社会影响力，培养学生的可持续学习能力、价值观、生活方式。

6．行政服务中心

行政服务中心的定位是"服务与配合、保障促发展"，服务是本中心工作的基本属性与核心内容，保障是本中心工作的根本任务与神圣职责，配合是提高服务与保障质量的有效途径，促进学校的发展是本中心的最终目的。

（二）开展可持续发展教育工作的主要内容及负责的中心

未来三年，学校可持续发展教育工作分学校行政管理、教育工作、教学工作、校本课程的开发、校园文化建设与校园环境建设等几个方面，每一方面工作都会由一个部门作为主要责任单位，其他部门辅助，具体内容如下。

1．学校行政管理

（1）主要负责中心及其主要职能

主要负责中心：学校的校长、书记及各中心的副校长。

主要职能：制定并完善学习规章管理制度。

（2）辅助中心及其主要职能

辅助中心：行政服务中心。

主要职能：行政服务中心的定位是"服务与配合、保障促发展"，服务是教育工作的基本属性，保障是学校工作的根本任务，更是教育者的神圣职责，配合是提高服务与保障质量的有效途径，促进学校的发展是教育者的最终目的。

（3）可持续发展教育理论的支撑点

可持续发展教育以人为本，在促进人的全面而有个性发展的同时，促进社会、经济与环境的和谐、协调发展。2007年，北京市教委颁布了《北京市中小学可持续发展教育指导纲要（试行）》，对可持续发展教育的指导思想、目标和基本原则、主要内容、主要途径、保障措施等作出了明确规定。北京市明确提出，将可持续发展教育作为首都教育发展的一个重要思想和策略，并将可持续发展教育理念有效融入教育改革之中。

（4）主要工作内容及具体工作方案

坚持可持续发展教育理念，优化创新学校管理机制。行政服务中心为主，在制定各项规章管理制度的时候，与其他中心全面协调，在可持续发展教育理念指导下，优化和创新学校管理机制。

①打造全校师生共同愿景，以示范管理方式推进管理机制优化与创新。

共同愿景是学校组织中的每个成员都真心向往并愿意为之奋斗的目标，彰显的是管理赋权和群众参与管理的重要意义。在共同愿景基础上，建设团结、开放、民主、创新的管理团队，以示范管理的方式，遵循"注重参与、注重反思、注重过程、注重证据"的工作原则，通过学习、交流、反思、示范的过程，实现提升管理团队综合素养和综合能力的目标，推进学校可持续发展管理机制与科学流程，实现学校可持续发展的共同愿景。

②健全现代化学校管理制度与流程，逐步实现学校管理流程再造。

学校制度与流程管理的实施要遵循"公平、公开、公正"原则，接受群众的检验，成熟一个执行一个。主要从三方面建设：一是规范教育、教学、行政三大领域的管理制度和流程，定职定责；二是规范会议制度，规范公示与决议发布流程，落实会议决议执行度；三是规范常规管理，根据各部门学期具体化的工作目标和计划，将目标管理深入各个工作环节与流程中。

在制度的制定与实施上，要充分体现可持续发展教育的"四个尊重"的价值观，制度的制定要符合各个中心的特点。不要千篇一律，要以人为本，制度的制定要人性化。

③明确办学目标，引入项目管理机制。

为实现创建一流特色品牌学校的办学目标，学校将每学期的重点工作分为具体的17～18个项目，分别由各部门负责人牵头，统一完成标准的制定，并对项目目标、理念、人员、条件、步骤、结果、评价等进行科学规范的分项管理。

④建立健全监督管理机制，责任落实到人。

各中心要依托可持续发展教育理念，制定出本中心的工作目标，以及达到工作目标的具体措施和方法。

学校要建立一个部门，由专门的人负责监督、检查各个中心是否按本中心的计划去做了，效果如何。也可以把任务分到一个具体部门去落实。有了机制一定要落实到位，要建立严格的奖惩制度。

⑤依托可持续发展教育理念，加强学校文化建设。

在校训、办学双目标方面怎么去做？怎么运用可持续发展教育的理念去完善和达到校训和办学双目标的要求？这些问题都值得学校深思。

2. 教育工作

（1）主要负责中心及其主要职能

主要负责中心：学生发展中心。

主要职能：以学生发展为中心，重视学生主体地位。做好班级文化建设工作，促进学生自主学习和自主管理能力的提升。

（2）辅助中心及其主要职能

辅助中心：教师发展中心和教学管理中心。

主要职能：协助学生发展中心做好学生的发展工作。

（3）可持续发展教育理论的支撑点

坚持可持续发展教育就要不断推进观念的转变，因为可持续发展教育的核心是价值观教育，而可持续发展价值观的核心是"四个尊重"。同时不断推进情感的培养，要使可持续发展变为一种情感、一种责任、一份感恩。

可持续发展教育强调以"尊重"为核心的价值观教育，这与学校校训"饮水思源，爱国荣校"所倡导的学校文化精神是一致的。它告诉我们，关注心灵成长不仅是为了提高学生的心理素质，更体现了人性化的教育理念。唤起师生关注生命的意识，营造平等、尊重的人文氛围，使学生在潜移默化中学会关注生命、尊重生命、欣赏生命和敬畏生命，成为幸福生活的创造者和美好社会的建设者。

开展"四个尊重"核心价值观教育的目标是：以可持续发展教育价值观为核心，致力于做好走进学生心灵的德育工作，为学生搭建起多样化、系列化的活动平台，培养学生设计能力、决策能力、组织能力、表达能力、表演能力、取舍能力、绘画能力、联络能力、思维能力、动手实践能力、社交能力等各种可持续发展能力，更重要的是培养学生敢于担当、有责任心、有爱心、知感恩的品质。

（4）主要工作内容及具体工作方案

"四个尊重"核心价值观教育，由学生发展中心负责，可以从以下方面入手（培养什么），如心理教育和心理课、班级文化建设、团员活动、团队建设、主题班会、班级日程管理（责任）、升旗仪式（爱国、感恩）、重要节日（爱国、感恩、弘扬传统文化）、思源讲坛、生涯规划等活动。

①通过班级管理和班级文化建设，培养学生的责任意识和爱心。

活动方式：主题班会、班级日常管理。

让学生在班级的日常生活和管理中，学会"尊重他人，爱护环境"，学会担当，明确自己的责任，同时对老师和其他同学的付出要知道感恩。

②通过心理教育和心理课让学生学会友爱、知道感恩、调整心态、放松自己。

活动方式：开设心理健康教育系列校本课程，定期组织体验式心理活动，如心理游园会、中考高考减压、心理拓展活动、亮心活动以及班级不同心理教育主题的班会等。

目的效果：学会友爱，知道感恩。

典型活动：学生心理学会、心理咨询社、5.25心理健康日。

③结合年级活动，培养理想信念，知道感恩，爱国荣校。

爱国、感恩、责任是北京交大附中学生的精神气质，是北京交大附中重要的培养目标。各年级结合本年级的特点，本着"四个尊重"原则，制订本年级的活动计划。

④组织环保活动，让学生学会尊重差异和多样性、尊重环境、尊重地球上的资源。

活动方式：成立和健全学生环保社团，如"绿色银行""搜罗者"，回收废旧物品，爱护环境，保护资源。

节约粮食监督岗：在现有的基础上，健全相关的制度、措施，保障监督到位，做到有奖有罚，奖罚分明。

日常节水节电活动：学生发展中心通过班会和其他形式，经常向全校师生宣传节水节电和节约各种资源的必要性。在升旗仪式的旗下讲话中，多进行宣传。

环保活动：组织学生到社区和其他场所参加环保活动。

⑤利用重要的节日，对学生进行"四个尊重"的教育。

传统节日：主要进行爱国、爱校、感恩、责任、传统文化教育。如春节、元宵

节、中秋节、重阳节，结合中国传统节日，开展以尊重文化多样性为主的主题活动，学习和弘扬中华优秀传统文化。

国庆节：进行爱国、爱校教育。

母亲节、父亲节：进行感恩教育。

劳动节：进行劳动教育，明确责任，勇于担当。

环境日、节水日、沙漠日、植树日：进行爱护环境、节约资源的教育。

校庆：培养学生的爱校情节，饮水思源，爱国荣校。

3. 教师培训和教学工作

依据可持续教学理念，对教师进行全员培训，促进教师专业化水平的提升；深度开发和提升课堂效能，培养学生的可持续学习能力。

（1）主要负责中心及其主要职能

主要负责中心：教师发展中心和教学管理中心。

主要职能：

教师发展中心：以学校发展总体目标为指引，与其他中心和部门紧密合作，着力开发并建设教师专业化发展的多元化平台，着眼于学校内部评价的导向、激励、调节、改进、管理和服务工作。

教学管理中心：主要承担教学管理工作和教务管理工作。

（2）辅助中心及其主要职能

辅助中心：学生发展中心。

主要职能：协助教师发展中心和教学管理中心开展学校的教学工作。

（3）可持续发展教育理论的支撑点

可持续发展教育的重要育人目标是培养受教育者形成可持续发展需要的价值观念、学习能力、科学知识和生活方式。

尤其在如何通过课堂教学着力培养学生可持续学习能力与可持续发展价值观方面，进行更为深入、更为广泛的实践探索。要从思想道德、知识构建、能力培养、行为养成等几个层面深度开展可持续发展教育，以使其在提高基础教育质量、创造优质教育过程中发挥引导性、带动性作用，使这项教育成为推动基础教育内涵发展和质量提升的重要力量。

所以，学校要实现为促进学生可持续发展服务的目标，就不能只关注学生科学知识的教育，更要重视与大力推进课堂教学的探索、实践和创新，以可持续发展教育的"十六字"原则为指导，以深度开发和提升课堂效能为实施突破口，坚持课堂教学以学生为主体，培养学生的可持续学习能力和创新能力。

（4）主要工作内容

工作内容一：全员培训，分层次、分阶段运用可持续发展教育理念指导学校的教学实践工作。

根据教师的需求，由学校教师发展中心和教学管理中心制订培训计划，组织教师通过不同形式开展可持续发展教育理论和教学方法的培训。主要由教师发展中心负责，有关事情与教学管理中心协调，确定培训时间、培训内容、培训方式、培训方法。

在对可持续发展教育多年实践的基础上，结合我校的师资力量、生源情况，学校分阶段、分层次运用可持续发展教育"十六字"原则指导我校的教学工作。

培训过程：培训—实践—反思—提升—实践—提升—推广。

培训内容：可持续发展教育理念、价值观、教学方法。

培训方式：导师制、微格教学式、案例与问题探究式、讲座式、课题研究式、课堂教学反思式、自主学习式等。

培训程序："全校培训—教研组研讨—备课组集体备课—个人在教学中运用"阶梯式校本培训方式。

保障措施：制定培训方案——教学管理中心和教师发展中心制定各个层次的培训方案。方案包括：每学期集体培训的次数、拟聘请的专家。突出示范作用——以专家引领和指导为基础，以教研组长、备课组长、做过课的教师率先探索与示范为导向，在全校营造出"观摩、探讨、研究、实践、反思"的课堂教学研究的浓厚学习与学术氛围，进而在全校范围内开展可持续学习方法的研究和实践。

工作内容二：分层次在各个学科中实施可持续发展教育理念的方法与策略。

教学管理中心和教师发展中心制定在各个学科中实施可持续发展教育理念的方案和具体的方法，以及在各个学科中分层次实施可持续发展教育理念的方法与策略。

全面实施的学科——历史、地理、生物、物理、化学、政治。

部分课程实施的学科——语文、美术、外语、手工。

进行可持续发展教育理念渗透的学科——数学、音乐、体育。

工作内容三：在学科教学实践中实施可持续发展教育教学方法的具体做法。

①明确学科实施可持续发展教育的目标。

根据各个学科的课程标准，结合《北京交大附中可持续发展教学纲要》，制定北京交大附中各学科可持续发展教育的目标。遵循"以学生发展为本"的教育思想和学生的认知规律，从各学科的特点出发，注重展现知识的发生和发展过程以及内在联系，努力为学生创造自主探究的学习空间，使学生自主探究、思考知识的本质，培养学生的创新精神和实践能力。

②实现目标的具体措施。

精心设计、打造学科教学的各个环节，在学生学习过程中充分挖掘各学科的学科知识、学科精神，培养学生可持续发展价值观，帮助学生形成可持续发展需要的科学知识、学习能力、生活方式。

③课前精心设计学生学案。

学案的设计必须符合学生的认知规律，借助学生已有的经验对知识进行自主性建构。

学案的设计注重科学性、实效性，确保当堂完成学案内容，减轻学生学习负担。

根据本学科特点，课前预习作业偏重学生利用身边物品设计实验、观察生活中的某种现象。

④课中以学生自主学习为主，教师引导点拨为辅。

预习作业展示环节要有师生点评、提问，与本节内容联系要紧密。

教师关注学生个性与潜能的发挥、情感态度的变化，鼓励性地评价学生。

课堂教学中学生可持续发展能力的培养：

A. 让学生在课堂中充分展示，培养学生的表达能力；

B. 创设情境启发学生质疑，培养学生的批判性思维；

C. 鼓励学生提出新的设想，培养学生的创造性思维；

D. 挖掘各学科历史上的故事，培养学生的人文科学精神；

E. 抓住各学科知识的特点，培养学生的审美能力。

⑤布置可持续发展作业。

用本节的知识解决实际问题，培养学生解决问题的能力。

用本节的知识设计一个实际物品或实验，培养学生的创新能力。

工作内容四：运用可持续发展教育理念指导课堂教学活动的展示与推进。

展示方案：由教师发展中心制定方案，每学年备课组、教研组、学校层次各一次。

展示过程：先在备课组进行展示研讨，以备课组为单位，推荐到教研组进行展示研讨（3～4人推出1人）；教研组推荐到学校进行展示研讨（10人推出1人）；校级展示。

展示评价：由本校和校外专家进行评审、点评，以便提升教师的教学水平。

反思提升：以上课教师为主，教研组全体教师进行反思、提升。

在教师发展中心的组织、指导下，先以备课组为单位，进行总结、反思，之后再进行教研组层次的反思、研讨，推荐出优秀的、典型的案例，在全校进行分享。

推广运用：在全校范围内实施可持续发展教育理念和教学方法。

在全校对可持续发展教育理念有了了解，并掌握了可持续发展教育的方法之后，把可持续教学方法在全校进行推广。由教师发展中心制订系统全面的推进计划，做到定期做课、总结、分析、研讨、提升。

达成目标：通过"培训—实践—反思—提升—实践—提升—推广"的实践流程，

稳扎稳打地践行可持续发展"主体探究、综合渗透、合作活动、知行并进"的教学原则，使教学实验阶段成果及时常规化、规范化。在课堂教学实践中，逐渐成为教师的常态意识和设计理念，做到：

在教学过程中同步设计与同步推进教师的教和学生的学；

把指导学生做好课前知识预习与问题探究作为课堂教学的第一环节；

选择教材内外与可持续发展相关的内容进行渗透性教育；

在课堂教学中既关注知识的增加，又关注能力的形成；既关注学习的进步，又关注品德与行为方式的完善等。

工作内容五：不同课程层面进行可持续教学模式实践的要点。

学校分别在国家课程层面、地方课程层面、校本课程层面进行多学科可持续教学模式实践研究，具体如下：

国家课程层面：在各个学科教学中，运用可持续发展教育的"十六字"教学原则指导学科教学，把基础教育阶段课程建设资源整合与可持续发展教育相结合，充分挖掘各学科中与可持续发展和节约教育有关的内容，师生共同把发现、确定与掌握可持续发展的知识点作为教学研究的重点内容。

地方课程层面：上好北京市地方课程"环境与可持续发展"、海淀区地方课程"海淀地理"。

校本课程层面：上好我校的"环保校本教材"和其他可持续发展教育系列校本教材。

工作内容六：创建可持续发展教育专家工作室。

建设可持续发展教育特色品牌学校，必须打造一支可持续发展教育专家型教师队伍。

培养步骤：理念学习—强化培训（学习、参观）—专家引领与指导—教学实践—反思、提升—组建可持续发展教育专家型教师队伍。

支撑平台：学校成立可持续发展教育教师工作室。工作室的成员应包括：校级领导（校级领导一定要懂可持续发展教育理念，支持可持续发展教育工作，不能只挂名，甚至反对可持续发展教育），教研组长，骨干教师（上过可持续发展教育研究课的教师，或者对此感兴趣、有研究的教师）。

专家型教师队伍的作用：这些教师要定期组织本教研组的教师研究可持续发展教育理念和教学方法，上示范研究课，起到引领和带头作用，通过自身的示范作用，带动全校教师全员参与，收到以点带面的效果。

（三）可持续发展教育系列校本教材开发与课程建设

1. 主要负责中心及其主要职能

主要负责中心：课程建设中心。

主要职能：开发校本教材，开设校本课程。

2. 辅助中心及其主要职能

辅助中心：教师发展中心和教学管理中心。

主要职能：对教师在编写校本教材方面进行培训和指导。

3. 可持续发展教育理论的支撑点

校本课程是在我国三级课程管理体制下，相对于国家课程和地方课程的一种课程。它是以学校教师为主体，在具体实施国家课程和地方课程的前提下，通过对本校学生的需求进行科学评估，充分利用当地社区和学校的课程资源，根据学校的办学理念而开发的多样性的、供学生选择的课程。校本课程相对于国家课程而言，更关注学生的发展，倡导"学生为本"的课程理念。可持续发展教育正是为了促进人的全面发展。它是价值观念的教育，核心是尊重。在可持续发展教育理念的指导下，充分利用本地资源，开发优质的校本课程，给教师及学校提出了挑战。

4. 主要工作内容和具体工作方案

系列校本教材的开发由学校课程建设中心负责。学校要发展，必须有鲜明的特色，尤其是学校课程建设方面，更要突出可持续发展教育的特色，同时根据学校的师资力量、生源特点，以及学校科技教育、艺术教育和心理教育的特色，利用可持续发展教育理念和可持续学习方法，开发可持续发展教育系列校本教材，把实施素质教育和可持续发展教育作为突破口，为培养学生的学习能力与创新能力提供广阔的发展空间与平台。

（1）确定学校可持续发展教育校本教材开发的依据

国家或地方教育主管部门关于可持续发展教育的指导性文件。

学校可持续发展教育理念和办学思想：学校已经制订的推动可持续发展教育的

文件及工作计划，以及相关的办学思想是开发校本课程的另一重要依据。

学校内外可持续发展教育特色课程资源：学校周边有关节约资源、保护环境以及弘扬优秀传统文化及多元文化专题的社会资源，可作为开发校本课程的又一依据。

（2）制定学校可持续发展教育校本教材的校本课程方案

确定可持续发展教育校本课程的目标——开发可持续发展教育系列校本教材，强化学生学习能力与创新能力培养。开发可持续发展教育系列校本教材，在校本课程建设与实施中强化可持续发展价值观念教育。从培养学生的人文精神、传承中华优秀传统文化、借鉴世界优秀文化，以及形成可持续生活方式等方面确定校本课程的目标。

选择校本课程的内容——在明确上述目标基础上，结合校内外适于进行可持续发展教育的特色资源，选择校本课程的具体内容。

明确校本课程的组织实施形式——可持续发展教育校本课程的组织实施形式，包括课程背景、课程、教材说明、施教要求等。

5. 具有交大附中特色的系列可持续发展教育校本教材的类型

学科不同，校本教材的编写可分成不同的类型：

学科拓展类——旨在丰富学生的学科知识，提高学生的学习兴趣和可持续学习能力。

节能减排类——旨在培养学生的环保意识，使其形成可持续生活方式，参与解决节能减排类实际问题。

文学艺术类——旨在培养学生审美力、艺术鉴赏力，提高学生修养。

体育类——旨在丰富学生体育锻炼内容，提高学生体育运动素质。

综合类——扩大学生的知识面，提高学生的学习兴趣和学习能力。

6. 开发可持续发展教育校本教材的方法

目前每个教研组都有基本校本教材，其中绝大多数是与可持续发展教育理念和可持续教学方法相吻合的，可以在这些教材的基础上进行修改和完善，打造出符合可持续发展教育理念、运用可持续学习方法、具有交大附中特色的系列可持续发展教育校本教材。

（四）毕业年级的能力提升和价值观培养

1. 主要负责中心及其主要职能

主要负责中心：毕业指导中心。

主要职能：提升交大附中中高考成绩，提高学校的社会声誉。

2. 辅助中心及其主要职能

辅助中心：教师发展中心、学生发展中心。

主要职能：配合行政服务中心节能减排校本课程的开设，培养学生可持续发展价值观，形成可持续的节约生活方式。

3. 可持续发展教育理论的支撑点

可持续发展教育的完整育人目标是，帮助受教育者树立可持续发展价值观，掌握可持续发展科学知识，提高可持续学习能力，践行可持续生活方式，关注、参与解决可持续发展实际问题。

4. 主要工作内容及具体工作方案

（1）学生可持续学习能力的培养

目标：在基础学习能力的基础上，培养学生后续的、可持续的学习能力。

方法：利用可持续发展教育"十六字"教育原则，做好课前预习、课上合作探究、课后应用探究，把课上时间更多地用于重点和难点的学习。

（2）树立可持续发展价值观，关注、参与解决可持续发展实际问题

目标：使学生更好地走入社会、提高自主招生时的应试能力。

方法：通过毕业年级的毕业教育、人生规划等活动实现。

（五）校园环境建设和校园文化建设方面

1. 主要负责中心及其主要职能

主要负责中心：行政服务中心。

主要职能："服务与配合、保障促发展"，服务是工作的基本属性，保障是工作的根本任务，更是教育者的神圣职责，配合是提高服务与保障质量的有效途径，促进学校的发展是教育者的最终目的。

2. 辅助中心及其主要职能

辅助中心：教师发展中心、学生发展中心。

主要职能：配合行政服务中心节能减排校本课程的开设，培养学生可持续发展价值观，形成可持续的节约生活方式。

3. 可持续发展教育理论的支撑点

可持续发展教育"四个尊重"的价值观，尤其是以"尊重环境、尊重资源"价值观为指导，指导我校节约型校园的建设、节能减排设施的建设和节能减排校园文化的建设。

4. 主要工作内容及具体工作方案

交大附中是中国可持续发展教育示范学校和中国可持续发展教育国家实验校，也是北京市中小学节约型学校。在可持续发展教育"四个尊重"的指导下，已经建设、完善并投入运行了多项节能减排设施，如雨水回收装置、中水回用设施、地热回收系统、太阳能光伏照明系统，为进一步推进建设节能减排校园的进程，创建生态校园打下良好的硬件基础。

（1）进一步完善现有节能减排设施的功能

进一步完善现有节能减排设施的功能，扩大现有节能减排设施的使用范围，提高利用效率。

雨水回收装置——在现有的操场雨水回收的基础上，应把初中楼和高中楼的雨水也进行回收，这样可以节约更多的水资源。一次不多的投入，可为学校节省资金。

中水回用设施——有可能把学校的几个教学楼和实验楼的中水都进行回用，在校内形成一个系统，不仅节水，长久看，也节约资金。

太阳能光伏照明系统——学校太阳能的利用还有很大的空间，初中楼、高中楼都可以安装太阳板，使学校更多的地方使用太阳能，如各个楼的楼道照明、校园景观照明等，都可以利用太阳能。

（2）开设节能减排校本课程

开设目的：结合学校节能减排校本教材，开设校本课程，培养学生节约意识。

现有教材：学校结合现有的节能减排设施编写了《中水回用校本教材》《地热回收系统校本教材》《太阳能的利用校本教材》。

课程形式：开设校本课程、研究性学习课程、模块学习、选修课。

相关活动：组织学生参观、学习学校的节能减排设施，让学生了解自己身边的节能减排情况，并与学科知识相结合，进行研究。这样，学生既学到了知识，又锻炼了能力，有助于可持续学习能力和创新能力的培养。

（3）建设节能减排校园文化

校园文化重在建设，它包括物质文化建设、精神文化建设和制度文化建设，这三个方面的建设为学校树立起完整的文化形象。

在可持续发展教育理念的指导下，学校已经具备了物质文化建设、精神文化建设和制度文化建设的基础和条件。学校要制定明确的校园文化建设管理制度，规范师生的行为，从而树立良好的校风，保证学校各方面工作的落实。

学校是北京市中小学节约型学校，在节能减排设施建设的基础上，可以将可持续发展教育纳入学校校园文化建设，从节约教育入手开展价值观和行为习惯的教育。

相关举措：

①建立节能减排教育基地。

依托节能减排设施和节能减排校本教材，建立节能减排教育基地。

学校正处在全面开展可持续发展教育的关键时期，建设、完善节能减排设施及开展节能减排教育，对加快学校发展具有重要的现实意义，也是建设特色名校、实现可持续发展的必然要求。

建设、完善节能减排设施及开展节能减排教育，不仅可以直接节约能源，环保效益巨大，而且可以帮助学生树立节能环保意识，养成珍惜能源、爱护环境的行为习惯，意义重大，影响深远。

节能减排教育基地的建设与学校校本课程的开设、综合实践活动、研究性学习、劳动与技术、校外创新科技活动相结合，会对学校的课程建设和学生的知识学习发挥重要作用，也会在社区建设中发挥示范作用，产生良好的社会效益。

②建立节能减排文化墙。

③利用大屏幕进行环保宣传。

（六）学校未来三年发展目标

1. 学生发展工作

第一阶段：初中——做好班级文化建设；高中——开展好人生规划工作。

第二阶段：逐渐实现德育工作系列化，德育建设课程化。重点是：重规范→抓品行→促学习→提素养→立品牌。

第三阶段：以尊重教育为引领（可持续发展教育），创德育品牌示范校。

2. 教师发展和教学工作

①加强教研组建设，完善层次管理，落实常规课堂教学工作。

②做好教师的可持续发展教育教学方法培训工作。在部分教师和部分学科及课程中实施可持续教育理念和教学方法，在各个学科中培养出可持续发展教育骨干教师。

③组建学校可持续发展教育专家团（或工作室）。依托校内外可持续发展教育专家，成立可持续发展教育专家团（或工作室），引领、带动全校教师实施可持续发展教育理念和教学模式，用可持续发展教育"十六字"原则指导学校的教学工作。

④在培养学生基础能力的基础上，注重培养学生的可持续学习能力、创新能力。

⑤提高学生的学习能力和中高考成绩。

3. 课程建设工作

①对现有校本教材进行梳理和分类。

②创建和完善交大附中可持续发展教育校本教材。

③开设相应的校本课程。

4. 毕业年级工作

①重点培养学生的可持续学习能力、创新能力，提高中高考成绩。

②做好人生规划，尤其是毕业指导的相关工作。

③强化培养可持续发展教育价值观和生活方式。

5. 校园环境和校园文化

①完善现有节能减排设施的功能，扩大使用范围。

②建设节能减排教育基地。

③开设节能减排校本课程。

④建设节能减排校园文化。

总之，在可持续发展教育理性思考与创新实践中，学校一定会进一步实现"学生在成长中体验快乐，教师在成功中体验幸福"的学校双重发展目标，以坚实的步伐和坚定的信心，在创建北京市一流特色品牌学校的发展道路上稳步前进！

/三/ 谈中学发展的四个基本原则

学校就像一个鲜活的个体，要成长和发展就需要有自己的个性，要有切合实际的原则和方法。交大附中是一所有着优良传统和骄人成绩的学校，已初步完成了"原始积累"，而在此基础上如何华丽转身为一所有独特气质和灵魂的名校，是学校所面临的关键课题。为达成这一目标，交大附中主要从以下四个基本原则入手：质量立校、人才强校、特色兴校、文化润校。

质量立校

教育质量是一所学校安身立命的"根基"，是一所学校生存和发展的"资本"。教育质量直接体现在德育质量和教学质量两个方面。

（一）进一步深化"走入学生心灵"的德育

"五育并举，德育为先。"德育要"走入学生心灵"。学校不仅如此说，并正在如此做。年度总结中，学生的作品和成长是对学校努力的最佳回报。但学校不能满足于表面的热闹和繁华，要建立真正源于学生内心的、宽厚立体的德育系统。

1. 注重调查研究，了解德育需求

学校所想的不一定是学生所需或急需的，因而了解学生面临的实际问题，即时诊断，对症下药，方能真正产生疗效。可通过定期召开学生代表座谈会、开展问卷调查、设立学生信箱、开通家长咨询电话等方式，了解各年级学生喜欢什么、需要什么，关注学生发展的新情况、新动向和新问题。

另外，在某项德育活动结束后，应通过随机访谈或问卷调查的方法，对该活动的内容、形式和效果进行评估，以及时调整和改进工作。

前期调查和后期总结的工作可由德育处委派专人进行，班主任配合完成。

2. 明确德育目标，凸显德育主题

根据学生发展规律和学校育人目标，厘清各年级德育的主线和重点，使德育工作步步为营，衔接成体。不同年级的德育主题见表2-1。

表 2-1 不同年级的德育主题

年级	德育主题	年级	德育主题
七年级	文明礼仪	高一	自信定位
八年级	自强不息	高二	学会负责
九年级	奋斗拼搏	高三	发展成人

①七年级、高一的入学教育。

②八年级14岁青春宣誓仪式。

③高二的理想责任教育。

④九年级、高三"打响第一战役，百日誓师"活动。

⑤成人仪式教育。

⑥高考之后举行毕业典礼。

3. 丰盈学校文化，营造良好的德育氛围

德育最终将沉淀为一种文化，而文化也将渗透于德、智、体、美、劳诸育之中。如何积淀学校的文化底蕴？这也是学校发展不可回避的一大关键，本文将在最后专门进行探讨。

4. 加强自我管理，养成良好的行为习惯

良好的行为习惯是学生形成稳定品质的基础，也是使德育建立长效机制的保证。可以仿照高等院校的学生自主管理制度，以年级为单位，成立学生自主管理委员会，隶属学生会。根据德育目标，下设文明礼仪部、纪律部、卫生部、宣传部、宿管部等。各部成员由每班选举一名同学担任，一年轮换，也可由各班以周为单位，轮流执勤。学生自主管理委员会负责对各班学生行为进行日常评定，每学期评选并奖励先进班级。校团委、学生会利用假期和课余时间，对执勤委员进行培训或交流经验，提高学生自我教育、自我管理的能力。

5. 改进工作方法，打造优秀的班主任队伍

如果说校长是一所学校的灵魂，那么班主任就是一个班级的灵魂。班主任工作能力的强弱直接决定着班级管理质量的好坏。那么，如何培养高素质的班主任队伍呢？学校要做好以下工作。

（1）明确班主任培养目标

要求具有一年教龄的教师成为合格班主任，具有三年教龄的教师成为成熟的班主任，具有六年教龄的教师成为优秀班主任，具有十年教龄的教师成为骨干班主任。这样分年龄段提出要求，使班主任能明确自己的发展方向，不断提升自己的水平。

（2）开展多渠道的培养活动

一是聘请经验丰富的退休教师和一些优秀的班主任为专职或兼职班主任指导员，针对学校班主任工作重点、难点提出建设性意见，必要时，对个别教师进行"一对一"的辅导。二是以年级为单位，召开班主任工作圆桌会议，分析典型个案，探讨解决办法，交流成功经验。三是利用暑期分年龄段开办班主任工作培训班，由成熟班主任培训合格班主任，优秀班主任培训成熟班主任，骨干班主任培训优秀班主任，专家培训骨干班主任。

（3）加强考核，开展评优工作

考核内容分为两个方面：基础性考核（占60%）和发展性考核（占40%）。基础性考核要求班主任认真及时地做好常规工作。发展性考核旨在鼓励教师工作创新，形成班级管理特色。考核时认真听取教师、家长、学生的反馈意见，结合班主任培养目标，评定不同级别并选出优秀者。

其实，不仅是班主任，其他任课教师的培养也可借鉴这些方法。

6. 发挥三方合力，共求德育实效

广义的教育包括学校教育、家庭教育和社会教育。德育要取得实效和长效，需要学校、家庭和社会三方合力。

（1）加强对家庭教育的指导

其一，通过开办"家长学校"，请专家和有丰富经验的退休教师、家长，不定期地对家庭教育工作进行指导，分析当前学生的生理、心理特点，介绍一些科学的教育方法。其二，编制《家教三百问》或者家教季刊（纸质或电子版）发放给家长，方便那些不能按时参加培训的家长。其三，开通北京交大附中家庭教育论坛，实现家校互动，同时集思广益、共同探讨家庭教育问题。这样不仅能使德育延伸到家庭，也能使家长及时了解学生和学校，提升育人水平，认识到选择北京交大附中"物超所值"。

（2）挖掘社区资源的德育功能

主动联系派出所、居委会以及学校附近的爱国主义教育单位，形成社区德育网络，进一步净化校园及周边环境。加强与社区的联系，双方签订协议，利用寒暑假、双休日时间，组织学生开展健康有益的活动；对于个别行为不良的学生，社区派专人配合家长和教师，密切关注其动向，及时对其加以引导，促使其向着好的方向转变。

（二）建立教学质量监控和评估体系

教学质量是一所学校的"生命线"。那么，如何提高教师的教学质量呢？从学校管理角度来讲，一方面是加强对教学质量的监控和评估，并以评价为导向，激励教师努力提高课堂教学质量；另一方面是积极培养教师，帮助他们提高教学技能和教育水平，促进学生发展。下面我们看如何建立教学质量监控和评估体系。

1.建立教学处、学科组、年级组三级教学质量监控体系

年级组重点抓好教学人员的教学准备、教学过程、教学检查、教学结果等方面的质量监控工作，确保日常教学质量。

学科组按学科对教学质量进行监控，针对不同的学科制订适合本学科专业特点的教学发展计划，促进各学科教学的发展与创新。

教学处的重点是对学校教学质量进行整体监控和督导。抓好典型，针对突出问题提出整改方案和建设性对策。

2.设置专门的教学质量评估机构

评价不是为了证明，而是为了促进。为确保评估工作的客观性和科学性，真正发挥教学评价的导向作用，必须设立独立的评估机构，在主管校长的领导下，依靠教学处、学科组、年级组三级监控系统，对全校教学工作进行自主评估。该机构应根据相关理论和实践，制定合理的评价指标，负责组织和实施评估工作，并对评估结果进行科学分析，找出问题及原因，最终帮助教师扬长避短，为其提高教学实效指明方向。

3.确定多元化的评价主体

一般而言，要么由学生进行教学评价，要么由学校管理者进行教学评估。为了

确保评价的客观性和公正性，评价主体应多元化。每学期末，在自我评价的基础上，开展教师自评、学生评价、教师互评、领导和专家点评。

不同评价主体的评价目的不同：教师自评主要侧重于对自我优势和不足的剖析；学生评价侧重于对教师的课堂教学行为及效果的描述；教师互评目的是促使教师发现他人优点、借鉴他人经验；领导和专家点评主要是为教师指点迷津或提升高度。无论哪种评价，切忌指出太多不足而不提建设性意见，这样会使教师无所适从；而应在肯定其长处的基础上，每次适当提一两点需改进之处。这样才能使教师易于接受并且有的放矢，使教学一点一点地得到改进。

4. 建立评价指标体系

教师教学质量主要是教学准备、课堂教学、教学效果和教师素质等方面要素综合作用的结果，因此我们选择以上四个要素作为一级评价指标。

①教学准备：该指标反映教师总体备课水平，如教学计划、教案准备、作业设计等。

②课堂教学：该指标反映教师对教材的把握和运用多种现代教学手段因材施教的能力，如课堂总体设计、教学表达、教学气氛、教学互动、教学方法的组合以及对教学重点、难点的处理等。

③教学效果：该指标反映了课堂教学所产生的最终结果，包括教学计划的完成情况、学生掌握知识的情况、学生对教师的综合评价等。

④教师素质：该指标反映了教师素质对教学质量的影响程度，包括专业水平、学习能力、教学研究能力、教学管理能力等。

这些一级指标还有待细化，衍生出二级、三级指标，使评价具体化。

5. 采用多种评价方法

教学质量评价方法除采用通常的问卷调查法、访谈法、课堂观察法（即现场听课）外，还可运用档案袋评价法（一种追踪评价方式，可将教师的教学工作手册、评课记录、公开课教案、试卷分析、教研论文等收入教师档案袋中，对教师进行综合考核）。由于教师档案记录着教师的成长过程，因而要求教师定期对档案袋进行自查，对比自己的发展变化，提出发展目标及策略，不断提高教育教学水平。

6. 设立激励和约束相结合的机制

只有建立系统的激励和约束机制，把综合评估结果与被评估者的切身利益挂钩，才能有效地调动其工作积极性，发挥评价的监督和导向作用。

可将教学评估划分为若干等级，并与奖励报酬挂钩。例如，评出 A、B、C、D 四个等级，每学期按照评估结果综合排序，并跟踪复查。如果连续两年（四个学期）都被评为 A 级，则授予教学质量优秀奖，学校给予一次性重奖，并冠以学校"名师"头衔挂牌授课，对内树立典型，对外着重宣传；如果连续两年被评为 C 级，要予以"黄牌"警告，并采取帮扶措施，尽快提高其教学水平；如果连续三年被评为 D 级，则为不合格，亮出"红牌"，列为重点帮扶对象，必要时将其调离教学岗位，另行安排。

建立这一机制不是为了将人分为三六九等，而是让大家自觉重视并努力提高教学质量，并且及时帮助能力较弱的教师，给优秀教师以上升动力。激励与约束均为外在因素，关键还是提升教师自身素质，加强教师队伍建设，实现"人才强校"。

人才强校

学校的核心竞争力是人才。师资力量的强弱决定着学校人才培养的质量，关乎学校的前途和命运。优良的师资队伍是学校最宝贵的财富，而这种财富是可以积累和保持的，这就需要管理者下好"五子棋"：引路子、压担子、架梯子、树牌子、给位子。

（一）引路子

"读万卷书，不如行万里路；行万里路，不如高人指路。"教师的成长固然需要自身的奋斗，但他人的指引也非常重要，在关键时刻能为教师拨云散雾，使其明确方向。对于青年教师，可指派经验丰富的老教师作为其"引路人"，拜师结对，在综合评价时，将结对教师的进步纳入考核的指标之中。这样做，一方面可帮助青年教师较快地适应和成长；另一方面也能使老教师受到青年教师锐气和激情的感染，紧跟时代的步伐。对于熟练教师，可由优秀教师和骨干教师来引领，帮助其提升自我；对于优秀教师、骨干教师可由领导或专家引导，帮助其成长为优秀管理者或专家型教师。

（二）压担子

俗话说："没有压力就没有动力。"适当的压力是个人成长的催化剂。一般而言，压力来自外部和内部两个方面，外部压力必须内化才能转为动力。因而，学校应征求教师个人的意见，与教师签订《成长责任书》。无论是新教师还是有经验的教师，都应制定切合实际的近期、中期和长期目标，有了目标才有努力的方向。同时，学校还要鼓励教师自告奋勇地参加各类比赛，承担学校公开课和各类课题的研究。挑战自我，才能成就自我。值得注意的是，无论哪种压力都不能过度，必须在教师的"最近发展区"之内，比教师现有水平要高，但教师跳一跳就能够得着。这样才能使压力转为动力，使发展变成乐趣。

（三）架梯子

有了引路人和向上的欲望，就要为教师搭设发展的阶梯。学校要为教师的成长创造必要的条件，如提供校内学习、研讨及校外观摩、进修的机会。在政策上予以照顾和倾斜，如有可能，为教师的学习和深造提供物质和精神支持。

（四）树牌子

酒香也怕巷子深。学校的名师要靠"推销"才能为人所知，要靠"宣传"才能树立品牌。推销和宣传并非不切实际地包装，而是挖掘教师真实的闪光点，展示给学生、家长和其他教师。通过各种评选活动、总结表彰活动、交流观摩活动，运用学校书刊和新闻媒体，积极宣传、推广名师的教育教学教研成果和经验，使学生"亲其师，信其道"，为其他教师树立榜样，让家长放心、满意，在社会上树立品牌，赢得推崇。

（五）给位子

有的学校辛辛苦苦培养了名师，也宣传了其"光辉事迹"，最后名师却"另嫁他人"。为避免"为他人作嫁衣"，学校或是提高工资待遇，或是加大"感情投资"；也有学校与名师签订协议，规定其在本校工作不能少于多少年。这些都在一定程度上发挥了作用。但当物质和感情都不足以打动其心，协议成一纸空文时，不妨给予其适当的位子，以事业留人。根据教师特点，提供能发挥其才智的舞台，这不仅符合马斯洛的需要层次理论，满足教师自我实现的需要，使教师能投身于工作，也符合学校的发展需要，当更多人以教育为事业时，学校何愁不发展？

特色兴校

何谓"特色"？古人云："事物之独胜处曰特色。"特色不仅是人或事物与众不同的特点，更是其超于凡品的优点。一所学校的特色便是该校区别于其他学校的独特且领先之处。可以在办学思路上领先，可以在学校管理上突出，可以在校园文化上独特，也可以在培养目标上胜出。总之，只要钻研并力行，学校工作的方方面面都可挖掘和培养出特色来。

（一）一个目标

在某一时期内，学校特色的建设必须有一个明确的目标。这个目标包括学校特色的定位和必须具备的特征。

结合学校的实际，可以将学校特色定位在科技教育和艺术教育上。原因有二：其一，这是学生发展的需要，也符合当今社会对人才的要求；其二，学校具有科技教育和艺术教育的传统及优势，机器人大赛、金帆合唱团等就是其标志，也是学校的招牌。

在已有基础上，如何将这些特色教育上升并扩展为整个学校的特色？应该使其具有深刻性、宽广性、可持续性和强势性。

深刻性。所谓深刻性是与浅显性相对的，是指设计"特色"的指导思想和目标要渗透入里，不能停留于表面。比如组织合唱团，如果其目的仅仅是造成一定的社会影响，那就是较为表层和肤浅的。学校应把这类活动作为带动全校开展艺术教育活动的一个契机，不断增强其辐射性，如组织全体学生每人都唱好一首歌或参加一项艺术活动，把美育真正落实到每个学生身上。

宽广性。所谓宽广性是相对于狭窄性而言的，一方面指特色活动涉及人员较多，另一方面指特色活动本身的形式多样，范围较大。比如，科技活动不能仅仅局限于少数学生和部分教师，或者仅仅局限于机器人大赛、无线电测向、航模大赛、奥赛等。我们应将科技教育扩展为全员参与，并且不要求学生都参加比赛，写一篇科技论文、看一篇科普杂志、作一番科学设想等也能提高学生的科学素养。总之，要使每个学生都能获益。

可持续性。可持续性与短暂性相对，是指学校特色持续时间的长短。办学特色不是一时的"作秀"与喧嚣，也不是朝秦暮楚、处处开花，而应当是长时间的坚持与贯彻，有的甚至可以"固化"在学校的常规活动之中，成为学生的一种习惯、学校固有的一道风景。例如，可以每年定期开展文化艺术节，让书法、绘画、合唱、各类艺术设计等有一个集中的、固定的展示平台，并使之成为北京交大附中的节日。

强势性。强势和弱势都是相对而言的，这里的强势不是盲目排外、无法包容，而是与其他学校相比，要具有较为突出的优势。科技教育和艺术教育并非交大附中独有，不少学校也十分重视。如何使之成为特色呢？学校要力求做到"人有我优，人优我精"。目前，学校的科技教育和艺术教育在海淀区可谓"独领风骚"。接下来，交大附中要力求在全市、北方，甚至全国范围内摘星，一步一步做到更好。

总而言之，打造学校特色要有一个清晰的目标，即积极发展学校科技教育和艺术教育特色，使其具有深刻性、宽广性、可持续性、强势性，使之成为学校蓬勃发展的个性。

（二）两种支持

打造学校特色离不开两种支持：教学支持和教研支持。

教学支持。科技教育、艺术教育不仅体现在各类活动中，也不单以专门的课程为依托，还可渗透到其他学科教学之中。全体任课教师在教学过程中可以寻找本学科知识与科技教育、艺术教育的结合点。如语文、英语教师上课时，可通过多媒体进行声（配音）、图（插图）、文（内容摘要）立体教学，从而使学生感受到语言之美,提高鉴赏水平。数理化学科教师可从学科角度出发,向学生渗透爱科学、学科学、用科学的意识,培养学生科学的思维方法,提高学生的观察能力、想象能力、逻辑推理能力、分析归纳能力等科学品质。

教研支持。科技类、艺术类教师一方面要提高自身科学、艺术素养,另一方面要研究科技教育、艺术教育的途径和方法。其他学科教师也要思索如何在本课程中渗透科学性和艺术性,这样才能形成独具特色的校本科研。诚然,教科研需要研究者具有一定的理论高度、思想深度和思维广度,非某一位教师力所能及,因而需要大家共同探讨。学校以学科为单位,采取学科组成员"共读一本书,共讲观后感,共议一问题,共练一环节"的方式,群策群力,共同会诊,最后落实到教育教学的行动之中。

(三)三个阶段

打造学校特色可分三步走:第一步,选择和孕育特色;第二步,组织和发展特色;第三步,完善和巩固特色。

选择和孕育特色。这是学校特色建立的初始阶段。该阶段的任务是筹划、选择特色项目。学校以往的发展已经初步奠定了这一基础。

组织和发展特色。这是特色项目的探索、落实阶段。该阶段的主要任务是深化认识、完善组织、提供保障、有序地完成每一项活动。目前,学校正处于这一阶段。

首先是统一思想,目标一致。建设学校特色是学校所有教职员工的共同目标,因而有必要对特色项目的指导思想、活动内容和过程展开广泛的宣传与讨论,以便减少实施中的矛盾,获得内部认同。其次是建立组织,责任到位。成立相应的组织机构,负责制订计划,提出策略,并进行合理分工,责任到人。最后是培养人才,完善队伍。培养优秀管理者和骨干执行者,带动全校开展这项工作。

完善和巩固特色。这是学校特色建立的评价阶段,但并非最终阶段。因为在发展特色的过程中,也需要定期反馈,不断修正。该阶段重在总结和评估,目的在于巩固成果,指明改进方向。可在学校内部进行讨论,并邀请上级有关部门、专家和兄弟学校参与评价,提出改进意见。

文化润校

如果说特色是学校的个性，那么文化则是学校的灵魂。学校应是心灵相约的场所，一所生动、富有朝气的学校必然具有深厚的文化底蕴。

（一）学校文化的内涵

一般认为，学校文化是师生共同创造和享受的学校各种文化形态的总和，包括物质文化、精神文化、制度文化、行为文化。学校文化具有"场"的效应，一旦形成，便对浸润其中的师生生命产生潜移默化的影响，使学校的每一项活动都散发和体现着与之相关的文化气息和文化性格。

（二）学校文化的出发点

不同学校有不同的文化追求，和谐、进取、宽松、清新、高洁等都可成为学校文化的主题。交大附中的文化建设以感恩文化为主题，"饮水思源，爱国荣校"是北京交大附中的校训，因为只有感恩之心和感恩之行才能成就个人与社会。

感恩文化包括感恩自然、感恩生命、感恩他人和感恩社会四个层面。

感恩自然。大自然给予人类山川之壮美、江海之灵动、四季之丰盈、五谷之滋养、鱼鸟之悠然、草木之葱茏、众生之绚丽，更重要的是给予人类生存、成长、感悟的机会和空间，怎么不对其心存感激？感恩自然就要读懂自然，把握自然之规律；感恩自然就要尊重自然，维护自然之平衡；感恩自然还要顺其自然，追求"天人合一"之和谐。

感恩生命。生命是宇宙中最神秘莫测的奇迹，它是脆弱的偶然，也是坚强的必然。感恩生命就要敬畏生命，捍卫其他生命的权利；感恩生命就要爱惜生命，珍视自我生命的展开；感恩生命就要丰富生命，拓宽有限生命的外延。

感恩他人。人不是独立存在的个体，总与一些"他人"互相依存、惺惺相惜。因而，要感恩父母，孝敬双亲；感恩老师，不断发展；感恩同伴，携手同行。

感恩社会。社会满足了个人的生存与发展需要，而个人对社会的回报并非要在功成名就之后，感恩社会的方式很简单，为需要的人捐一元钱，努力做好自己的工作，遵守社会秩序，维护社会正义等，一切为了社会的美好就是对社会最好的回报。

（三）营造学校感恩文化的策略

找准感恩文化的切入点。感恩文化的营造依靠感恩教育。而通过以上对感恩文化内涵的分析，可知感恩教育应该包括环保教育、自然科学教育、生命教育、法制教育、道德教育、社会教育等。面对如此广泛的内容，该如何切入呢？从过程来看，感恩文化包括识恩、知恩、感恩、报恩和施恩五个阶段，涉及认知、情感和行为三个层面。根据道德发展规律，增强感恩意识应是学校发展感恩文化的切入点。因此，学校要开展贴近师生思想、学习和生活实际的感恩教育，从日常小事着手，善于挖掘身边的感恩典型事迹，培养师生对自然、生命、他人和社会的感恩意识，增强其感恩情感，进而落实到感恩的实际行动之中。

全员教育，全员参与。感恩教育的对象不仅仅是学生，实施者也不仅仅是教师，而应是全员教育、全员参与。从某种意义上讲，教师的示范是感恩文化生长的最佳环境，所谓"学高为师，身正为范"。要想学生尊重教师，教师必须尊重、爱护学生；要让学生学会感恩，教师必先成为感恩之典范。因此，全体教职员工的感恩教育是学生感恩教育的关键，也是一所学校感恩文化的基石。另外，家长也是学生成长中的"重要他人"。因而，要营造感恩文化，还应力争家长的理解、配合和支持，这就需要通过"家长学校"、家教刊物和家长论坛等途径，使家校达成教育的共识。

注重各个文化层面的共同作用。我们要营造良好的文化氛围，让学生在文化氛围的感染和熏陶中，达到"不教而教"的效果。其一，在物质层面，进一步加强校园人文景观建设。如张贴珍爱物品、珍惜生命、感谢他人的广告和标语，开设感恩事迹宣传栏，开通网上感恩论坛等。其二，在精神层面，加强对感恩文化的宣传，使感恩成为校园的时尚和师生的追求。其三，在制度层面，建立和强化明晰的感恩奖惩机制，完善感恩制度体系。其四，在行为层面，一方面实施感恩主题的教育行动，如为自然添一片绿、给父母放一天假、为社会捐一次款等；另一方面，将感恩教育融入重大传统活动中，如开学典礼、毕业典礼等。

诚然，感恩文化只是学校文化的一种，学校应将营造感恩文化作为当前阶段的工作重点。随着学校的发展和时代的变化，可在此基础上延伸打造多种文化气质，以丰厚的文化滋润师生的心灵。

综上所述，质量、人才、特色、文化是学校发展的四个关键词，"质量立校、人才强校、特色兴校、文化润校"是我们必须遵循的原则和达成的目标。学校发展不可能一蹴而就，但只要坚定信心，坚守原则，必能谱写出华美乐章。

第三章

让幸福传递得更广阔

探索集团化办学，是推进教育优质均衡发展的重要举措。

交大附中认为，集团化办学不应是完全复制，真正公平的教育是给学生提供适合他们成长需要的教育，集团化办学首先是尊重，尊重各校区原有的历史文化。所以，交大附中致力于营造"志同道合，和而不同，周而不比"的集团办学文化。

短短几年时间，集团上下凝心聚力，各校区均取得了突破性的进展，学生不仅学业成绩有大幅度提升，而且在科技、艺术、体育等各项活动中得到全面发展，学生的个性特长被很好地发现、保护和促进。

与此同时，交大附中人"快乐、有成"的幸福品质也日益凸显：

一是"有精彩"，在各校区渗透和谐、归属、恰适、智慧、引领、感动等元素，使师生获得多元的"我的精彩"；

二是"有成就"，尊重人性，为不同层次的需要提供可能的环境，鼓励师生实现"我的成就"，提高学校的教育价值；

三是"有追求"，"建一所富有生命动力的幸福学校"逐渐成为集团成员的共同追求，他们努力完成学校的使命和责任，学校的社会认可度不断提高。

中学集团化办学的思考与实践

近年来，为促进基础教育优质均衡发展，满足广大人民群众对优质教育的需求，集团化办学应运而生。2018 年 9 月，北京市教育委员会发布《关于推进中小学集团化办学的指导意见》，明确指出，要进一步推进中小学集团化办学，扩大优质教育资源覆盖面，促进义务教育优质均衡发展。

北京交大附中在幸福学校建设过程中，面临首都基础教育改革大背景，成为"一校六址"的交大附中教育集团。到目前为止，已经形成了 169 个教学班、近 5300 名学生、近 700 名教职工的办学规模。

如何实现优质教育资源效益最大化？这些年来，各地、各校基于自身情况进行了有益的探索和实践。在集团化办学过程中，北京交大附中教育集团以"品质相同，各具特色，聚焦质量，协同发展"十六字为发展思路，致力于营造"志同道合，和而不同，周而不比"的集团办学文化，一方面梳理成功经验，固化好的做法；另一方面革新管理模式，开辟新的格局，实行"集团办公室＋校区负责制"以及"两委会制度"的双雁阵式管理结构。通过发展定位的清晰与聚焦，内部资源的激活与优化，促进集团办学效益的提升。集团各校区和分校聚焦质量，品质相同，又各具特色，使幸福不断向外辐射，积极推进区域内教育均衡优质发展。

集团化办学的背景

（一）中国基础教育集团化办学背景及分析

集团化办学是以一所优质校为牵头校，通过多种形式与若干学校形成教育集团，统筹教育管理机制，规范教育教学标准，整合并优化配置集团内的教育资源，实现区域教育均衡优质发展的集约化管理模式。

20 世纪 90 年代以来，我国基础教育领域先后出现了职业教育集团、民办教育集团和公办学校教育集团，呈现出多种性质教育集团并存办学的局面。经过二十多年的探索和实践，集团化办学成为促进教育公平的重要路径。

近年来，北京市各区也在推进集团化办学进程，尤其是 2014 年北京大力深化教育领域综合改革，绘制教育新地图，各区学校之间采用集团化、联盟、"重组"等方式，涌现出一批教育集团，形成新的教育生态圈。

当前，根据区域教育环境和组织发展战略的不同，集团化办学大致可分为以下几种运作方式：合作式、承办式、集群式、合并式、连锁式。

其中，合作式的自主权最大，合作学校双方拥有独立的法人、建制、人财物的管理权，办学自主，只是在某些内容上签订协议，在一定时间内，双方相互或一方提供教育、教学、管理等方面的某些帮助或指导，合作办学。

承办式也拥有独立建制，但法人为同一人，校区间既统一，又相对独立。

集群式是在某个区域内，由一所学校牵头，区域内所有中小学形成一个立体化的、一贯式的集群，法人往往为同一人。

合并式则是不同校区的人财物完全合为一体，成为一个法人、一个建制的单位。

连锁式则是各校区办学理念、培养目标、课程设置、教育教学活动等完全一致，同一标准，同一质量，同一水平。

当然，随着集团化的不断发展，还将有其他的运作方式。

（二）交大附中集团化办学背景

北京交大附中成立于 1957 年，前身是北京铁道学院附属中学。1979 年被评为海淀区重点中学（当时海淀区仅两所），2004 年被评为北京市高中示范校。

早在 2006 年，原北方交通大学第二附属中学（初中校）并入交大附中，成为南校区。2012 年，为推进城乡教育一体化，北京交大附中与密云四中签订协议，密云四中更名为交大附中密云校区，两校同一法人，但拥有独立建制，并由不同区域教育行政部门管辖。2014 年 6 月，北京交大附中承办原北京市明光中学，原北京市明光中学更名为北京

交大附中分校。2015年5月，北京交大附中又承办原北京市第一零五中学。三所学校同一法人，建制仍然独立，但由同一教育行政部门管辖。2015年5月，北京市陶行知中学并入北京交大附中，成为东校区。至此，北京交大附中形成由三个校区（北校区、南校区、东校区）、三个分校（分校、第二分校、密云分校）组成的教育集团。

交大附中教育集团运作方式包括承办式和合并式，这为各校区、分校的定位和集团的管理带来了挑战。

营造集团办学文化，厘清校区办学定位

交大附中认为，集团化办学不应是完全复制。真正公平的教育，是给学生提供适合他们成长需要的教育。集团化办学首先是尊重——尊重各校区原有的历史文化。所以，交大附中致力于营造"志同道合，和而不同，周而不比"的集团办学文化。

"志同道合"是指党政工作融合，校区目标聚合。党政工作融合是指交大附中党政同心，目标共同，责任共担，围绕中心抓党建，务实创新促发展。校区目标聚合是指各校区具有共同的理念体系，即以建一所"幸福学校"为共同愿景，以"学生在成长中体验快乐，教师在成功中体验幸福"为办学理念，以"感恩重责、阳光包容、博学笃行、健康雅趣"为培养目标。

"和而不同"是指各校区因自身历史积淀和教育生态环境不同，具体的教育之"道"不同，学校追求"品质相同，各具特色"。

比如，交大附中东校区是原北京市陶行知中学，学校秉持陶行知先生的"生活教育"思想，并以美术教育见长。合并以后，依然传承陶行知先生的"生活教育"思想，进一步拓宽美术教育与国外及校外机构的交流渠道，凭借多年形成的校本美术课程，以及教师丰富的教学经验，有力地保障学生获得扎实的美术基本功，并培养和激发他们的艺术创造力，将美术教育进一步打造成品牌，东校区现已成为北京市艺术教育示范校区。东校区在美术教育的基础上延伸，以国学为依托，培养学生谦逊有礼的行为习惯，在高一开设国学、艺术、科技项目班，专门研究培养学生真、善、美品质的有效方法和路径。不仅如此，东校区还依托北京市教委审批的"1+3培养试验"，招收八年级学生进美术班和工程实验班学习，学生八年级学习结束后

不参加中考，直接学习高中课程。实验班配备两名班主任共同研究每个学生的学习和发展状态，一位侧重于学生的专业学习、学科实践；另一位侧重于班级建设和日常管理。实验班的任课教师具备丰厚的学科背景，并了解跨学科领域，着力于学生综合实践能力的培养。同时，东校区以海淀区民族小学学生直升交大附中为契机，在海淀区民族小学开设幸福课程，促进中小学教育的衔接。总之，东校区以"生活教育"理念为指导，逐步打造美术、国学特色，依托"1+3"项目，为学习基础不是很扎实的学生提供多种成长平台和教育资源。

交大附中分校是原北京市明光中学，交大附中承办以后，在共享管理经验与教学资源的基础上，努力打造教育特色。比如，以"尊重""赏识"为关键词，研究学生的发展需求；以"浸润式"教育推动师生共同成长，并着力于从积极正面的角度，唤醒学生向上、向善的渴望；以多种活动和平台，挖掘、展示和欣赏学生的才能。在高一开设学道课程，使学生从哲学、科学、文化和生命的角度思考学习，从元认知培养的角度，帮助学生学会学习，建构学习和生活的完整世界。同时，分校提出"阳光体育，全员参与；竞技项目，精英激励"的体育理念，使得学生不仅在各项比赛中屡获佳绩，而且增强了自信，挖掘了自身成长的优势。分校着眼于学生的激励和提升，增强了学生的自我效能感和成长动力。

第二分校为原北京市第一零五中学，交大附中承办以后，根据生源特点，开展"潜能开发班"探索，聘请专家有针对性地研究学生的教育教学途径和方法，经过一年的建设，该班学生各方面表现在年级中名列前茅；同时发挥"技击"和"金马民族管弦乐传统校"特色，以激发学生学习动力为前提，倡导"体验式学习观"，真正实现"以生为本"的学校工作理念。

密云分校原为北京市密云四中，签约合作前，是密云区排名末位的初中校。交大附中承办后，以"凝心聚力，营造和谐的工作氛围"为主题，提出了新的工作思路：在稳定和谐的环境下，本着"继承、融合、发展"的思路，以创办特色英语教学和科技、文艺特长教育为切入点，迅速提高教育教学质量。经过数年建设，密云分校由密云区的薄弱校发展为密云区初中校的引领者。

"周而不比"是指以公正之心对待集团各校区，不仅尊重各自的文化，更尊重各校区的师生，没有成见和私心，不徇私护短。无论承办还是合并，各校区师生都有一个共同的名字——交大附中人。各校区虽然定位不同，但都纳入集团布局之中，不分优劣，整体推进。

探索集团化办学的管理机制

（一）建立雁阵式管理结构

为推进学校科学化、民主化管理，早在 2012 年 6 月，交大附中就对学校从上至下的"金字塔"式管理结构进行变革，建立了扁平化的"一室六中心"管理体系。

"一室六中心"管理体系使学校各项工作走向专业化，集中力量做专题研究，教育教学工作取得了令人瞩目的成绩。

2015 年，交大附中教育集团成立以后，原有的"一室六中心"管理体系并不完全适用于所有校区，并且各部门间的任务有重叠繁冗之处。根据发展需要，交大附中教育集团成立了集团办公室，下设发展规划部、人力资源部、信息宣传部及督导小组。其中，发展规划部负责研究集团及各校区的发展规划和战略部署，为集团化办学提供理论支持和策略建议；人力资源部则侧重于分析集团内所有人力资源情况，包括在岗在编和外聘、返聘，进行科学考核，规范管理，合理配置；信息宣传部利用现代信息技术手段，加强各校区、各部门间的沟通和交流，及时宣传集团教育教学动态，树立品牌形象；督导小组则根据集团发展规划和各校区目标定位，定期到各校区进行调研和考察，提供发展的有效咨询和建议。

同时，实行校区负责制，即各校区由一位校区负责人（副校长），全权负责本校区的人财物的管理，全面主持本校区的教育教学工作，下设机构可根据校区情况借鉴"一室六中心"管理体系进行适当的合并与增减，具有较大的自主权。

在党建方面，2013 年交大附中党总支升级为党委，2015 年随着集团化发展的需要，党委推行海淀辖区内的五校区党建一体化建设，各校区设党总支，党总支下又根据年级和学段设置党支部。至此，交大附中党政两套班子相对独立又相互融合，初步形成了雁阵式管理结构。即校长、书记是雁头，下设集团党政办公室负责统筹各校区的党政横向管理，又设各校区负责人负责所在校区的纵向党政管理，各校区又有相应的管理团队，纵横交织，条块相间，形成新的管理网络。

此外，还成立了集团发展委员会，轮流参加各校区行政会议，了解和指导各校区工作，及时总结和交流工作亮点；成立专家团，由教育领域专家、教授、退休名校长和名师组成，各校区都有发展顾问，提供有针对性的指导和建议。

（二）推行项目管理方式

学校各项事务都是以项目研究的方式推进的。项目既包括学校发展的大型项目，又有某部门主责或两个部门合作的项目，还有年级组、教研组，甚至备课组的"微项目"。

关于学校发展的大型项目，不仅领导层可参加，普通教师也可参加。比如"幸福学校建设"项目，该项目组成员既有校长、书记和各部门负责人，又有普通教师，有意愿并具有某方面想法的教师都可以参加，为幸福学校建设出谋划策，各行政部门则成为执行机构，配合项目组开展具体工作。

部门内和部门间的项目则主要由某中心牵头。比如，"十大荣誉课程建设"项目由学生发展中心负责，定期有实施进展和阶段报告；"配合德育，使服务学生的效益最大化"项目则由行政服务中心牵头，与德育部门合作，从德育角度思考和践行服务学生的途径，进一步提高学生满意度。

年级组、教研组、学科组的"微项目"，则根据具体年级、学科的学生发展需要开展。比如，高一开展"生涯规划教育"项目，七年级语文组开展"在'圈点批注'中提高阅读能力"项目，八年级数学组开展"基于数学阅读理解的对话课堂"项目等。

此外，学校还鼓励教师个人申请项目，仅北校区一学年就陆续开展了50余个项目，以项目研究和实践推动工作的进展和发展。

（三）打造高素质干部队伍

推进集团发展，干部队伍的建设是关键。学校党委积极承担"党管干部"职责，严把"选、学、炼、引"四环节，强化干部团队引领作用。

选——以制度程序促规范。通过制度和程序的规范，选好、配齐干部队伍。干部选拔从上报干部需求，到公布聘任条件、答辩、投票、座谈，最终到确定、公示、备案，一共要经过 15 道程序，层层把关。此外，还实行教研组长聘任制，根据需

要一年一聘，并将教研组长、年级组长、党支部书记作为学校后备干部进行重点培养，对年龄、职称、学历、性别等方面进行综合考虑，建立后备干部人才库，培养和储备后备干部。

学——以高端培训促发展。与北京师范大学签约，举办教育集团干部研修班，提高干部的站位和思想敏锐度，培养创新能力和现代化的管理能力。加强与香港、台湾等地区名校的交流，委派干部和骨干教师进行考察和学习。鼓励干部、教师到北京师范大学、北京交通大学参加在职硕士学习，开阔眼界，提升素养。

炼——以校际交流促提升。打破编制束缚，干部从总校到分校、从分校到总校，根据需要轮岗交流，为干部自身发展提供了多元平台，同时也为校区发展增添了活力。

引——以"双测评"促反思。组织全体教职工对党组织和干部进行"双测评"（在网上对党政领导班子及其成员进行德、能、勤、绩、廉等方面的匿名评价），根据测评结果，领导班子和每位干部进行认真反思，召开干部民主生活会，通过"1+1+1"模式（自我批评＋庄严承诺＋建设性意见），引领干部进行自我反思和不断改进。同时，书记、校长定期与干部交流谈心，帮助干部坦然面对自己的不足，不断改进工作方式，提高自我素质和能力。

聚焦教育教学质量

提高教育教学质量是学校工作的主旨，教育资源是否优质，最终体现在教育教

学质量上。因此，交大附中教育集团各校区的工作重心都聚焦于此，通过班级文化建设，使德育工作走进学生心灵；通过"三有"幸福课堂建设，培养学生核心素养。

（一）全面推进班级文化建设

班级是学生学习、活动的基本单位，对学生的成长起着重要的作用，好的班集体有着强大的教育力和凝聚力。在德育工作中，学校以班级文化建设为抓手，逐步实现学生的成长。

学校依托"以合作小组为路径促班级文化建设的研究"项目，推进班级文化建设。具体做法是：班级建立伊始，由师生共同商议确定班级核心价值，并通过学生自主设计的班徽、班旗、班歌加以呈现。然后根据班级核心价值，按照兴趣特长或目标任务，将学生分为若干小组，小组成员讨论确定组名、小组发展目标、组规、分工等，依托积分制促进小组建设。各科学习及学校的各项活动，均以小组为基本单位进行，逐步促进学习共同体的形成，增强学生的团队合作意识和自我管理能力。

学校还定期开展"荣誉合作小组"评选活动，充分发挥同伴教育作用，让小组文化在各班蔚然成风。小组文化建设成为班级文化建设的重要载体，小组文化形成后，再进一步延伸、拓展、深化班级文化建设。学校通过定期开展班级文化巡展，为各班提供展示交流平台，促进班级文化建设不断深入。在"以合作小组为路径促班级文化建设的研究"项目的指引下，学生们将外在的教育影响力内化为自身发展内驱力。多彩的班级文化建设，激发了学生的多元潜能。

学校提倡在集团内推行班级文化建设，但并不统一标准，各校区可根据学生特点有不同侧重和创新。比如，北校区的班级文化建设以"自主"为关键词，其中，高中侧重于自由、平等，初中则以友善、合作为主题；东校区班级文化建设依据不同班级的目标定位，分别以国学、艺术等为主题；分校班级文化建设则以"雅"文化为核心，提出"建静雅校园，做文雅教师，育温雅学生"的目标；第二分校则侧重于挖掘"学困生"的潜能，以兴趣激励和引导为主。

（二）着力打造"三有"幸福课堂

2016年9月13日，《中国学生发展核心素养》研究成果在北京发布。核心素养以培养"全面发展的人"为核心，分为文化基础、自主发展、社会参与三个方面，综合表现为人文底蕴、科学精神、学会学习、健康生活、责任担当、实践创新六大素养，具体细化为国家认同等十八个基本要点。在研究核心素养的过程中提出了与之相关的概念——学科核心素养，《教育部关于全面深化课程改革落实立德树人根本任务的意见》中指出，"各级各类学校要从实际情况和学生特点出发，把核心素养和学业质量要求落实到各学科教学中"。

学科核心素养是落实学生发展核心素养的重要载体和有效途径。那么，如何把握学科核心素养？教育专家、各级各类学校都在不断研究和探索。交大附中教育集团提出"三有"幸福课堂教学，使学科核心素养的培养进一步落地。

严格说来，"三有"并不是某种规范的教学模式，而是一种标准。教学有法，教无定法。在课堂上，并不对教学模式进行统一的规定，而是尊重教师的教学自由，鼓励教师根据学科特点和学生特点，形成自己的教学风格，但教学自由并非漫无目的。学校认为，良好的课堂教学生态应该达成"三有"标准，即"有趣、有参与、有成就"。

"三有"课堂的提出，一方面是基于建构主义理论的指导，建构主义强调学习者的主动性，认为学习是学习者基于原有的知识经验生成意义、建构理解的过程，而这一过程常常是在社会文化互动中完成的。另一方面是基于学生的需要，我们对学生喜欢的课堂关键词进行调查，发现学生喜欢语言幽默、内容精彩、使用多媒体、有效交流、自主探究、联系实际、注重体验、积极评价、学有所获的课堂，这些归结起来便是"有趣、有参与、有成就"。

所谓"有趣"，指有兴趣、情趣和志趣。教师设计内容丰富、形式多样的情境，学生在情境中体验情感，主动学习。

所谓"有参与"，包括师生的行为参与、认知参与和情感参与，并促进思维参与。教师发挥主导作用，激发学生兴趣；学生则是主体，有自主的目标和参与。

所谓"有成就"，指在建构中激发学生获得，在获得中深化建构，依托学科核心素养，培养学生发展核心素养。有成就包括师生双方的获得感，而学生方面则指向核心素养。教师在备课时不仅要考虑有趣和参与度，其出发点和落脚点还都要指向学科核心素养。

对于"三有"课堂的推进，学校采取了以下举措：

一是定期邀请专家，进行集团全体教师培训，解读基础教育改革动向和核心素养培养策略。

二是教研组、备课组依托"微项目"研究，专门探讨学科核心素养在"三有"课堂中的培养。

三是成立跨校区的学科教研实体，开展同课异构活动。

四是加强教学常规

管理，确定集体备课时间、地点、主题，每位干部深入某一备课组，参与探讨，包干定责，同时开展优秀教案评比活动。

五是开展青年教师汇报课、中年教师示范课、骨干教师研究课活动，人人参与教学改革。

六是充分利用评价机制，每学年开展两次学生网络匿名评价，并对学生成绩进行科学的统计分析，帮助教师正确把握教学中的优势和不足，及时调整教学计划。

盘活集团人力资源

在拥有 7000 余名学生、800 余名教师的教育集团中开展任何工作，都要依靠标准，而标准来源于制度建设。交大附中教育集团专门设立了人力资源部，运用现代化的科学方法，对集团所有教师进行合理的评估、组织、调配和管理，通过标准和制度建设，发挥教师的主观能动性，做到人尽其才，事得其人，以实现集团发展的组织目标。具体通过以下举措来实现。

（一）推进科学管理，鼓励内部流动

与北京师范大学的专家合作，以项目推进的方式，进行人力资源管理的系列改革。

一是厘定标准工作量。在对班额进行标准化规定的基础上，对人员工作量进行测算，对每个岗位进行评估，厘定教职工的标准工作量，避免"能者多劳不多得，弱者有理没少拿"的不公平现象，逐步提高人力资源的"利用率"。

二是实行岗聘分离制。在与教职工签订《劳动合同》（大合同）的同时，签订《岗位聘用协议》，在聘用协议中约定岗位工作内容，通过《岗位说明书》明确岗位要求和任职资格，教职工对照《岗位说明书》竞聘上岗。这在一定程度上打破了所谓"铁饭碗"，以竞争机制激活了教职工的主观能动性。

三是进行分类管理。由专家、学校领导、骨干教师等组成考核小组，对教职工进行三年一次的胜任力考核，包括专业考核和日常考核。考核合格者继续聘任，不合格者则根据情况进行分类管理。比如，对于完全不能胜任工作的教师予以转岗，改变岗位工作性质，由教学岗位转向行政岗位或教辅系列岗位；对于暂时不能胜任工作的教师实行待岗制，待岗时期为一年，待岗期间要跟岗学习，提升自我能力和专业水平，待岗期满后，可重新参与岗位竞聘。还有两类其他情况：其一是临时岗位，对孕妇、产妇在孕产期间安排临时岗位，予以适当照顾；其二是轮岗，鼓励校区间教师流动，促进教师在集团内合理配置。

（二）开辟多种途径，提高教职工幸福感

在旗帜鲜明地引入竞争机制的同时，学校着力营造和谐的校园文化，不断提高教职工的职业幸福感和"视校如家"的归属感，从而激发教职工的工作激情和热情。

一是帮助教师取得职业成功。学校党委依托教师发展中心，开展"双培养"工作（把骨干培养成党员，把党员培养成骨干），充分发挥党员教师在专业发展方面的先锋模范作用，为全体教师的成长和成功搭建"三级五类"培训平台，引领教师的专业发展。"三级五类"是指在培训策略上实施"按学科、按年级、按职级"三层培训课程体系的方式，在培训内容上实施"教育理念培训、学校文化与精神培训、专业技术类培训、通用技术培训、全员专题类培训"五类校本培训系列课程，通过立体化、个性化的校本培训课程，促进教师的自我发展与成长。

二是丰富教职工的业余生活。在融和与引领的同时，学校党委注重发挥服务作用，指导工会开展活动，倡导"读书＋工作＋健身"的健康生活方式。成立读书俱乐部，开展定期读书沙龙和微信实时互动活动，增强教职工文化底蕴。专门建立多功能工会活动楼层，教职工们在工作之余，可以喝喝茶，品味茶文化；可以跑跑步，舒展筋骨；可以引吭高歌，愉悦心情；可以聚在一起过生日，增进友情；还可以做个漂亮的发型，美化自我。瑜伽、舞蹈、游泳、羽毛球、乒乓球等健身活动，让教职工的业余生活多彩多姿，充满活力。

三是关心教职工的健康。学校与北下关社区服务中心合作，每周请医生到校坐诊半天，提供专业医疗咨询，并且向有需要的教职工及其直系亲属提供挂号服务，第一时间联系医院，使其得到及时就诊。

四是想方设法解决教职工的后顾之忧。学校提供部分临时公寓，解决了离家远的教职工的燃眉之急。开办教职工子弟"托管班"，免费为教师们照看年幼的孩子。聘请专家开设科学育儿讲座，指导年轻的妈妈科学养育孩子。开设母婴室，为哺乳期的女教职工提供便利。

学校通过为教师"成长架梯子，工作搭台子，生活减担子"的举措，唤醒教师的自主意识，使之成为集团发展的不竭动力。

集团化办学的阶段性成果及未来展望

（一）阶段性成果

在教育集团成立以来的短短一年时间里，各校区上下凝心聚力，教育教学均取得了突破性进展，学生的学业成绩大幅度提升，在科技、艺术、体育等各项活动中获得各级各类奖项 200 余项，多名学生荣获日内瓦国际发明展金奖、纽伦堡国际发明展金奖；机器人队荣获世界青少年机器人邀请赛一等奖；航模队在 2016 年全国青少年航空航天模型锦标赛中荣获五项团体冠军及个人项目三金三银三铜的好成绩；棒球队荣获全国青少年棒球 AAA 组锦标赛冠军等。学生的创新意识和综合素养逐步提升，个性特长得到了发现、保护和发展。与此同时，北京交大附中人"快乐、有成"的幸福品质也日益凸显。

一是"有精彩"。在各校区渗透和谐、归属、恰适、智慧、引领、感动等元素，使师生获得多元的"我的精彩"。

二是"有成就"。尊重人性，为不同层次的需要提供可能的环境，鼓励师生实现"我的成就"，提高学校的教育价值。

三是"有追求"。"建一所幸福学校"逐渐成为集团各成员的共同追求，努力完成社会赋予学校的使命和责任，社会认可度不断提升。

（二）未来展望

进一步加强干部、教师的集团内流动。由"校区人"向"集团人"转变，根据集团需要，促进干部、教师在校区间的流动。干部实行任期制，一年一考核、三年一评聘，根据集团发展需要和干部绩效情

况，定期聘任干部。教师则通过岗位交流（轮岗）、专业交流（讲学）、项目交流（主持项目）等方式，在校区间流动。集团通过制度建设来优化人力资源配置。

延伸集团化办学态势。新中考、高考改革方案，要求加强学科教学的全过程管理，注重一贯教学质量。中考考核的是九年义务教育的积淀和学科核心素养，而高考考核的是 12 年的积淀和学科核心素养。学生将来进入高等院校后，这些核心素养仍然是他们进一步深造的重要基石。因此，集团化办学将眼光仅仅局限于集团内部学校是远远不够的，还应向小学和大学延伸。目前，学校在海淀区民族小学已经开设了中小学衔接课程，并且依托北京交通大学、北京邮电大学、清华大学，开设了部分大学先修课程。将来，我们要进一步打通与区域内更多小学的贯通，根据各自特色寻求切合点；高中向对口初中校延伸课程；与周边更多的高等院校和科研院所开展深度合作，将大学资源与自我需求相结合，打通人才培养渠道，打造干部、教师队伍，通过纵向的上联和下延，促进基础教育、中等教育和高等教育的一体化。

突出优势学科群建设。根据新中考、高考改革方案，中考有 9 种组合，高考有 20 种组合，这既是挑战又是机遇。在普遍提高所有学科教学水平的基础上，我们要突出某些优势学科群建设。比如理科、工科高等院校必然要求学生选考物理，一些传统高等院校可能更看重化学或生物，我们可加强这些学科的师资储备和学科建设，通过仔细研究高等院校的学科组合，做好准备，使集团各成员校成为某些组合的优质生源地。

高度重视跨学科学习。关于自然和社会的问题都是综合的、整体的，对学生素

质的要求也是整体呈现的。因此，我们必须回归问题的本源，不能局限于学科教学，要宽视野、高站位，注重跨学科整合和融合。可以在已有学科课程的基础上，在高一、高二增设一门"通识自修课"，高一学生结合自己的优势、兴趣和将来的发展规划，在网络数据库中选择一个主题进行跨学科自修和研究，遇到某学科问题则请教相应学科的教师。此外，专门配备一两位教师，定期对学生的学习进度和学习状况进行指导，高二结束时要完成该自修课程。

一是进一步厘清培养目标统领下的各类课程系统。进一步明晰"感恩重责、阳光包容、博学笃行、健康雅趣"培养目标下的课程目标，规范、完善各类课程系统。以"健康"为例，"健康"主要是引导学生在掌握基本的体育与健康知识和运动技能的基础上，树立健康的生活态度，养成某种运动习惯。具体目标可以是：初中毕业学会一种泳姿，高二学会两种泳姿等。

二是统筹集团各校区布局。在基础教育的深综改过程中，为促进生源均衡，北京市实行"校额到校"招生政策，增加一般初中校毕业生进入优质高中校的机会。面对"校额到校"政策所带来的冲击和变化，集团必须对各校区，尤其是海淀五校区的所有资源进行重新评估和布局，以学段为单位，为深入推进基础教育综合改革以及高中走班制教学做好准备，这对各校区教师的专业素质提出了更高要求。

三是进一步凸显各校区教育特色。各校区要在现有发展的基础上，进一步凸显教育特色，根据布局变革，调整人才培养目标定位，以特色为校区核心竞争力，为区域内不同需求的学生提供适合的教育服务。

四是加大招生宣传力度。不仅要凝练各校区办学特色，还要加大对办学特色的宣传力度，让广大学生及家长提前了解不同校区的特色定位和适合的生源，为学生作出恰当的选择做好准备。

让教育资源更均衡、更优质、更公平，是学校对国家、对社会不可推卸的责任。随着基础教育综合改革的不断深化，持续推进集团化办学需要不断地探索创新。交大附中教育集团将继续本着孜孜以求、协同发展的精神，为学生创设各具特色、富有生命力的教育，从而推动整个区域教育均衡优质发展。

第四章

以幸福之心做幸福教育

　　每年岁末的"幸福我来说"活动，是交大附中的一项经典活动，就像除夕的"春晚"，是交大附中人一年一度的"精神大餐"。一年时光，足以收获太多的故事、感动、欢笑、汗水和变化，最终凝结为幸福的果实。

　　由年级、部门、校区推选，每年选取教师、学生和家长共10位代表，上台表达自己对幸福的理解。有的老师将自己这一年工作、生活中的温情故事娓娓道来，有的学生把自己对母校的怀念、对老师的感恩之情流露出来，有的家长把对学校的信任和感激、对孩子的爱表达出来……他们对幸福的体验是个人的，却像点点繁星一样发出亮光、给人启迪。他们，把幸福的感觉不断传递，感染着所有师生。

　　"幸福都是奋斗出来的"，交大附中的发展过程中，包含着每个师生自强不息、迎难而上的奋斗，"幸福我来说"系列活动正是交大附中人分享奋斗心路、定格幸福瞬间的感人舞台。

　　"初心和使命是我们走好新时代长征路的不竭动力……"习近平总书记在2020年新年贺词中勉励我们。对于每个交大附中人来说，一个个幸福故事，其实就是在不断提醒我们：以幸福之心做教育，守初心，担使命，带着爱与憧憬，翻开砥砺前行的新篇章。

/ 一 / 2014，与幸福相遇

不多也不少幸福刚刚好

夏瑶

"幸福"是个美好的字眼，它可以是一时一地的心理感受，也可以是一种恒久而温和的人生状态。

曾经读到这样一段话："我祝你沐浴阳光，不多不少，刚好能保持开朗的心态；我祝你遭受风雨，不多不少，刚好能懂得感谢阳光的温暖；我祝你喜逢人生乐事，不多不少，刚好能让心理获得健康的滋润；我祝你经受痛苦，不多不少，刚好能找出人生的大快乐。"

每当生活中遇到不如意之事，我便会想起这段话，它让我懂得幸福与贪婪无缘，幸福就是不多不少。因为阳光与风雨、快乐与痛苦都是相互依存的，如果我们能不避风雨，不惧痛苦，心理就是平衡的，幸福由此而来。

在交大附中的这几年里，我遇到的学生各不相同。有的学生求知欲强，思维活跃，课上常有出人意料的质疑，为了满足学生的需求，我需要查阅大量备课资料，课前总是反复斟酌，再三思量，方可心安。但和他们相处，却可以让我达到教学相长的境界。在有的班级，我时常会不自觉地由"讲"变"喊"，既而由"喊"变"吼"，把自己弄得热血沸腾，像打仗一样。可我就是喜欢他们激情喧闹的热情，喜欢让他们无拘无束的思维带着我神游课堂。

如今身处九年级毕业年级，披星戴月的每一天都是那么繁忙与充实。今天刚因学生累得声音嘶哑，明天恰见有人送上贴心喉宝；今天刚郁闷于某生不交作业，转眼就有课间被围拢的亲切。穿梭于楼道，听到"老师好"的热情问候，疲惫的身躯不禁瞬间挺直；辅导完学生，面对豁然明了的张张笑脸，焦虑的内心刹那生出欢喜：九年级的生活就是这样给予我丰富的情感体验。

小佳同学是一个可爱的胖丫头。期中质量检测结束后，面对体育锻炼和数理化学习的多重压力，成绩不理想的她屡屡称病缺课。看着教室前方那张空空的课桌，我的心里像是横了一块铁板，我能想象这个孩子内心的无助与恐慌。于是，接连

三个周五的下午，成了我和她谈心的时间。我尽全力宽慰她、疏导她，甚至用自己年少时的经历启发她、激励她，只为下一周她能有勇气坐到班里。每当我拖着疲惫的身躯返回办公室，也曾质疑这样做的结果。但幸运的是，在谈了三次之后，小佳的位子便再也没有空过。

什么是幸福？幸福就是在你努力过后，一个面临困境、情绪低落的学生能有勇气面对每堂课的挑战；幸福就是在你努力过后，一个女孩能迈开双腿奋力向前冲！

期末质量检测结束了，小佳的成绩突飞猛进。看着她顶着新剪的齐耳短发在教室里"飘"来"飘"去，我由衷地感谢生活，感谢它即便再残酷，也没有忘记去温柔地回馈一个小女孩的努力！

什么是幸福？在那一刻，幸福就是她快乐，你高兴！这幸福淡淡的、暖暖的，刚刚好。

其实，幸福就在我们的手里，只不过，是在我们的两只手里，当你用一只手托起"桃李天下"的荣耀时，你还应该有勇气和信心张开另一只手，去迎接那些默默奉献时的辛劳与痛苦，它不多不少，刚刚好。

幸福的温度

高二（12）班宋金泽

我记得在高二的第一节数学课上，我们的数学老师苏苏给全班同学引入了一个叫作"幸福课堂"的概念，并且问我们什么叫作幸福，当时我觉得，对于学生来讲，最简单的幸福不就是考试少一点，作业少一点，压力少一点吗。

但此时此刻，回忆起整个刚刚过去的 2014 年，经历过两次代表学校参加节目的录制以后，我也觉得那时自己的想法有点天真。

在 2014 年的 11 月 22 日，我和本班的两名同学有幸代表班级、代表学校参加了北京卫视的《BTV 状元榜》，并且获得了一期的冠军。那次的节目，也许因为是我们自己报名参加的，或是因为没有专门的老师指导和陪伴，所以没有什么特别的感受，对我个人而言，主要就是自信心的培养。

但在 2014 年的年底，学校受邀参加浙江卫视的《中华好故事》节目。那次参加比赛给了我完全不一样的感觉。出发的时候，学校领导和老师亲自送行，并且专门派车送我们去机场，而我因为是第一次去外省录制节目，所以一天半的休息调整根本没能让我从兴奋中缓解过来。来参加节目的学校是全国二十所优秀的高中，其中不乏陕西省西安中学、浙江省慈溪中学、哈尔滨三中等老牌名校，这时我和另外两名同学就意识到了这次我们所面临的挑战，当我们看到自己的名牌下印有"北方交大附中"的名字时，就明白了我们所肩负的责任，我们代表的不是我们自己，而是学校！

第一天的录制就是 20 进 9 的淘汰赛，当我们开始正式答题时，心就凉了一半，因为我们真的是啥也不会，当其他学校的选手一道又一道地作答如流时，我感受到了空前的压力和实力上的差距。如果第一轮被淘汰了，同学们不会说我们什么，学校和老师也不会怪我们，但我不会原谅自己。我们只有尽可能地调动自己所掌握的知识，把我们会的题都答对。幸运的是，我们以并列第四的成绩，晋级到了攻擂挑战循环赛，这也就意味着，我们可以将"北方交大附中"的名牌，继续留在舞台上，而且是留到团体赛的最后。结束第一天的录制，已经到凌晨 1 点多，杭州冬天的夜里真冷，但带队的姜老师一直陪在我们身边。尽管姜老师的身体不好，但每次当我们从录制现场出来时，她都是第一个冲出来给我们送外套的老师；当我们在录制现场吃晚饭时，她又是第一个给我们端饭的老师。她每一天都陪着我们到录制结束，而每一天录制结束，都已经是凌晨 1 点左右，不论我们表现如何，她始终给我们鼓励和安慰。

结束为期 5 天的杭州之行，我们到达北京首都国际机场时，得知学校领导和老师亲自来机场迎接我们，这是一种怎样的荣幸啊！在回学校的路上，我清楚地记得校领导让我用两个词形容带队的姜老师，我回答说两个词太多了，只用一个就好，

那就是"妈妈"。当车子进入学校的那个瞬间，我看到的第一个人是我的班主任阿芝，我的心里泛起一阵暖意。当我看到阿芝带领整个12班的同学来迎接我时，我想起了一个个属于2014年的故事。这些故事既是属于我的，也是属于陪伴在我身边的每一位老师的！有课堂上我们和老师的一次次互动，也有老师们用自己的时间给我们巩固知识，和我们一起分享生活中的逸闻趣事，告诉我们如何为人、如何处事，在联欢会上与我们一起开怀大笑，在田径运动场上给我们加油鼓劲，陪我们一起看过天河，一起登临长城，给我们带来温暖，带来爱。下车后阿芝给了我一个大大的拥抱，那时我多么想大喊一句，我终于回家了！

如果现在再有人问我什么叫作幸福，我想我的理解已经和当时不一样了：

有一个像家一般让我依恋的学校，有一位像母亲一般让我温暖的师长，这，就是我莫大的幸福！

/ 二 /2015，点滴中的幸福

女汉子的幸福生活

陈静

今年，网络上流行一个词——女汉子。为此，我专门查了百度百科，是这么说的："女汉子，是指个性豪爽、不拘小节、不怕吃苦的一类女性"。女汉子自古就有，梁山108将，有3个女汉子。

女汉子是从小练就的，不要被她们温柔的外表所欺骗。小时候，我妈对我期望很高，看我长得萌萌哒，以为将来会是林黛玉。但妈妈只顾了长相，没顾上性格。我是看这些影视剧长大的：《狼牙山五壮士》、《铁道游击队》和《红色娘子军》，越看越有斗志。

2011 年 1 月 3 日，下午 1 点 30 分，我就是怀着这样豪迈的心情，第一次来到咱学

校，来到办公室，感觉特舒心，特亲切。就像蜜蜂找到蜜，游子找到家，我终于找到组织了。这几年随着学校的发展，办公室的队伍也不断壮大，在两位领导杨姐姐和邵大侠的带领下，现在有算工资的胡算子和小燕子、人力资源的彭测测、宣传的田审审、会务的张跑跑、离退休的宋白白和岳姥姥，还有陈写写。我叫陈写写，顾名思义就是起早贪黑不论寒暑埋头苦写，以下这副对联就是我工作的写照：集团会、校务会、行政会，会会纪要；学校事、党务事、片区事，事事报道，横批："会"头"事"岸。这学期，我在案头上敲了 20 万字，敲坏了两个键盘！

我们办公室有个共同的名字：豪迈的女汉子。总结一下，我们拥有以下特点。

体力方面：组织活动两万步，搬个箱子能跑步，换个水桶 so easy，爬高摸低能上树。

智力方面：礼、乐、摄、御、书、数，六艺样样精通。

家庭方面：换得了灯泡，修得了电脑，打得了蟑螂，Hold 了孩子。

作息时间：六点起床，闭眼刷牙，埋头苦干，抬头深夜。

其实，不只我们办公室如此，整个学校都在忙碌，领导们经常因为办学难题讨论到深夜，旁边的财务室也是加班呈常态化。有时候走得晚些，能看见很多科任教师、班主任、行政人员的办公室都亮着灯。这些灯让我想起了泰戈尔的诗句："母亲们的心和夜晚的灯，还有年轻的生命，他们满心欢乐，却浑然不知这样的欢乐对于世界的价值。"

我们是女汉子。日出而作，日落不息，但我们满心欢乐。因为我们都是一家人。

就在前几年，我因为生孩子引发血栓。当时，我很紧张，我妈妈就是因为这个病离开我们的。在我最无助最脆弱的时候，是学校第一时间帮我联系医院、找大夫、找床位，学校领导和办公室姐妹去医院，陪着我做手术，像家人一样，无微不至地照顾我。那天，我爸对我说："闺女，你在这个学校，爸爸放心。"是啊，这里就是我在北京的娘家！

所以，一说起这个家和家里的人，我的心里就暖暖的。心理学家通过广泛的调查和研究发现，良好的人际关系，是幸福最重要的影响因素。我们办公室，我们楼层，我们学校，到处洋溢着这些因子：真诚、友爱、关怀、体贴、理解、包容……这些都是我们人生大树成长的幸福养分。

这就是女汉子的生活，简单，踏实，满满都是——小幸福。

幸福，不远也不近，只要我们用心体会，用手触摸，踮起脚尖，我们就能抓住这样的幸福。

于点滴中收获幸福

高二（7）班刘易鑫

我想为大家讲述发生在校园的幸福故事。发生在校园的幸福不同于亲情的直接、浓厚，它发生在生活的点点滴滴中，静静地来，悄然地去，我们于其中体会到被爱的滋味。

高中生活相比初中更丰富多彩。我是团委社会实践部的现任部长。去年这个时候，上任部长带领我们几个部员去清河敬老院做志愿服务。身处那鸦雀无声的环境，我们看到这样的情景：爷爷奶奶们有的目中无神；有的佝偻着背，拄着拐一寸一寸地艰难地迈出步伐。很少

有老人在笑，或彼此高谈阔论。面对此情此景，我想：志愿者服务不能仅是实践部部员才能获得的机会，我要把它推广到全校，让更多的人传递幸福。

为此我在去年3月初提出敬老院活动由实践部承办，全校各班级参与以提高实践能力的想法，但这只是想法，我有预感实现这个想法要考虑到交通、活动形式和安全等问题，还有活动后如何留存资料，如何确保每次活动有收获、有亮点。一个想法的代价这么多，光想想我的头都大了。

我挺想做的，于是我便吞吞吐吐地跟陶老师表达了想法，没想到，她非常认同。

那些时日，一有休息时间我就会去找陶老师，她为我一遍又一遍地细心修改策划方案和全校活动倡议。在团委办公室我们坐下来，很民主地一起讨论，最后得出较为满意的方案。其间，我对老师们工作的不易小有体会。又经过人员分工、活动具体流程及注意事项等共12份稿件的书写和修改，通过与敬老院方面的沟通交流，最终得以实施。

去年11月社会实践部还与北京交通大学党支部联合开展了敬老志愿服务。在那个将近100平方米的地方，坐满了观看节目的老人，双人舞、京剧、老歌调动了现场的气氛，特意选取的他们那时代的老歌引起了他们的强烈共鸣，老人们一改沉默的模样，上台献歌，气氛其乐融融。

那次敬老院方给出的评价令我难忘：是你们给这里带来了生机，使这里重焕活力，希望你们能再来。自不必说，这句评价将会是我不遗余力去完善志愿服务的动力。

能够在团委的实践部是一件幸运的事，因为它提供了难得的机会让我们去关注需要帮助的群体，去了解社会，我们于其中懂得了学会关爱、学会感恩、做感恩重责的交大附中人的实际意义，加深了对"关爱老人、回馈社会"的认识。

更幸运的是，在对的时候我遇到了很对的老师，就像陶老师对我的不断鼓励、那种时刻为学生着想的关心。在团委之外还有班主任蒋老师，她那平时的自由放任和适时的规矩也成为我做事的标准；在做一些决定时我也会找她，蒋老师总能提出有价值的建议。还有卢老师、史老师都给了我很多教导和帮助，引领我跨越那一个个障碍。仔细想想，我真的是于幸运中收获了太多幸福。要感谢的老师真的太多，甚至感觉我像是个被惯坏的孩子，我能做的就只有心存这份感激，不辜负这么多爱，在我的路上努力地走下去。

我的幸福故事讲完了，但幸福还在继续。其实每个人的幸福每时每刻都在进行中，可能只是你在那一瞬不小心漏掉了幸福，千万别让幸福从你的指间滑走。让我们共同努力，创造更多的幸福故事。

/ 三 /2016，你们的成长，我们的幸福

心在手里　幸福在心里
贾素环

今天，我来讲幸福故事，是我自己主动申请来的。

2016 年上半年我在东校区，担任高三年级组长兼高三（3）班班主任，每周上高三、初三两个年级的 16 节课，女儿上高三，对我而言黑暗里的亮光就是高考结束。之后，我来到北校区当班主任，一个完全陌生的环境，从头开始。

8 月 18 日高一分班，我提前把手洗得香香的，什么都不碰，就等着手气爆棚。当我用那只香香的手接过来的是由 19 个名额分配、14 个文艺体育特长生、9 个分校借读生组成的高一（8）班时，心里的压力可想而知。但是我明白，拿过那个档案袋的瞬间，一切工作就此开始，那就微笑着迎接吧。

经过一个学期的洗礼，我保持着那个微笑，站在了跟大家分享幸福故事的台上。您可能会问：你真的幸福吗？这个问题留下来我最后回答。有一个问题要先说明一下，什么是幸福？除了字典上的解释，我想每个人都有自己的一个定义，因为下面我要跟大家分享的是我对幸福的两点小小的感受。

调整心态，用心体会，感受一份平淡却真实的幸福。

感受身边的温暖。对于高一（8）班的情况，领导们很了解、很关注，每次碰到说得最多的话就是，有困难吗？需要帮助的话就提出来！年级组长、教研组长的帮助让我很快就熟悉了这个陌生的环境，体谅和关心常伴左右。8 班的科任教师们的齐心协力让我觉得压力减轻了很多。遇到问题他们不忍心让我受累，我感受到的是满满的正能量，就连楼道保洁人员见到我后都微笑着说，刚擦的地，小心点。工作在这样一个环境里，心里的温暖代替了辛苦和疲惫。

感受孩子们的感动。借用邵主任的一句话，如果总关注缺点，那么需要用放大

镜才能找到优点。运动会上的拔河决赛，7班和8班相遇，势均力敌，一比一平进入决胜局。当20个孩子吼叫着把只剩下一尺就注定败局的绳子生生拉回来的时候，整个班沸腾了。那一刻

我看到的是他们身上有一种光，我眼里的泪花是甜的。

感受家长们的支持。家委会是家长们的核心力量，在组建之后第一时间把12盆鲜花和一个书柜送到了班里，亲自拿着尺子量了尺寸，把柜子摆到了班里。因为学生作业问题，我们采取了一些管理措施，家长群里很快全部接龙回复表示支持。开学初班级组织的家长会，家长无一人缺席，通报班级规定，无一人有异议。因处理问题请家长配合工作时，接收到的是感谢和歉意，尽管还有很多不如意，但是感受到的心是热的。

从心出发，用双手去创造，把一份幸福给他人给自己。

用一颗互助的心，把一份热情，送给身边的同事，留下欣慰的幸福给自己。孩子们在学习上存在的问题多一些，所有的任课老师也承受着很大的压力。我能做的有限，搬一套桌子放到教室，走进课堂了解学生的情况，做班里第43个学生，跟老师一起面对问题。不推脱不抱怨，课堂问题也是班级问题的一部分，拿出一颗服务的心，收到了十几颗互助的心。

用一颗希望的心，把一份付出，献给成长的孩子，留下收获的幸福给自己。面对孩子们的问题，找到症结后，做自己能努力做的。孩子们活泼坐不住，我带领14个孩子组建手拉手阅读小分队，每周带队校内阅读两次，每月校外活动1次；联系生物实验室刘坤晓老师，组建生物实验志愿8人小分队；组织物理、化学、历史等学科的兴趣活动，得到老师们的大力支持；建立学生学习档案，每次考试有记录，有对比，有反思，有谈话，有措施，有反馈，有和家长的沟通。我不会改变对8班

的信心和热情，我在期待你们的改变。我相信一点，是花我会耐心等待花期的到来，是树就修剪枝杈，不管是大梁还是椽子都是材，不是花，也长不成树，也许就是那棵有特点的盆栽呢？只要有活生生的生命，就会有属于自己的世界，帮孩子们找到那个属于自己的样子，难道不是教育的意义所在吗？

用一颗无私的心，把一份担当带给孩子的家长，留下理解的幸福给自己。对于在学习上有些问题的孩子的家长来说，在过去的 9 年家庭教育中他们都有这样或那样的缺失或无能为力之处，他们对学校、对老师的期望值更高。所以当很多同龄人已经自觉自律的时候，我手里这 42 棵小苗还在自由地漫不经心地生长着。修枝剪叶需要一个过程。有的家长说对孩子您比我们做家长的还了解还上心，您真是负责任，您太辛苦了！家长会上我依旧微笑着说，我只是交大附中老师中最普通的一个，在 8 班家长面前，信任我就是信任学校的每一个老师，我们每一个老师都在为交大附中代言！

回到刚开始的那个问题，你还会问我真的幸福吗？我回答一下吧，确实有那么一点点累，但我真的也是幸福的！

享受家校合力共育阳光学子的幸福
八年级（2）班钟百同家长

首先，请允许我向德才兼备的各位交大附中老师致敬！作为学生家长的一员，我很荣幸有这样的机会向各位老师汇报和分享一个学生家长的幸福感受！同时，与各位老师交流家长与孩子共同成长的心得，享受"家校合一"共育阳光学子的幸福与责任。

从七年级到现在，孩子们已从毛头小娃娃长成了亭亭玉立的大女孩和帅气阳光的小伙子，他们有了蛟龙骏马一样健硕的身姿，有了雄鹰大鹏一样昂扬的风貌，这一切让我们在孩子快乐上学的每一天都幸福满怀。而这一切都与学校的教学环境和品质息息相关，作为家长我深切感受到交大附中这一块充满爱与责任的土壤带给孩子们的营养和正能量。

这里有着学风大气、成熟稳健、端正朴素、欣欣向荣的校园风貌。这是一所有着美好的理想、有着坚定的步伐、有着丰富的内涵和深厚的文化底蕴的校园，幸福正从这里出发！

无论是学校、年级或班级的家长会，还是教学公开日，或是学校举办的"家长学校"道德讲座等，都让家长深深感受到交大附中不是把教学工作停留在校园范围，而是高瞻远瞩地

与学生家庭紧密连在一起，使得共建"幸福校园"不仅要求学生学得好，也对家长们如何做一个合格，甚至优秀的家长提出了要求，对如何营造快乐幸福的家庭环境提出了建设性的指导意见。

我们孩子所在的八年级（2）班就是非常典型的好班级，从七年级的第一个学期开始我们就领略了一个优秀班主任邓向阳老师的教学风采，他把"全面发展、追求卓越、民族复兴、我的责任"作为班级建设的共同目标，把个人成长与国家兴旺紧密连在一起。

透过八年级（2）班的班级风貌，我们完全可以读懂和感受到其他班级的老师也同样为了孩子们的学习成长费尽心力，把每个孩子的进步都放在心上，每位老师都以自己的工作方式演绎着交大附中这所"幸福学校"的精彩！正如最近家长微信群里不断被转刷的一段话：老师是这个世界上唯——一个与您孩子没有血缘关系，却愿意因您的孩子进步而高兴，因您的孩子退步而着急，总是满怀期待助其成才，舍小家顾大家而无怨无悔的人……

班主任老师充分发挥孩子们的特长，由班级学生自行设计、师生及家长共同选定、家长协助制作班旗、班徽、班牌。

邓老师在七年级开学前组建了"快乐 M2 班家长"微信群，全班 40 余个孩子，每一天的学习情况和离校时间都由班主任老师和其他科任教师及时通知，让家长心里有底、放心。

最高兴的是我们班每一个孩子都会在生日当天收到邓老师以孩子的姓名和才艺

特长以及性格内涵为特色的原创生日祝福和诗词！孩子会在生日这一天获得老师、同学、家长满满的、美好的祝福和鼓励！

学校还充分发挥家委会的优势，把校园外的社会文教资源与学校的素质教学需求有效联合起来，为孩子们提供一些科普讲座和现场参观体验的活动，使孩子们增长见识和知识。

作为学生家长，我深深地感受到学校领导和老师们在不遗余力地为孩子们打造一所充满活力和魅力的学校而努力着，这是一所值得学生和家长信任和尊敬的学校！感谢老师们的辛勤工作！也坚信孩子们一定会在交大附中这个充满家国情怀、成熟稳健、欣欣向荣的校园里锻炼成长为身心健康、正直善良、德才兼备的群体，未来的他们也必将像他们的学长们一样成为各行各业的优秀人才，成为有作为的新一代。

/ 四 / 2017，幸福的场景

忘不了的那些幸福事儿

祖浩东

大家都知道这两本书吗？它描述了交大附中 60 年的发展历史，记录着学校成长的点点滴滴。一"灰"一"黄"是学校 60 年发展的里程碑。站在它们的面前，我想起为了纪念建校 60 周年而工作的每个日夜，忘不了 2017 年 9 月 10 日的每个瞬间，忘不了发生在我身边的每一个故事。今天，就让我和大家一起分享那些台前幕后的一些不为人知的故事。

接下来，让我和大家一起回顾那些或感动，或欢乐，或纠结的场景吧！

场景 1：两位老人——芳华尽逝桃李遍天下

2017 年 3 月 30 日，这一天将举办建校 60 周年第一次校友返校活动，不到 7 点，有两位老人（离退休老教师）步履蹒跚地走进了校门，早早来到了实验楼 11 层报告厅。在空荡荡的报告厅里，两位白发苍苍的老师像过节似的，穿着崭新的衣服，等待他们的学生的到来。我忘不了那天校友和老师们久别重逢的"失控"场面，忘不了校友和老师们诉不完的故事、道不尽的感情。

场景 2：一个夏日的夜晚——脑残身残事不残

庆典的前一天晚上，又闷又热，我从交大礼堂彩排回到学校，已是将近晚上10 点了。疲惫感已袭来，可当我走进学校，却看到操场上被聚光灯照得如白昼一样，几千把排列整齐的座椅就像威武的士兵在等待那个庄严时刻的到来，就在它们中间有一个高大挺拔的身影就像它们的将军（后勤保障中心刘振义副校长）。我从暗夜里走进这聚光灯下的"白昼"。我来到他面前，顺势瘫坐在一把椅子上，招呼他陪我坐一会儿，放松一下，他说："我要是坐下，可就起不来了！"我看见他额头上渗着汗珠，腰上缠着护腰。原来，他已在学校办公室的沙发上趴了两天了，在自己"轻伤不下火线"的誓言下坚守阵地，为建校 60 周年活动不辞劳苦，不顾腰疾复发……此时，我能体会他的这份坚守后面的情怀！

场景 3：一幅印象派画作——天公感于师生情，泪作急雨润师生

庆典开始了，一切都在精心准备下有条不紊地进行。然而，就在庆典过半时，雷声从千里之外滚滚而来，说时迟那时快，大雨滂沱，翠绿的草坪上点缀着各色雨衣和雨伞；雨水如注，在画面的黄金分割点上，还有两个身影伫立在主席台上。为了保证活动效果，我们的发言人戴校长全程没有穿雨衣，主持人马书记在台上站了三个半小时……在交大附中建校 60 周年仪式上，他们无视风雨，携手众人，与天同庆，交大附中人就是如此豪迈！

场景 4：上阵父子兵——育人亲师徒，上阵父子兵

纪念演出在天佑礼堂举行。当张志耀老师出场时，只见他鹤发童颜、健步如飞地走上舞台，大家还没来得及为张老师喝彩，就已被张薇刚上几个台阶就气喘不定的窘态逗得哈哈大笑。原来，张薇在使劲追赶父亲的脚步，无奈张老爷子步履矫健，愣是没追上。这不禁让我想起在校门口多次看到过这个熟悉的身影骑着自行车"呼啸而过"，连学生都追不上！这真是，音乐让人年轻，奉献给予活力！我们交大附中的音乐特级教师张志耀老师，已经年逾八十，为交大附中的音乐教育事业奋斗了几十年，至今仍然鹤发不让青须！老爷子不顾家人担忧，至今坚持着对音乐的执着、对学校的奉献。每次在舞台上看到张老师的身影，我心里就觉得无比踏实。

场景 5：儿子为我"挑毛病"

在演出中，我除了负责协调外，还承担了一个角色，扮演在争办"示范高中

校"时的闫敬先校长。这是一个在下着鹅毛大雪的早晨，学校迎接环境检查的故事。在气温 37℃ 的夏天，我需要穿着棉大衣，围着毛围脖。

天气热、棉大衣，我都能忍。可这长长的台词，对于我这样的"老年人"来说真是个挑战。有时儿子来单位的时候恰好遇到我们在排练，我从来没留意过他，他都在旁边安静地写作业或者自娱自乐。有一天，我们在排练，在一旁写作业的儿子突然冲我喊："爸，您这句台词讲错了！应该是……"在场的老师都怔住了，转而哈哈大笑……可我心里，却感觉有那么一点点酸楚，这个假期要好好陪他玩玩。

我忘不了高三的几位老师上完课就马上跑来参加排练的情景；

忘不了"特特"那精彩的演出；

忘不了王文涛老师认真学习合唱指挥的身影；

忘不了在后台代阿老师那含泪的微笑；

忘不了童声合唱团的同学们腿上的护膝；

忘不了苏曲光父女拍摄宣传片的情景；

忘不了为了一个角色而被更换的演员们；

忘不了校长和书记参加排练的身影……

今天，我们所有的努力和付出，都已成就了辉煌！我忘不了，学生们一点一滴的成长，忘不了校友们一声声的感谢，更忘不了所有老师幸福的微笑，这就是我2017年永远忘不了的幸福。

我的幸福故事

杜明星

　　我是杜明星老师，我也不是高二最优秀的老师，但是我却生活在一个优秀的集体里，我因生活在这样的一个集体里而幸福。

　　当你初到交大附中，对交大附中知之甚少；当你年过半百，已经为教育事业奉献半生；当你孩子还小，家里又无人帮你照看；当你生活优越，不愁吃穿，突然接到我的通知，下个学期你要做班主任了，你会怎么回答？我收到的回答是：没问题，没问题，放心！我们会好好跟着你干；杜老师，我一直在等着您通知我呢……

　　于是我们看到了这样的场景：年轻妈妈每天带着孩子一路小跑往返于两个校园；中年的大姐刚吃完药，又干得热火朝天；一边生病，一边上班，嘴上会有埋怨，活却没少干。当看到他们满脸的疲惫，我心中涌起的是含泪的幸福。我此刻的幸福来自我最亲密的战友，其实这并不是悲壮，而是一种崇高。

　　有一份活没有报酬，你会不会干？偶尔一次是没问题的，而这份活需要你长期去干，一周需要为此忙上三天，只能干好，还不能懈怠，还有人巡视监督；并且只能接受，不能埋怨，这就是下午第9节的自习答疑。当刚做年级组长的我把课表送到老师们的面前时，心里是有一些惴惴不安的。可是无论是年轻的老师还是老教师，没有人推托，没有人畏难。当看到上完课口干舌燥、步履蹒跚的他们，我心中涌起的是满满的敬佩，这就是我最敬爱的同事，自知育人责任重，不用扬鞭自奋蹄，他们是全年级同学幸福的源泉。

　　年级里年轻教师都叫我杜老师，因为我比他们年纪大，"老师"这个称谓背后是尊重；很多年长的老师叫我领导，因为我比他们年纪小，这个近似于昵称的"领导"背后是他们对我的关怀和关爱。仔细

想来，年级组长是个多大的官？除了上传下达，听话干活，哪些事情可以自己做主？可是在咱们学校我感觉到的却是那么不一样，在戴校长、马书记眼里，年级就是一个小学校；在韩校长的眼里，年级组长就是一方诸侯；在徐校长那里，年级组长是他最信任的伙伴；在各处室领导那里，年级组长是他们的重点服务对象。当我把自己对年级工作的想法和安排发给领导时，得到的永远是肯定的回复，外加用委婉的语气提出的周到的建议。当我带着年级的需求去各处室时，总是得到最及时最有力度的解决，他们是我工作中最坚强的后盾。

就在前天早上，高二需要在 8：20—10：20 使用篮球馆听讲座，我 7：50 到篮球馆时才发现，因我的工作失误，忘了提前申请篮球馆，可当时学生已经准备从教室集合，专家也已经快到学校了。说完年级的情况，篮球馆的工作人员比我还着急，所有人放下手里的活，十几个人立马投入篮球馆的布置当中。接到我电话的电教组的卢铁老师在食堂放下手中的早餐就跑了过来，满脸通红，气喘吁吁，10 分钟篮球馆就布置好了，8：00 同学们准时入场，10 分钟电教设备全部到位，8：20 年级大会正式开始，当时我的心里真是除了感激，就是感动。

我在三个不同的学校工作过，经历了三个学校的行政领导，只有在咱们学校，我真切地感受到的只是"行政"二字，而没有"领导"之风，他们只是和我们分工不同，干的是行政的活而已。他们从来没有把自己当作领导，拿着权力当令箭，颐指气使、咄咄逼人，各种行政服务及时、到位，是真正的服务者，而不是弄权者。

这就是我作为一个年级组长的幸福，虽然这份活事情繁多，又累又辛苦，但我不是一个人在战斗，我拥有最给力的战友，最坚强的后盾，最强大的后援，这让我感觉到工作和生活是充满希望和动力的。

也有人常常问我，而实际上我也自己常常问自己，做年级组长真的幸福吗？今天的幸福故事就是我的答案。其实每个人对幸福的定义是不一样的，那么字典对幸福的定义是什么呢？幸福，是指一个人的需求得到满足而产生的长久的喜悦。作为年级组长，年级工作的需求我都得到了满足，那么我有什么理由不幸福呢？如果我总是幻想做年级组长活要比别人干得少，钱要比别人挣得多，那就是奢求了；如果总是幻想有无限大的权力，让戴校长都听我的，那就是欲求了。一个人如果陷到了奢求和欲求的泥沼中，将永远不会幸福。

知足常乐，生当惜福！

/ 五 / 2018，邂逅幸福

甜蜜的"负担"

栗伟

我是栗伟，八年级生物老师，也是八年级（10）班的班主任。我是 2017 年 7 月初毕业的，也是第一次走出校门参加工作，就与我们学校结下了很神奇的缘分。其实去年我作为刚参加工作半年的新新教

师坐在这里听各位老师讲幸福故事的时候，心里就按捺不住，有话要说。因为有太多幸福的事想分享，有太多可爱的人想感谢。

我是一年半以前来咱们学校的，经历真的挺神奇的。2017 年 7 月初彭老师给我打来电话，说是在网上看到我投的简历，通知我 2 天之后来面试。面试当天下午，我是最后一个面试者，说课结束后，我们六七个面试的人在小会议室一起和面试的老师们聊了聊，被告知回去等电话通知。我拎着电脑刚走到校门口，就接到彭老师的电话通知我回去再聊聊。回到 8 楼的小会议室，我欣喜地得知自己被录取了。后来一点一点熟悉起来之后我才知道，当时面试我的各位领导、老师分别是：戴校长、韩校长、徐校长、杨主任和我们组长张树虎老师，还有马剑老师。我的天哪，这么强大的群面阵容我居然被留了下来，是不是很神奇，很幸运？然后徐校长告诉我先别走了，等着 8 点以后抓班。我一边点头答应着，一边琢磨，啥是抓班？抓啥？咋抓？后来稀里糊涂地还跟着好多老师一起吃了一顿饭。说实话，那顿丰盛的晚餐我是真没吃出来啥味道，心里特别忐忑。晚上 9 点多的时候，我不仅知道了啥叫抓班，还知道我抓了个 10 班。紧接着，徐校长就布置了新分班的各项任务，通知我们建

家长群等各项内容。我的天哪，信息量太大了，我反应半天，心想我下午来的时候不还是一个学生吗？怎么晚上走的时候就成了一名老师，还是一名班主任？

角色转换的初期确实有很多的困难。整个暑假我都处于备课、熟悉教材、解答家长各种各样好奇急切的问题中，忙得焦头烂额。其实，当时对于学校的了解，我可能都不如家长们。对学校有几个大门、多少个班，医务室在哪里这样的基本问题我都一无所知。不过办法总比困难多，最幸福的事不是人生没有困难，而是遇到困难时得到了帮助。有幸我得到了很多领导和同事的热心指导与帮助。整个暑假，面对家长提出的各种问题，每一个都要仔仔细细地思考怎么回答，话要怎么说。在这里我真的非常感谢王博主任、伊燕霞老师和马剑老师，很多时候都是家长问了问题，然后我截屏发给姐姐们，姐姐们帮我支招想办法，整个暑假真的没少"骚扰"她们，给她们添了很多麻烦，我觉得非常不好意思，真的从心里很感谢她们。

开学后，被我"骚扰"麻烦的老师就更多了。我的班主任师傅赵艳萍老师不遗余力地指导我的班主任工作，有什么我没注意到的班级问题、学生问题，赵老师总是发现后及时提醒我，教我怎么处理解决。赵老师还总是惦记着我，送很多有关班主任工作的书给我看。常疆老师是我们班的副班主任老师，跟孩子们也很熟悉。有的时候我觉得常老师摊上我这么个新手班主任也挺忧伤的，因为我经常有问题就颠颠儿地去找常老师。每次遇到班里比较棘手的学生问题，常老师都会陪我聊好久。不管是在判作业还是在备课，她都会停下手里的活听我絮叨，帮我想办法，有的时候一聊就是一节课的时间，甚至是放学后天都黑了。马剑老师是我的学科师傅，在带班和教学上给了我很大的帮助，教会我很多。同一办公室的王丽娟老师和张雨霞老师以及年级里、学校里的很多老师都给予了我很多帮助与指导。八年级的团队是一个温暖有爱的大家庭，没有大家的帮助，我的职业生涯不会开始得这么顺利，也不会有今天这么多想要讲述的幸福故事。平日里没有什么机会表达，但是真的是不胜感激。我也在努力成长，争取少给大家添麻烦。

走上工作岗位后，我感受到了来自领导、同事的关爱与温暖。成为一名老师之后，每天的生活与每一个孩子紧密相关。班级就像一个小剧场，39个孩子聚在一起，每天都会上演不一样的精彩，有喜，有怒，有哀，有乐。每天的工作确实繁重劳累，但是每个阶段过后回头看的时候，回忆里剩下的只有满满的幸福。有学生节结束后孩子们写给我的信，有感恩节孩子们写的感恩卡，还有教师节孩子们送给我的花。一字一句都是孩子们记录下的温暖的点滴，其实有很多事情和细节我已经遗忘，但是孩子们都记在心里。孩子们说："在我们眼中，栗老师非常活泼可爱，青春阳光，很年轻却颇有才华。明明才二十多岁，但作为班主任还是一板一眼，一丝不苟，全无随便。就是我心目中能和我们打成一片的班主任啊！"原文其实有个"完美"，我感觉受之有愧。"以前在七年级做过的错事，您总是耐下心来跟我们谈论，而不是骂，谢谢您。"班里无论发生什么高兴的事，孩子们都会争先恐后地堵着办公室门告诉我，有什么问题也会找我帮助解决，真的是甜蜜的"负担"。想到这些就会觉得，工作累不累？哎呀，累啥，不累不累。

说实话，工作累不累？忙不忙？确实累，也确实忙。但是真的感恩所有遇到的人，对我温暖的帮助与指导，也感恩遇到的所有的孩子，我们一起共同成长。

祝愿大家2019，幸福的事就在眼前，幸福的人就在身边。

幸福三重奏

王征

前奏：幸福是一种态度——无论在人生的任何阶段，幸福都是自己争取来的。

与幸福结缘——说来话长，来到交大附中的第一天，就是去年的今天，就是在报告厅听幸福故事。当时接到人力资源胡老师电话时，我还在犹豫，这学校的师德教育真是到位，让老师讲自己幸福的故事，于是就坐着听了整整一下午，认识了今天和我一个年级的贾静老师等。没想到，一年后，我也作为幸福故事的陈述人站在了这里，我想这是我和这所幸福学校的缘分，也是我和幸福的缘分。

一重奏：幸福的选择——做生活的积极参与者，而不是旁观者，始终是我幸福生活的信条。

这也要从我调入交大附中说起。很多老师知道，在原单位，我是一名经验丰富的中层管理者，我之前的"幸福史"是铺在密密麻麻的日程表上的，这种被工作和集体时刻需要的幸福感，一直充盈着我的生活。我曾经获得很多成绩，领导信任，师生喜爱，工作能力测评年年名列前茅。不仅如此，在繁忙的工作中，我没耽误自己的婚姻和生育大事，有爱我如初恋的老公，两个可爱的天使宝贝儿子，对我支持关爱没有任何要求的父母公婆，凡是你能想到与幸福相关的事似乎都可以在我身上贴上标签。

有人说，你看王征在晒幸福呢，我说，你错了，我是真幸福。不到35岁，拥有了这些，为什么还调工作呢？我的幸福是因为家庭为我撑起了蔚蓝明亮的天空，我的幸福基于家人为我付出了太多太多。

2017年的一件大事，给了我重要的人生启示。本在2009年就疑似胃癌的妈妈，在我事业期全身心地照顾我的两个幼子，维护我小家的安康。父母每次身体有恙，总是说："你们工作忙，不用陪着我去看病。"总之，父母都在我的生物钟里打转，不想给女儿增加一丝丝负担，作息紊乱，操心受累。终于2017年年初，母亲胃病再犯，确诊为慢性萎缩性胃炎并伴有肠化生，用一名专业的生物老师加半个赤脚医生的解释就是，我妈老了，常年疲劳不得休息，器官开始退化了，且有癌变的危险。而此时已近中年的我，知道了岁月的无情，也痛彻心扉地感受到不养儿不知父母恩的深刻道理。看着眼前一个曾经叱咤商界的女强人因被胃病摧残而日渐消瘦的样子，作为女儿，我终于知道，不是只有儿子生病了要去医院，养育你的父母同样需要你倍加爱护。我也意识到，我必须为身边爱我的人做点儿什么了。于是，在我人生无比顺畅的时候，我作出了曾经纠结但从不后悔的选择，来到了咱们的幸福学校，回到一线，成为一名老师。

二重奏：幸福的环绕——幸福的友人、同事是工作的动力——幸福是理解和多一份承担。

来到交大附中，幸福真的是围绕在我的身边。

第一点，家近是一宝啊。我曾经开玩笑说，如果学校征选幸福代言人，我绝对去竞选。鑫雅苑，走路5分钟，小跑3分钟。这么近的距离，让我免去了上班路上的奔波，有更多时间照顾父母、体贴爱人和培养孩子，幸福指数飙升。

第二点，去年3月正式上班，就分到了当时的高一，和可爱聪慧的郭若愚老师成为难姐难妹。有人说：难姐难妹还幸福？对于一个很久没在高中一线任课的教师和一名入职不到一年的研究生，两个人捆绑在一起教一个年级的生物课，新课改、零经验、零模仿，真的是压力不小。从备课、听评课、开展组内文化到设计分层作

业、整理合格考复习方案，等等，两个小白丁，虽然面对课时紧任务重、合格考及格率等一座座大山，但每天都乐呵呵的，高中楼四层的生物办公室，前来答疑的学生、聊天减压的孩子、咨询选考的优秀灵魂，每天中午络绎不绝。也是因为这样，很快，我们和年级的孩子打成了一片，成为他们信任的老师、提供帮助的朋友。也是因为这样忙碌紧张的生活，我不但没有岗位更换的失落感，反而有了另外的幸福来源。

再说说现在的幸福同事，不知道大家是否还记得我们高二（9）班运动会入场式，小细节是表演者加入包括我在内的 3 名导师，为什么会有这样的安排呢？因为运动会时，我班有多名同学承担运动会工作，同时还有赴德交流的 4 名学生，这样能参加入场式的孩子不到 30 名，对于要求有集体庞大气势的我来说，这怎么行？于是，我和班级智囊团策划，让导师参与，起码人数凑上。其次还有特色，于是跳舞和口号、一次次排练就落在了我和导师团队的刘文贞和魏洁老师身上。两位和蔼亲切的姐姐没有半句推辞，异口同声说："王征，你说怎么安排，我们就怎么练。"于是，上小学的孩子也不接了，失眠症困扰的毛病也不顾了，两位善良的姐姐开始了连续一周的彩排，这才有了运动场上那温馨艳丽、有故事的"奢侈粉"。

这让我想起亚里士多德说过的话："人是天生的城邦动物，我们只有回归到与他人生活的社会中，才能找到幸福感。"幸福就是理解，幸福就是你与别人的多一份承担。在这一年中，我感受到的来自学校同事的包容和支持有太多太多，恕我不能一一感谢，在这里，我感恩与你们相遇。

三重奏：用生命服务的对象——幸福的学生在哪里，我就在哪里——幸福是用心付出。

最初调动工作时，不从事教育行业的老公这样开导我："到哪里都是育人，你育的是天下人。"这句话给我太多的启发，让我想到，行万里路后，别忘记初心。

重新回到教育一线，我最大的改变是找到了心态上的平衡点，我时刻铭记：眼前的这一群生命是我即将用生命服务的对象，存不得半点懈怠，存不得半点私心。无论我能与他们共处多久，我希望我传递给他们的是幸福，是不苟且的积极的人生态度。

于是，接班第一天，我就告诉我的孩子们，我的带班理念是"同心共赢，做最好的自己"，成就别人才是幸福的来源。于是，在这个班里，书柜永远有不同的人悄悄地整理好，垃圾桶永远有人主动地清理倒掉，捐书捐物永远有人会多带几件，联欢会上总会有人把自制的食物分享给他人……幸福是用心付出后不计较回报。

在9班，孩子们会说："征征即使批评人，也是带着笑。"因为我知道，没人想做坏孩子，没人不想得到幸福。幸福的故事是每天写在班日志里的文字，是画在班日志里的一个个符号，更是每一段精致的评论和对未来的祝福。你能给别人幸福多少，追赶未来的动力就有多少，这是作为老师，我最想让学生们学到的哲理。

幸福是即使生活千疮百孔，也永远不要吝啬对爱和幸福的表达，爱要大声说出来，幸福要大声唱出来，让我们一起高歌一曲《一想到你呀》，今天，带着幸福的学生和老师们，一起在故事会的现场，把我们的幸福感和大家分享。

/ 六 / 2019，幸福从这里开始，但并未结束

我的十六封家信

七年级（1）班李安家长

首先我要感谢交大附中的领导和教师，尤其要感谢我们七年级（1）班的相老师。我觉得：和这样的学校、这样的老师一起经历孩子的成长是一件无比幸福的事情。

说到孩子的成长，我想通过我这半年给孩子写的16封"家信"来说说李安来到交大附中的变化。李安是一个有点内向的孩子，又因为在小学六年级的时候髋骨损伤、路远就住宿了。这12年没有离开过我们的"大宝贝"就要"华丽转身"，成为一名中学的住宿生了，我的心里还是很忐忑的。

第一封——忐忑

2019 年 9 月 7 日 23：08

儿子：

因为住宿，我们的相见，让时间拉长，也珍酿出更浓烈的芳香。我已经被喷涌出的情感吞噬了。写了这封给儿子的信！记录一下自己吧！人生中的第一次。

儿子，从你的每日感言中，我好像也一起经历了破冰、军训、开学典礼，紧张的学习，我深知你是一个慢热的男孩，在经历着从小学生到初中生的蜕变，而我能够给予你的帮助会越来越少，一切的未来都是你的选择与努力，在中学的学习生活中快乐地奋斗，用自己的汗水浇灌出成功的花朵吧！

……

最后，我只想对你说：我的心扉，始终为你敞开。有时候你不善表达内心的想法，会使别人对你产生误解。每个人都是自己生活的主角，更是这剧本的导演，你的电影已经开拍。加油，儿子！我始终是你最忠实的支持者。

其实很多时候我们总是"瞎"担心。交大附中的七年级（1）班就是一个大家庭，从彼此认识到和睦相处，学校已经用孩子们喜欢的方式，让他们幸福地生活在一起了。真是专业、用心、效果显著。

第二封——我也慢热

2019 年 9 月 14 日 23：42

儿子：

这是我第二次给你写信了。两个星期了，首先要祝贺你：你的住宿生活已经步入了正轨。我相信你已经能够独自面对初中的生活了，就像一只离巢的小鸟准备翱翔天际。

可是我还是想和你"曝光"一件事情：第一次送你去学校住宿，吃过晚饭，你一个人默默地，头也不回地走进了校园。你妈妈突然觉得一下子开不了车了……过后她说，她见到你，昂起头走进校园的那一刻，心一下子就空落落的！唉！好像当时我还嘲笑了一下她。但是这次好像轮到我了！就在教师节那一天，我把你送回学校，你准备去上晚自习……那时候，我的心好像和你妈同感了……哈哈，这也许就是当家长的玻璃心吧！也不知道是什么时候，你长大了，好像真的要离开我们，过自己的生活了。

现在想想，还真是玻璃心，人家在学校生活得很快乐，还有什么可担心的？你再担心他，他也没有多想你，因为他过得很好，已经是"乐不思蜀"了。这要感谢管住宿的赵老师，让孩子在学校的时光有安排，有活动，有意思，有规律。其实在这些过程中，我们纠结得不能再纠结的还是学习。我和孩子的妈妈，也尝试着用各种办法去提高孩子的成绩：一起学、错题本、请教同事……

第三封—— 一起学习成长

2019 年 9 月 21 日 20：34

儿子，看到你已经从上周的生病和疲惫中站起来，我很是高兴。你话多了，朋友间的嬉笑，学习上的心跳，生活中的各种事情，拨动了你的心弦。可以看出你是完全适应这甜蜜的住宿生活了！我想为你点赞。你从来没有让我失望过。第一次上台演讲，第一次当升旗手，第一次咱俩单独去旅行……你都能游刃有余，有时候还能创造惊喜！

你拉着我，给我讲"鼠妇"的故事。（哈哈，是不是一听就晕了！）这名字起得，好随便啊！我上网查了一下才知道，原来是我叫了几十年的"潮虫"。如果我上初中的时候有生物就好了，也不用冤枉人家这么长时间了！学习的力量真的很强大，研究更能深入，准确让平凡的生活多几分色彩。就像你们秋日的校园，在每个人的心中都是那样独特。那些美好的事物，都是让我们更充盈，更多姿的。也都是作用在内心，由里而外地涌现出华丽的文章。这内心最真实的感受，才能够引起他人的共鸣。因为，你我同为人，感情的细腻都是相通的。罗丹说过："生活中不缺少美，只是缺少发现美的眼睛。"老师让你们写每日感言，我感觉这方法太好了。生活本就平凡，但我们不能成为平凡世界中的平庸者。就因为我们还有心跳，能用心去和这个世界沟通。去感受吧！快乐地学习，快乐地生活，快乐地奋斗！体会那种心中有一种涌动的洪流，推着你奔向更辉煌的辉煌。

在这里我还是要特别感谢相老师。"每日感言"——一个伟大的工程。因为孩子住宿不是每天都能看到，只能周末汇总。看到别的家长在孩子感言后的批注，我也只能写个长篇连载了……没想到这一连载就是半年。"家信"成为我和儿子沟通的方式，虽然有时候儿子不是很"感冒"这种方式，但对于我来说，它记录了我的心境，也让美妙的感觉延续……

第十六封——收获

2020 年 1 月 4 日 19：39

儿子，2020 年了。一开年，我就收到很多喜讯。这些都是你平时努力和付出的成果，虽然已是寒冬，但我却能感受到秋天丰收的喜悦。

让人更感到欣慰的是，你一回家，就和我们讲学校里发生的有趣的故事，虽然不多，且都像冷笑话一样，很冷，应该是很冷，可是能看到你特别喜欢，而且善于观察生活中的点滴。这些细心的观察，让我深深地感受到你是一个爱生活、爱学习的孩子，也能看到你所确立的目标。这些目标，有的实现了，有的还遥遥无期……

说到目标，那些已实现和未实现的，都是我们心中种下的种子，我们的努力，就是种子的营养和阳光，用汗水去浇灌，种子就会默默地生根发芽，茁壮成长，并在你不经意间，开花结果，这是多么美妙的一件事情。

我心可待花开时，姹紫嫣红齐争春。

在交大附中的这半年，我和孩子收获的不仅是他的成长，还有我作为家长的放心。心中除了感谢还是感谢：感谢学校的合理安排，科学引领；感谢班主任相老师的细心关怀；感谢赵老师的无微不至。感谢李安身边的每一位老师、同学，让李安收获了充实的初中生活。我们共同期盼，也共同见证交大附中的幸福生活。

回家的幸福

2019 届高三毕业生王佳晨

我是一名来自 2019 届 4 班的普通学生，我不是学生会成员，也不是学生干部，就是一名普通得不能再普通的学生，我时常羡慕那些站在舞台上出口成章、能得到

瞩目的同学，每一次我看着那些聚光灯下的同学，就想我什么时候也能有这样的机会呢？

高一的时候，班里举行诗歌朗诵比赛，我和同桌朗诵的是郭沫若先生的《天狗》，同桌是一个很瘦小的男同学，其貌不扬，我并没有对我们的朗诵抱什么希望。全班沸沸扬扬，似乎没有人注意到我们要朗诵了。可他一开口，从他那瘦小的身体里迸发出的却是灵魂的呐喊、生命的活力，充满天狗的愤怒和那要吞掉宇宙的力量，令我目瞪口呆！他用他生命的激情告诉了我，人面对生活、面对任何一件小事应有的态度，豁出去了，不在乎那些流言蜚语，只是为了对得起自己。对得起自己做的每一件小事，也就对得起自己的人生。我为有这样的同学而感到幸福和自豪，而正是有数不清的老师和同学，在用他们的身体力行，书写着交大附中的幸福。

那时就想着总有一天，我会离开这里，但没有想到它来得这么快，跨出校门的时候并没有什么特别的感觉。

但当我再次返回母校，要跨入大门时，却发现我并不能从这里随意出入了，门口的保安把我拦在了门外，他请我打一个电话给老师。来到教学楼前，推开那扇沉重的大门，走进那熟悉的楼道，楼道里的陈设还和往常一样，只是那一张张面孔有些生疏，但从他们的脸上我看到的是朝气和一点点着急，这是始终没变的。我来到老师办公室门口，刚想推门而入，大喊一声"杜老师好"，又把放在门把手上的手收了回来，心想我不能再像一个小孩子一样随便进出了，心里不免多了一丝焦虑，推门一看，却发现杜老师不在办公室，心里又多了一分失落。我离开办公室，继续往走廊西侧寻找着。我来到熟悉的教室前，我的教室是朝阳的，每每在这个时候总能有一缕阳光透过玻璃照在饮水机前的地砖上，那片阳光的旁边正是我过去的桌椅，桌子旁边应该挂着一个蓝色的袋了，里面是我的平板电脑和语文古诗词鉴赏。哦，那张桌子本来是属于我的，现在拥有它的是另外一个奋斗的少年。桌子前面就是讲台，讲台上是那位额头锃光瓦亮的老师，我刚要回答杜老师提问的关于王维诗歌特点的问题，却发现自己只是一个门外客。

来到大学，发现再也没有人会像 Miss Li 一样，在门口大喊"王佳晨来 see me"，再也看不到邢老师那苍劲的板书，听不到杜老师"是不是介样个"那种亲切友好的话语，也听不到王雯涛老师、王信老师那样幽默的讲课，再也看不到孙涛老师往返于自己孩子小学和交大附中那风风火火的身影……原谅我不能一一陈述我的恩师对我的恩惠，但那一幕幕场景将永远镌刻在我的心中。

透过办公室的门缝，我看到的是，我的老师像一位慈父一样面对着两位心存困惑的女同学；看到了寒冷的冬日里学生围在老师身旁，办公室温度高达 30 多摄氏度；也看到了那天梁红梅老师生病痊愈返回岗位时饱满的精神和同学们的祝福，我们多么希望老师能看到，您不在的这两天我们没有让您失望；更看到了戴文胜校长把我们送出校园时那坚定且充满希望的眼神。我清楚地记得自己步入考场前，跟郭玉君老师、孙燕渤老师、梁红梅老师、黄艳主任、葛玉红校长，挨个进行亲切友好的拥抱，因为我的生物老师王雯涛老师说拥抱可以分泌催产素，可以缓解压力。

那天杜老师问我，愿不愿意来讲一讲我与交大附中的幸福故事，当时我就像孤身一人在外漂泊的孩子能够回家一样，满是欣喜和激动，二话没说就答应了下来。我也十分感谢杜老师，感谢学校，让我能有这样一个机会来与我的恩师聊一聊我的附中故事。所以这篇演讲稿我选择重回故地，回到那个我曾经奋斗过的地方，回到那个熟悉的教室来完成，因为我爱这片土地爱得深沉！我曾尝试着在大学的图书馆里完成，发现并没有那份情感萦绕在我的心头。我写着写着，突然那个熟悉的静校铃响了，这个静校铃我听了 12 年，因为我的家就在学校对面，这也算我与交大附中别样的缘分吧。

最后，我希望代表所有 2019 届的毕业生向所有的老师表示最崇高的敬意，我也作为一名来自首都医科大学的医学生，祝所有的老师身体健康、生活幸福、新年快乐！

/ 七 /2020，特殊的幸福

特殊的课堂

邢国英

2020 年的初春，突如其来的新冠疫情，改变了我们常规的授课模式，由学校的面对面课堂教学转为居家线上授课。教学对象隐去身形，退到了电脑屏幕之后。这样的状态使我一时深陷没人现场听课的遗憾之中，看不到学生求知的双眸，得不到教学效果的

及时反馈，种种的不适应油然而生。如同演员唱戏，没有观众的呼应，总觉空落落的，特别是不能了解自己的课堂表达有无纰漏，心中颇感不踏实。

这样的情绪突然有一天得到了消减。那一天刚上完线上课，妻子对我说："早就想听你讲课，现在终于有机会了，你把课堂搬到了家里，我也能学点东西了，今天的课讲得不错。"听到妻子的话，我心中顿时敞亮了：我完全可以把家人当作我的临时教学对象，倾听她们对我课堂表现的评价。于是，每次上课，只要家人没事，我就会邀请她们旁听我的课。有一次女儿休班在家，课后女儿对我说："原来上高中时我不愿意让您教我所在的班，现在一听老爸的课，很有吸引力，也弄清了原来没学懂的知识，为自己原来的选择感到遗憾。"听完女儿的称赞，我很有成就感，这是对我教学的肯定和鼓励。原来我上课时总要关上房门，一是怕影响家人或家人影响我的"课堂"，二是不想让别人听到我讲课。后来为了能让家人听课，我干脆敞开了房门，使我的课堂成为"开放课堂"。

几节课后，我听到的评价越来越丰富，除了对我教学的肯定，也指出了不足，提出了建议。于是，只要她们有机会旁听，我就请求她们给我提出至少一条意见或建议。从此，我便可以听到更多"面刺"本人的"直言"，以及"谤讥"于客厅、

厨房的"碎语"。

妻子说："今天的话有点啰唆，唠叨较多，有些话可以少说或不说，让学生想一想，让他们说说。"

女儿说："文章的作者不必介绍那么多，现在互联网这么发达，让学生自己查阅，课上分享，他们自己还能印象深刻。"

听了这样的反馈，我有了接受真诚"指导"的幸福感。况且，能听到一些别人不好意思直说的问题，真是获益匪浅。

从此以后，我经常把教学的问题拿到饭桌上讨论，包括命制一道作文题目，也要倾听一下家人的反应，这使我有了开放思维。因为很多问题、很多时候，我们经常沉浸在自己的定式思维之中，"兼听"会给我们带来更大的思维空间，开阔我们的视野，增长我们的见识，特别是教育的"业外人"的意见或建议，尤其令我们耳目一新，不可小觑。

这个经历也告诉我，任何事情都有两面性，疫情影响了我们的正常教学秩序，然而线上教学也让我有了特殊的听课者，使我有机会听到更真实的教学反馈，这也算是一种特殊的幸福吧！

最美的遇见

田晏嬅

2020 年的最后一天，熟悉的教室内张灯结彩，大大的"福"字，喜庆的春联，无不透露着新年的气息。我望着环绕在身边的同学们，虽然口罩遮住了他们的脸庞，但是他们眼中散发出来的青春朝气是无法遮挡的，突然间觉得 2020 年最幸福的事情就是这些美好的遇见。

回首 2020 年，前半年略显糟糕忙乱的场景扑面而来。2020 年的元旦我还漫步在德国柏林的街头，当时就是想着尽快结束国外的学习，早日回到熟悉的国土，万万没想到十几天后会有突发的疫情。国内的疫情深深牵动着我的心，我每天睁开眼的第一件事就是去看相关的新闻，内心无比煎熬。之前跟学校约定的三月份回去开始上课，因为疫情的影响，一切的计划都在不断地变化。返程的机票临时取消，航班暂停一个月，学校的开学受到了影响，但是为了孩子们"停课不停学"，老师

们开始尝试转型为"网络主播",不耽误学生们的正常学习。

回不了国怎么办?如果上网课就必须克服时差问题,但是不是长久之计。后来想尽办法,只能先从柏林飞到莫斯科,再从莫斯科转机回国。回国的路充满了曲折,我们在机场滞留了六七个小时,然后面临的就是 14 天的隔离。隔离的第一天,来不及倒时差,就在宾馆支起了电脑,开始了我的"主播生涯"。也正是因为每天都要上网课,我觉得隔离的日子不再无聊和孤单,每天都过得很充实,想到屏幕对面是需要自己的同学们,就觉得动力满满。我觉得这段经历就算再过很多年,还会深深地印在我的脑海里。

2020 年的后半年给我的感觉是更加美好,因为送走了上一波的毕业生,迎来了初入中学的这帮小可爱们。更加可喜的是国内的疫情已经控制得非常好,虽然我们还需要戴着口罩,但是至少可以回到久违的校园,我们不用再隔着屏幕交流,而是可以面对面微笑问好。

九月的校园,恢复了它原有的生机和朝气,或许失而复得,方能更显珍贵。此时校园里琅琅的读书声,听起来格外悦耳;同学们互相追逐的身影,也更显朝气十足。

这半年让我更加懂得感恩,感恩遇到身边友爱的老师们,他们给予了我很多鼓励和信任;感恩遇到可爱的学生们,他们带给我很多震撼和感动。他们军训时的坚毅,运动赛场上的拼搏,班歌展示时的自信,让我相信他们的小宇宙蕴含着大能量。振奋于他们的顽强拼搏,欣慰于他们的团结友爱,感动于他们的懂事善良。

2020 年的最后一天我对他们说:"一年前的今天,我还在异国他乡的街头漫步,冻得瑟瑟发抖;一年后的今天,教室内温暖如春,谢谢你们带给我的暖意,让我觉得 2020 年不再是多灾多难的一年。"2021 年,如约而至,我们的故事还在继续;2020 年,感谢这些生命中最美好的遇见,让时光变得如此不同。

第五章

做一个幸福的校长

要建幸福学校，首先要回答什么是幸福。

"幸福，从这里开始……"走进我们的校园，这句话映入眼帘，动人心弦。在这里，佳木葱茏，花草芬芳，生命律动，曲水流觞，人文雕塑错落有致，师生在绿荫匝地的校园中自由栖息，有醉心阅读之美，有专注研讨之美，有运动竞技之美。

对于教师而言，被肯定是一种幸福体验，被需求是一种幸福体验，看着学生成长也是一种幸福体验。教师的幸福感就是"好好工作，相互依存，快乐生活"，人际关系和谐，工作环境温馨，生活美妙自在，每一位教师都能发现自己、挖掘自己的潜能，在专业成长和事业成功中体验幸福。

对于学生而言，幸福就是有趣、有参与、有成就，在快乐中成长。在学生眼中，幸福学校是一个好玩的地方，能体验到归属感；是一个寻找伙伴的地方，有心灵的交流与感动；更是成长和发展的地方，不仅收获知识、能力，更有精神和价值取向的萌发与引领。

对我而言，最大的幸福就是，在这所校园里，所有师生共同走过的每一天，都是在彼此守望中开始与结束的，生命因为充盈着幸福感而更有温度与厚度。

/ 一 / 幸福是动力，是能力，更是一种智慧

实现中华民族伟大复兴是中华民族近代以来最伟大的梦想。在中国共产党成立一百年时全面建成小康社会，这是中国梦的第一个宏伟目标；在中华人民共和国成立一百年时建成富强民主文明和谐的社会主义现代化国家，这是中国梦的第二个宏伟目标。

中国梦，教育梦，北京交大附中的梦，我的梦，幸福的梦。

从宏观上来看，幸福是人类追求的"终极目标"，也是人类永恒的愿景和主题。教育作为培养人、成全人的事业，理应以"幸福"为指向而展开，以"人"为核心而展开。教育不仅是为未来"完满生活做准备"，更重要的是其过程也应是丰盈幸福的，学生能从中感知幸福真谛，获得幸福的能力。

基于对人和教育本质的思考以及学校历史积淀、师生发展需求，北京交大附中提出了"建一所富有生命动力的幸福学校"的办学目标，系统构建了学校的理念体系，并深入开展了办学实践。

就像每个人都有自己的故事，每个人对幸福的定义都有不同。我们通过对教师、学生和家长进行广泛调研后认为，幸福学校就是激扬人的生命成长动力，培养人的幸福感和幸福能力，使其成为最好的自己的学校。幸福学校是一所生活自在，个性自然，逐渐实现价值自觉，有精神追求的学校。

幸福学校建设的核心是"人"，而学生是学校最重要的主体。中学阶段是青少年拔节孕穗的关键时期，中学教育是国民教育体系中承上启下的"腰"。如果说小学是为学生打下扎实的根基，大学是学生成长的繁茂枝叶，那么中学就是中间至关重要的"主干"。能否"挺直腰杆"幸福成长，首先要看学校的办学方向是否正确。就交大附中而言，我们认为，学生要有饮水思源的情怀、爱国荣校的品质，才能径直向上生长，将来才能成为社会的中流砥柱，成为国之栋梁；要有阳光和谐的心态、有容乃大的胸怀，才能有无限蓬勃的生气；要有精准敏锐的洞见、独立创新的人格，才能拥有自我突破、自我实现的能力；要有健康的体魄、博雅的兴趣，才能更深广地汲取养分，成为具有生命动力的参天大树。

这就是交大附中要培养的幸福学生：感恩重责，阳光包容，博学笃行，健康雅趣。

感恩重责，涵养道德幸福力

学校是学生成长和学习的地方。学生在学校中不仅要有知识、能力的增长，更要有精神和价值取向的萌发与引领。

"落其实者思其树，饮其流者怀其源。"我们通过"走进学生心灵"的德育课程体系的构建及实践，着力弘扬"饮水思源，爱国荣校"的校训精神。在同理心、与人为善等原生动力的基础上，进一步激发和培养学生感恩重责、真诚奉献、关爱他人、社会担当等再生动力。

学生的成长是多元素、综合性的，德育和教学本为一体。我们整合以往的德育和教学资源，较早地成立了专门引导和服务学生成长的"学生发展中心"，精心打造了包括荣誉课程、仪式课程、诚信课程、小组合作课程、节日课程（学生节、学科节）、"青春榜样——最美交大附中人"课程等在内的十大课程体系，使交大附中特有的感恩重责精神自然而然地浸润学生心灵。

比如，"青春榜样——最美交大附中人"课程，就是以班级为单位，树立尚礼仪、存感恩、敢担当、助他人、爱奉献等各类青春榜样，以榜样的示范作用和同伴的互助作用，开展校内外实践活动，有力地带动学生道德行为和学习习惯的养成，在班级里形成良好品质的孵化场和强有力的学习场，使学生整体素养得到明显的提升。

在此基础上，我们在全校范围内评选"最美交大附中人"，鼓励更多学生发掘自己、欣赏他人的闪光点，以点带面，逐步形成优良校风学风的正反馈局面。七年来累计评选出 6146 人次的"最美交大附中人"。

这些学生不仅在学校，而且在家庭和社会也积极践行校训精神，尽己所能，服务他人。

在 2020 年的新冠疫情期间，就有不少学生贡献自己的力量。比如，《北京日报》报道的《暖心！"义务代客帮"里的海淀 00 后！》，就是我校高一学生沛尧。他主动提出成为社区志愿者，不仅参加社区卡口值守工作，还专门为社区残疾人、老年人或其他有困难的居民提供跑腿代购、送快递、买菜等志愿服务。

我校已毕业的 2013 届优秀学生小博、正清，在大学期间创办了科技公司，在

2020 年的新冠疫情防控期间，联手清华大学专家团队，研发新冠肺炎智能诊断系统，10 秒内完成疑似病例胸部 CT 筛查！国有难，披甲战！他们把"进德"与"修业"完美融合，将个人所学融入社

会所需，当年为学校拼荣誉，如今为祖国拼智慧，成为校训精神的生动诠释者。

阳光包容，润泽心理幸福力

有人说，幸福是一种心态，包括积极心态、主动心态、空杯心态、包容心态、自信心态、行动心态、给予心态、学习心态、感恩心态……在培养学生的幸福力中，积极心理学无疑提供了重要的理论和实践参照。

在积极心理学背景下，我们建立了心理健康教育体系。我校面积不大，但在有限的空间内，不仅设有独立一层的心理健康教育中心，还打造了贯穿整栋楼的生涯规划楼道文化，营造了专业科学的心育氛围。与此同时，我们形成了由高等院校专家引领、心理教研组专职教师为主、各年级班主任为辅的专兼职队伍。构建和实施了基于学生发展需要的注重学生心灵体验的心理健康与生涯规划相辅相成、必修课程与选修课程齐头并进、团体辅导与个体咨询双管齐下、校内课程与拓展活动密切结合的心育课程体系。

作为教育部认定的国家级心理特色校，我校在常规的心育课程外，根据不同年龄阶段学生的心理特点，开设七年级生涯适应训练营、八年级积极心理训练营、高一生涯拓展训练营、毕业年级心理减压与专业咨询、5.25 心理健康日等已成为我校的传统心理活动，帮助学生更好地悦纳自我、欣赏他人、规划和成就更美好的人生。

一个人内心能自我平衡，外界有支持系统，便是幸福。因此，幸福能力对内指向好好学习、成为更好的自己，对外则指向好好爱人、成全更多的他人。

学校既是一个好玩的地方，也是一个寻找伙伴的地方，我们注重培养学生的归属感，让学生有心灵的交流与感动。因此，我们以成长共同体为路径，促班级文化建设，培养学生社交幸福感，增强其外界支持系统。根据班级的共同愿景，学生（6~8人）及其家长共同组成成长共同体，开展小组建设，培养学生同伴交往的合作能力和班级建设的主体意识。

在班级文化建设中，有一位学生这样写道："在这个新的学期，我们开始了新的班级文化建设。新的一天，新的生活，一切都是新的，也包括新的朝气，伴着朝阳我们在感悟。过去的美好、温馨、爱，像大海一样无边无际地包容着我们，让我们沉浸。在新的班级文化建设的时间里，我们像溶液一样，相互溶解、包容，而这一切的基础在于班级就是我们共同的家。"

在各类活动中，学生都可借助成长共同体完成复杂的任务，如活动方案的提出、协商、执行、效果评估等，学生各方面的能力均得到锻炼和提高。

有一位学生这样说道："在新的学期里，班级开展了小组合作。刚开始听到这个名字觉得又陌生又没必要，但是过了一段时间，我们小组在各个方面都有了进步，同学们互相帮助、互相监督、互相管理。这要归功于小组合作的推动力，推动我们不断进步，不断向上。"

博学笃行，彰显学习幸福力

对于学生而言，最重要的任务就是学习，最主要的幸福感来源也是学业上的精进。因此，如何提高学生的学习力，是学校关注的重要课题。

学习，是一门科学，也是一种"道"。作为中华"学道"联盟的发起校，我们在全国率先开设了"学道"课程。"学道"课程是我校与清华大学人文学院素质教育与发展中心合作，借助专家力量，针对高一学生学习能力拓展和学习素质培养的特点开发的系列课程。该课程综合中国传统文化"道学"和现代人脑科学、心理学等领域，涵盖"生命与生活、学习与能力、学习之用、学习之法"四个模块，旨在激发学生的学习动力，指导学习策略和方法，使学生从哲学、科学、文化和生命的角度思考学习；从元认知培养的角度，帮助学生学会学习，建构学习和生活的完整世界。

课堂是学校育人的主要阵地，是师生心灵相约的正式场合。除了"学道"课程，我们更多地致力于全学科的幸福课堂的打造。那么，什么样的课堂能让学生感受到幸福呢？以往，课堂教学主要围绕知识、能力等外显因素展开。幸福学校建设的核心要素是"人"，因而课堂应该围绕人的需要展开。我们通过师生互动，促进师生相互交流、相互启发、相互增益，满足人的成长需要。在这个过程中，教师与学生彼此间进行思想和情感的交流，从而达成共识、共享、共进的目的，实现教学相长与共同发展。

幸福课堂建设的关键词是"参与""共生"，以"三有"为标准，以"微课题"为载体，以"微项目"为切入点，以学生认知特点为出发点，以多元化、发展性的教师评价为契机，以培训为引领。

"三有"标准的提出，首先是基于学生的需要。学校对全校学生进行调研，请学生们写出自己喜欢的课堂的 10 个关键词，出现频率最高的词汇为语言幽默、内容精彩、多媒体、交流、自主、实践体验、有收获、激励评价等，学校进一步分析这些关键词，将它们归纳为"有趣""有参与""有成就"，并对"三有"标准的内涵进行了详细解读。

"有趣"，指关注学生的兴趣，让学生们有学习的乐趣，在探索情趣中激发志趣。教师们归纳出六种有趣课堂的教学策略，即捕捉学生的兴趣所在：关注学科知识和生活的联系；从"坐中学"走向"做中学"：让学生的智慧在指尖灵动；上有味道的课：有趣课堂要有"学科味"；课堂生成的"错误"：不可多得的教学资源；设计有趣的问题：从一般问题到重要问题；设计有趣的活动：从感性认识到理性认识。

"有参与"，指师生的行为参与、认知参与和情感参与，并最终促成高层次的思维参与。教师的主导作用、学生的主体作用与教学内容这三部分，构成了"有参与"课堂的基础。其教学策略有四条，即让教师"懒惰"一些：经营有空间感的课堂；开展有挑战性的合作学习：实现群体的对话和共生；丰富多样的教学策略：造就课堂的精细高效；为思维而教：向深度学习转变。

"有成就"，指师生双方的获得感，具体表现为学生在课堂上是有收获的，并可以分享他人的收获；表现为教师在教学中进入一种生活状态，体验到生命的自尊、自由、自觉、灵性与创造，拥有对专业自由的执着追求与良好的工作状态，做到爱教、乐教。

我们通过"微课题"和"微项目"研究的方式,推进"三有"幸福课堂的实施。"微课题"指以教研组为单位,以解决教师教学工作中的矛盾、困惑为导向,个人申报与组内研究相结合,自定研究题目及研究内容,自控研究过程,自主进行课堂实验,自主产生研究成果。教研室在整个过程中,提供统一管理、资源供给和专业指导。"微项目"则是以备课组为单位将"微课题"进一步细化,开展备课组的行动研究。

通过参与、共进的课堂活动,培养学生可持续发展的核心素养,使学生充分发挥主体参与作用,对所学内容感兴趣、有需求、有探索,发挥自己的优势,体验到成长的幸福。而教师则借助这一平台,更好地把握学科核心素养,发挥教师个人风格,体验到职业的幸福。

2019届毕业生凯博在微博上记录了教师们最为动人的细节,字里行间流淌着满满的感恩与幸福:

我不会忘记梁红梅老师"根本停不下来"的演讲,不会忘记她批评学生后秒变玩笑的"不正经",不会忘记她替我排解感情问题时的推心置腹;我不会忘记刘璐霏老师煽情时"自催化流眼泪"的终极操作和她无人能敌的赞美他人的能力("这作文写得太漂亮了!满分!");我不会忘记吕继红老师在我"人生低谷"时的理性分析和与我畅谈未来人生路时给我的鼓励;我不会忘记于伟东老师满黑板的数学板书和她加班为我们批改作业的认真负责;我不会忘记钱振云老师与王泰的"特殊合作"和她判作业时一空一钩的责任心与耐心;我不会忘记于红秋老师讲课时突然爆笑的神奇操作和她与我在高考前的大自习探讨散文两个小时的不辞辛苦。我同样不会忘记杜明星老师的诙谐幽默、亲和力和他的绝对领导力,商克非老师深入浅出的历史课,代阿老师走遍天下的广博见识;当然还有自称"百草之王,百鸟之王"的政治课超级精彩的韩凤芝老师……

健康雅趣,绽放精彩幸福力

"幸福,从这里开始……"走进我们的校园,这句话映入眼帘,动人心弦。在这里,佳木葱茏,花草芬芳,生命律动,曲水流觞,人文雕塑错落有致,师生在绿荫匝地的校园里自由栖息，有醉心阅读之美，有专注研讨之美，有运动竞技之美。

方寸之间，我们开辟了科技馆、生物馆、化学馆、物理馆、音乐馆、美术馆、体育馆等场馆，校友俱乐部等活动场所，通过怡人、人本的校园环境建设，尽可能地为学生成长营造适宜的沃土。

"好的人生，就是在自己热爱的领域努力地玩。"环境建设的背后是覆盖各年级的近200门校本选修课程和个性化的社团活动。

经过多年积淀，不同兴趣爱好的学生都能在这里找到自己的归属。每年还有几百名学生在科技、艺术、体育等领域，取得市级、国家级乃至世界级的优异成绩。

科技方面，作为第一批将科技课程纳入必修课的学校，我校多名学生获得日内瓦国际发明展金奖、纽伦堡国际发明展金奖、北京青少年科技创新市长奖、全国青少年航空航天模型锦标赛金奖等。

艺术方面，我校东校区成为海淀区唯一的艺术特色学校，是中央美院、清华美院、罗马美院等国内外近十所艺术学院的生源基地。我校金帆合唱团是北京市第一个高中混声合唱团，获得多项国内外奖项，多次参演国家大型庆典活动。

体育方面，学生参加棒球、垒球、田径单项比赛屡获全国冠军，在篮球、羽毛球等项目的比赛中也获得多项区级、市级冠军。我校为国家输送了运动健将，每个学生至少都能掌握一项体育技能。

此外，我校的生物社、天文社、街舞社等也屡获区级、市级、国家级奖项。童声合唱团、智能社、辩论社、橡皮章社、街舞社、模拟联合国、茅以升话剧社、目言话剧社、心理协会、软笔书法、国学、传统陶艺等社团颇受学生欢迎。丰富多彩的各类活动，让学生的校园生活更加精彩纷呈。

课程体系，支撑多元幸福力

　　课程是学校为促进学生成长而提供的发展轨迹和资源平台。实际上，我校学生培养目标的达成正是基于多元、个性的课程体系的精心设计与有效实施。关于课程，我在此作一个更宏观而系统的概述：我们以学生的需要和发展规律为出发点，围绕"感恩重责、阳光包容、博学笃行、健康雅趣"的育人目标，研发了具有北京交大附中特色的"德、心、智、美"幸福课程体系，为一批批优秀的学子提供了成长、成功所需的丰沃土壤。

　　我校通过幸福课程建设，在促进学生德、心、智、美全面发展的基础上，全方位多角度地激发学生成长的原生动力和再生动力，使学生的个性得到充分而自由的发展，使成长具有高度的自主性、独立性和创造性，培养学生多元的幸福能力。

　　正如2019届毕业生佳晨所言："学校的办学宗旨是建一所幸福学校，作为一个在母校生活六年的学生，我对此深有体会。在学科素养的提高、德育的引导、人生道路的引领以及社会责任的培养过程中，我们逐渐感悟了何为幸福。丰富多彩的活动课程更是为学习增添了一抹亮色，茅以升话剧演出、学生节、校园开放日、游学、诗歌朗诵会、校园歌会、集团运动会等，给予了学生展示自我、认知世界、认识自己、提升自我的绝佳机会，为我们未来改造社会和世界提供了强劲的动力。"

幸福是一种智慧

　　幸福不是某些具体的指标，而是一群人专注地去做好每一件事，是去爱身边的每一个人。

　　对我而言，最大的幸福就是，在这所校园里，所有师生共同走过的每一天，都是在彼此守望中开始与结束的，生命因为充盈着幸福感而更有温度与厚度。

　　幸福是动力，也是一种能力，是一段心路历程，更是一种智慧。所有的美好人生都是修炼和管理出来的。面对新的机遇和挑战，我们将与时俱进，不断创新，营造一个适合所有学生成长的和谐校园生态，让学生们在追求幸福、体验幸福的求学之路上逐步发现自我、发展自我，成就自我。

/ 二 / 凝聚你我·共享幸福

——2015—2016 学年度第一学期开学典礼发言

今天，我们"一校六址"近 8000 名师生及家长在此举行 2015—2016 学年度第一学期开学典礼，共同开启交大附中教育集团新的纪元。首先，我谨代表学校对光临我们今天开学典礼的领导、嘉宾表示衷心的感谢！对新加入我们集团的二分校师生和东校区师生表示热烈的欢迎！我今天发言的主题是"凝聚你我·共享幸福"。

我们同分享、共荣耀

我们都有一个共同而响亮的名字——"交大附中人"，我们是心手相连的一家人。交大附中这个大家庭不仅会有荣耀的未来，更有着光荣的历史，它诞生于 1957 年，原名北京铁道学院附属中学。1979 年，成为海淀区重点中学（当时全区仅两所）；1997 年更名为北方交通大学附属中学；2004 年，成为北京市示范性高中校。

近 60 年来，我校逐步形成"学生在成长中体验快乐，教师在成功中体验幸福"的办学理念，弘扬"饮水思源，爱国荣校"的校训精神，致力于培养"感恩重责、阳光包容、博学笃行、健康雅趣"的学子，不仅使学生在学业方面取得成功，而且较早树立了科技、艺术、体育、心理等特色教育品牌，让学生得以多元化、个性化成长，培养其可持续发展的精神品质和生命动力。

近年来，为推动区域教育均衡优质发展，在海淀区教委的统一部署下，我校勇担重任，逐步形成北校区、南校区、东校区、分校、第二分校、密云分校"一校六址"的办学规模，成为海淀区区属学校中校区最多的完全中学，开启了规模化集团化办学的全新发展模式。

我们同追求、共幸福

"幸福"是人类永恒的追求，也是教育的终极目标。建一所"幸福学校"是交大附中人共同的追求和责任。幸福是什么？幸福源自内心，与他人相连；幸福来自

体验，它在人目标实现的喜悦与成就中显现，它与人成长过程中的艰辛与磨炼相伴。为了每一个学生都能够实现这种内心的体验，我和学校所有的教职员工，将在大家追寻各自幸福目标的道路上，孜孜不倦、一如既往地为他们做好陪伴者、引领者和护航者。

2013 年以来，我们已经在探索和实践中，逐步完善了幸福学校建设目标、理念和路径，致力于幸福课程、幸福班级、幸福课堂、幸福环境四大载体建设。学校的教育质量得到进一步的固化和提升，一批批优秀的学生不仅在学业上取得了长足的进步，还在科技、艺术、体育等方面各显特长，身心得到了健康发展，凸显了我校"全市教育增值能力名列前茅"的风范和实力！

我们同使命、共担当

今年，为纪念抗战胜利 70 周年而举行的盛大阅兵仪式，气势磅礴，使国人振奋，中国向世界展示了泱泱中华之国威、民族之崛起与腾飞。相信我们在观看阅兵仪式时，都会强烈地感受到这种发自内心的激荡与振奋、自豪与骄傲。

那么，在中华民族伟大复兴的过程中，作为新世纪、新时代的学生，责任和使命是什么？作为交大附中的学生，当前的任务和担当又是什么？当我们领会到气势宏大的阅兵仪式上，抗战老兵们走在队伍的前列所代表的意义；当我们注意到新一轮基础教育改革中，"立德树人"成为最核心词语所代表的方向，我们更要坚定而又自信地喊出，交大附中学生的使命和担当，就是"明饮水思源之道，立爱国荣校之志"！

明道意味着懂得寻根溯源的感恩与责任，立志则意味着要坚守爱国信念和自强不息地奋斗。作为交大附中的学生，同学们在出色完成自己学业的同时，更要明独善其身之道，明推己及人之道，明孝敬父母之道，明尊师重教之道，明感恩尊重之道，明是非廉耻之道，明爱国荣校之道。最重要的，是同学们要真真切切把它们贯穿并融浸于自己的中学学习生活的方方面面。只有做到这些，我们才能有资格和底气，骄傲地喊出交大附中的校训——饮水思源，爱国荣校！

"聚是一团火，散是满天星。"老师们、同学们，无论你们来自哪个校区，我们都是交大附中人；我们以爱与责任，共同为个人成长、学校发展、教育事业进步树起一面旗、撑起一片天！因为"你们就是交大附中"这句话，我与我的前任们用不同的方式，已经说了58年！

最后，祝愿全体师生身体健康，才华尽展！祝福交大附中教育集团蒸蒸日上，再创辉煌！

／三／ 与美偕行幸福相伴

——2017 年开学典礼讲话

沉寂了一个假期的校园，又因为师生们的到来而充满勃勃生机，欢迎大家再次回到交大附中这个幸福校园！在这里，特别要欢迎新七年级的 700 名同学和新高一的 600 名同学，欢迎你们加入交大附中这个幸福的大家庭！

今年，是交大附中建校六十周年。六十年的执着，镌刻着交大附中人不懈的追求，从建校伊始的 13 名教职工、5 个教学班的工农速成中学发展为北京铁道学院附中，再到交大附中教育集团，我们的学校一直伴着民族的命运一起沉浮、发展，凝聚出"建一所富有生命动力的幸福学校"的办学目标，"学生在成长中体验快乐，教师在成功中体验幸福"的办学理念。

交大附中虽历经六十年风雨而越发彰显质朴而稳健的办学风格，六十年的足音铿锵有力，浑然久远，我们走出了一条独具特色的内涵式发展道路；六十载沧桑砥砺，薪火相传。我们始终与美偕行，与幸福相伴。

今天，一批又一批的"最美交大附中人"以感恩重责、阳光包容、博学笃行、健康雅趣的交大附中学子形象，诠释着对美的理解和追求。而交大附中，则在积淀与发展中，成为越来越多的学子心中的最美校园，也成为优秀学子成才的摇篮。

附中之美，美在环境

我们的任何一个校区占地面积都不大，但你走在校园中，却并不觉得局促，每一寸空间都被利用得恰到好处，静默的雕塑，灵动的人文景观，各有寓意的近百种植物，无不给人质朴、宁静而又充满生命动力的感觉，暑假之后重返学校，相信校园里的变化又带给大家很多惊喜。祥云石、无雕塑广场、茅以升坐立像，一石一木都彰显了设计者的匠心独运。它们以不同的形式，向大家传递着交大附中的文化与育人理念。校园西侧的文化墙，更是在厚重古朴中表达着幸福的深刻内涵，感恩、给予、欣赏等15项幸福能力，将成为交大附中人共同的追求。

附中之美，美在课程

我们把幸福课程比作三个纽带：连接现在与未来的纽带；连接物质世界与精神世界的纽带；连接教师与学生情谊的纽带。

我们紧紧围绕学校的育人目标，逐步形成了"育德""育心""育智""育美"四位一体的幸福课程体系。我们通过丰富的课程，既促进了学生的全面发展，又发现、保护、支持了每个学生的个性特长。近年来，越来越多的同学通过特色课程的培养，找到了最适合自己的舞台。

附中之美，美在课堂

课堂是师生心灵相约的重要场所，是师生智慧碰撞的幸福空间。幸福课堂就是要实现有趣、有参与、有成就的生命互动，促进师生双方相互交流与启发，实现教学相长与共同发展。教学之美，美在课堂，美在共生，美在同学们在深度参与中体味学习的乐趣。英语组老师说："教师的幸福不仅来自学生的成长，还有自身的发展。'三有'课堂的探索和实施帮助我逐步实现专业成长，让我的职业生涯远离倦怠。"

校友们说：“重回母校上一节课，是我们多么美好的愿望，向母校致敬！虽然我们不能永远地栖息母校，但我们将带着能力与幸福上路！”

附中之美，美在班级

幸福的班集体有着强大的教育力和凝聚力，我们的班主任为营造自主、特色的班级文化氛围，为让每一个学生的青春得到绽放，耗费了太多的精力。2017届高三（2）班学生婧潭在离开母校之际感言：“在母校的日子，我深深体会到生活在温暖集体里的幸福感。三年来，我不仅收获了知识，也学会了责任与担当。难忘筹划运动会入场式方案时的集思广益，难忘拔河比赛时的众志成城，难忘篮球争霸赛上的声声呐喊，难忘诗歌朗诵会上的琅琅读书声。我深知，这些记忆里最温暖的片段会与母校一起，永恒地镌刻在我的生命中。高考结束，我没有如释重负的解脱感，却多了一份对这里的深深眷恋。我深知，在以后的人生道路上，也许再也碰不到甘愿这样为我倾心付出的良师益友，我唯有做最好的自己，才不辜负母校的一番造就。”

学校的环境、课程、课堂、班级，是支撑交大附中这所幸福学校的四大载体。与美偕行的征程，也是交大附中人始终追求幸福、创造幸福的奋斗旅程。

老师们，同学们，唯有你们才是学校最美的风景。老师们常怀教育者的本心，以安于三尺讲台，努力做更纯粹的教育来书写作为教师的幸福。同学们以在知识的追求中不断丰盈自己，在躬行实践中不断超越自己、成就自己来彰显作为学生的幸福。而我，因为你们而倍感幸福！

今年以高考总分685分、北京市第63名的优异成绩考入清华大学的皓烨同学说：“中考时，虽说我的成绩可以选择任何一所好学校去上高中，但是我仍然坚定地选择继续留在交大附中。我坚信‘适合自己的就是最好的’，交大附中能够给我创造最合适的机会和舞台，助我实现梦想。”

亲爱的老师们和同学们，缘分让我们相聚在交大附中，我希望我们的老师和学生都能适应、适合这片育人的沃土，选择了交大附中，就意味着我们选择了一段共同成长的旅程，新的征程即将开启，新的学年，让我们一起向着幸福出发！

/ 四 / 敬畏这个时刻

——2018 届高三学生成人礼致辞

同学们，今天是你们的 18 岁成人礼。我代表你们的家长和老师们，把"敬畏这个时刻"这句话，送给在座的高三学子们。以此表达我们对这一庄严时刻的敬畏和对你们步入成人阶段的尊重！

"十八而至，不负韶华。"时光飞逝，你们告别了曾经的咿呀学语和莽撞少年的时期，迈入 18 岁的成人之门，拥有了法律赋予的一个成年公民的权利和义务；也取得了可以考取驾照的资格。这说明，你们已经拥有足够的能力掌握方向，以及确保自己和他人的安全。

今天是个幸福的时刻

教育的终极目标是指向人的，就是实现人的幸福，建一所富有生命动力的幸福学校，就是学校和家长要赋予你们能够创造幸福生活的能力。在这个培养过程中，物质之外还有精神，现实之外更有理想。哲学家康德说："有两件事物我愈是思考愈觉神奇，心中也愈充满敬畏，那就是我头顶上的星空与我内心的道德准则。"我希望你们人人具备向上、向善的品质。

向上就是一路向前！我想说，远方不重要，高处不重要，心之所向就是方向。请认定你们真正想去的地方，然后义无反顾地出发上路。拥有选择的能力和自由，就是成人的意义所在。也许在前进的过程中，有的人会跑起来，有的人会慢下来走一段，但是只要不断地向上，就会有收获的一天。因为人生不是一次短跑，也不是中长跑，而是一次马拉松。有时，深度比宽度更重要，稳度比速度更重要。

向善就是敬畏这个时刻赐予你的权利，拥有高贵的灵魂，感受快乐和爱的力量；请你感恩生命的一切际遇，去创造你生命的独特光彩；请你成为一个可爱的人，一个让他人感到舒适的人，一个对社会、对国家有所贡献的人！人生的目的不仅是安身，即让自己生活过得更好，更重要的是立命，让别人因为遇见我而使他们的生命更加美好。家国天下是我们共有的情怀，同学们应当努力思考和追求的，是在生存之外如何将微小的自我投射到更广阔的世界中，展现出对于整个世界的关怀与承担。

今天同样是个感恩的时刻

我要代表我志同道合的同事，感恩你们选择交大附中，把闪亮清澈的青少年时光留在这里，把成人礼的非凡记忆定格在这里，让我们有了见证你们成长的荣耀。谢谢你们！

我还要感恩你们的父母，把孩子托付给我们，让家长和我们成为一家人，我们因此有了相同的一部分文化基因——感恩。在这里的数年，如果你们学会心怀感恩，是我们作为教育者的最大的成就。

感恩会让你豁达、知足，让你善良、宽厚；感恩会让你始终认清来路和前行的方向。而你因此将获得生命更深刻的快乐和幸福！如果让我只讲一句寄语，我会说：希望你们都拥有一颗感恩的心！

感恩，请从感谢和心疼身边的父母开始。如果你们知道他们为人父母前是何等青春靓丽、意气风发，以及为了养育你们耗费了怎样的心力，你们一定会为之动容。感恩父母吧，请理解他们、尊重他们，从好好和他们说话做起。

今天还是个激扬的时刻

再过 158 天，你们将迎来人生重要关口——高考。18 岁和高考华丽相逢，这是一场战斗，更是一次良机。这场战斗，必以胜败论英雄。胜败的标准不只是分数高低和战胜了多少竞争伙伴，更重要的是你自己是否全力以赴、咬紧牙关，战胜了压力、疲倦、枯燥！在我眼里，不言放弃，坚持到最后的都是真心英雄。

一位已经毕业的同学写过这样的话："当你不再从别人那里索取礼物，而是自己去争取想要的慰藉和满足时，你就成人了。"这句话说得真好，这正是未成年人和成人的一个重要区别，高考正是你们全情投入给自己争取未来的良机。

同学们，你们将会明白，校园时光多么单纯静好，付出与收获终成正比，老师给予你们无私之爱，同学之间真心以待。请格外珍视高中时代最后的光阴吧，让每一天都闪亮，折射出梦想的荣光。

我们全体老师坚守在这里，与你们一起拼搏到终点，见证你们的奋进，期待你们的捷报。你们终将成为我们的骄傲，成就交大附中的辉煌。

"千淘万漉虽辛苦，吹尽狂沙始到金。"我们今天见证你们 18 岁的成长，六月将敬畏你们 18 岁的尊严。

我祝福，我期待！

/ 五 / 在花样年华里成就最好的自己

——第 5 个学生节致辞

最美校园五月天。校园之美，美在朗朗上口读书声；校园之美，美在跃跃竞技攀高处；校园之美，更美在莘莘学子求学时。在第 5 个交大附中学生节到来之际，我谨代表学校和全体老师，祝同学们节日快乐！

"学校是学生的学校，是寻找快乐和伙伴的地方，是寻找人生意义的重要场所。"让学生在成长中体验快乐——基于这一理念，2015 年 5 月 15 日，我们举办了首届学生节，并把这一天定为交大附中学生节。"5.15"谐音"我邀我"。举办学生节的初衷，就是让同学们感受到菁菁校园的美好，享受到自主自如的乐趣，绽放出锦瑟年华的绚丽。

同学们，你们是自己的主人，也是家庭的希望，更是祖国的未来。今年又恰逢新中国成立七十周年，你们的节日与新中国的生日华丽相约。为自己点赞，为中国喝彩！在花样年华里成就最好的自己，成为国家和民族最美的未来。

同学们，请你们真正理解"我的生日就是母亲的受难日"这句话的深刻含义，也请你们理解你们的节日同样是老师们的辛苦日，请对帮助你们创造节日、悉心培育和呵护你们的老师与家长们表示衷心的感谢！

最后，让我们一起，预祝本届学生节圆满成功！

／六／ 无努力，不成长；无奋斗，不青春

——2019 年 9 月 9 日开学典礼致辞

在新学期到来之际，我谨代表学校各级领导，向不忘初心、立德树人的全体教职工们表示衷心的感谢！向不懈努力、拼搏向上的同学们致以美好的祝福！本学期，又有 722 名七年级新同学和 533 名高一新同学加入我们！欢迎你们成为交大附中这个大家庭的重要一员，成为学校未来的希望！

建一所富有生命动力的幸福学校，是交大附中人共同的追求和愿景。激发生命的原动力、培育再生动力，是我们的责任；培养每一位师生感受幸福与拥有幸福的能力，是我们共同的担当。几年来，我校向祖国和人民交上了一份份满意的答卷。我校的培养目标和育德、育心、育智、育美的课程体系完美结合，已经成为我们的品牌；"三有"课堂优化学生的学习系统，师生生命大放异彩；幸福环境更是怡人、人本，处处彰显育人特质。教育的多元化，让每一个学生得到更优的发展，科技、艺术、体育诸多方面屡获佳绩，中高考成绩稳居北京市前列。今年高考，我校在高分段位居海淀区第七位，超越中考录取线两个位次。成绩的取得，凝结着每一个交大附中人的不懈努力！

今年毕业的凯博同学在他的微信朋友圈里这样写道："我时常想起交大附中老师们的目光，盼望的、热切的、仿佛想把生命中所有力量灌输到你身上的深情的目光。当他们望向你时，你的胸膛好像射入了一道温暖的阳光，你刹那间觉得未来充满希望，想冲、想拼搏、想用努力与最后的结果回报他们，甚至还有点感动得想哭……我们应当感谢这些伟大的老师，不负他们的期望，以滴水之我汇入江海之祖国，努力为中华民族伟大复兴的中国梦贡献一份自己的力量。滴水之恩当涌泉相报。漫漫

此生，永远铭记：饮水思源，爱国荣校！"

每当我读到凯博同学的这些话语时，我的内心总是激荡着、感动着，谢谢凯博同学！希望你一直带着母校最优秀的品质，奔赴前程，为国争光！现在，凯博同学已经成为浙江大学的一名新生。

8月10日，毕业生芸泽给我发了一张照片。照片中，四个帅气小伙都是我们学校的毕业生，关键是他们四人同时成为中国国际航空公司新一期学生。大家都知道，飞行员招生条件苛刻，要经过初试、复试、高考，一样也不能少。用家长的话讲，就是"身体是本钱，成绩是关键，缺一不可"。来自同一学校的四名学生被同时录取，这是国航招飞历史上的第一次。

今年五月份，我校2017届毕业生小祚在他所就读的中国人民解放军空军工程大学表现突出，该大学还特意发来喜报，对曾经培养过小祚的交大附中表示感谢，这是我们的骄傲和荣耀。

同学们，我们入校时都高喊过："'饮水思源，爱国荣校'，今天我以交大附中为荣，明天交大附中以我为傲"的响亮口号。你们是否真的想过，自己将对喊出的口号付诸怎样的行动？我们的这些优秀毕业生，给了自己和母校一个满意的答案！

学校的成功源于学生的成长，学生的成长源于教师们的合作和无私奉献！再过8天就是教师节了，让我们提前祝福老师们节日快乐！

同学们，今年是新中国成立70周年华诞。你们都知道新中国的70年，是谱写感天动地、气壮山河奋斗史诗的70年，是砥砺前行、创造奇迹的70年，是中华民族以崭新姿态屹立于世界东方的70年。但你们知道70年前，中国是一个怎样的国家吗？饱受帝国主义列强的肆意欺凌，饱经战争的创伤和国民党反动政权敲骨吸髓的盘剥，可谓遍体鳞伤、一穷二白。

时光荏苒，70 年过去了。2019 年 7 月 23 日，一个美国专栏作家在《华盛顿邮报》网刊发文章说：

中国奇迹震惊世界！奇迹的奥妙就是中国共产党领导下的全国各族人民的艰苦奋斗和不懈努力。

无努力，不成长；无奋斗，不青春。努力，是我们实现人生梦想的姿态，也是一个民族、一个国家崛起的脊梁。

最后，我想以一部最近非常火爆的国产动画片——《哪吒之魔童降世》中最经典的一句话作为我发言的结语："我命由我不由天！"祝老师们、同学们新学期健康快乐，学有所成！

/ 七 / 尊重生命　六月如虹

——2020 年 6 月开学第一课致辞

亲爱的同学们：

很久不见，非常想念！没有你们，万般精彩皆枉然。

因为你们的到来，寂静了近五个月的校园变得鲜活起来。此时此刻，我和大家一样，心情无比激动与复杂。看着久违的校园、操场、讲台、课桌，相信大家从未有过如此般的亲切。

今天我与同学们交流的主题是"尊重生命　六月如虹"。

坐在一张安静的书桌旁，背后是什么？我们从来没有像今天这样感受到个人命运与国家命运联系得如此紧密。

生在中国，我们何其有幸！要不是我们亲身经历过，怎能想到，疫情肆虐下，我们的国家是如此上下同心、众志成城，集中力量办大事是中国战"疫"的最大优势。

关于这方面的报道和评论，相信同学们一定多有了解，多有思考。

此次疫情，我们真切地看到了党和国家的担当有为，感恩于英雄们的逆向而行，温暖于志愿者的一线坚守，感动于千万百姓的守望相助。

作为中学生，在居家抗疫的日子里，同学们有了一个反思和审视生命的契机。

生命是一张风光无限的单程车票。因此，尊重生命是每个人应有的态度。

第一，尊重生命，就是珍爱你自己，它不仅仅属于你自己。做好自己的防护、学习的同时，营养＋锻炼＋静心，三重保证。饮食均衡，荤素搭配，营养全面。适当锻炼，强身健体，科学用脑。

在这里我特别提醒大家：

调适好自己的心态。2020年春季学期已正式拉开帷幕，请同学们将心态调至开学模式。无论过去怎样，今天都是一个刷新的时刻。请找回那个自信满满、活泼快乐的自己。如果有一些不安或者不适应，也请你敞开心扉，勇敢地与自己信任的家人、老师、同学倾诉、沟通。别忘了，我们是一个相互支持的大家庭。

第二，尊重生命，就是自觉与他人保持距离，为公众健康负责。一米阳光，一米距离。与同学说话时、就餐时、活动时，保持一米以上的安全距离，正确佩戴口罩。主动配合做好入校、晨午检等健康监测。在校一日活动，请按照流程和规范有序进行。回家也要注意防护。在同学们返校之前，老师们进行了多次培训和演练，一切的准备，只为我们每日的平安与健康。

第三，尊重生命，就是眼里有他人，感谢身边人的帮助与付出。疫情防控特殊时期，父母一直在默默给予同学们身体上的照料和心理上的抚慰，感谢父母的陪伴与支持。

疫情防控特殊时期，根据市、区统一部署和专业指导，我们学校第一时间成立了领导小组、工作小组和自查小组，24 小时待命，轮流值守，梳理出"八条工作主线"，建立了从校长、书记，到各部门、班主任、教职员工、家长五级响应体系，各司其职，各尽其责。从 1 月 23 日至今，稳步开展了综合防控、线上教学、毕业年级试开学、非毕业年级复课等工作。今天，终于迎来了同学们的全面回归。

我们的老师从 2 月 17 日开始，到今天的线下开学无缝链接，没有三尺讲台，也育桃李三千。他们时刻关心同学们的身心健康，每日定时上报；他们提前预判、精准分析同学们的居家学习需求；他们迅速掌握新技术，探索新方式，课前精心准备，只为给同学们最好的课堂呈现；他们课后认真答疑、批改作业到深夜，只为同学们成长不停步。请感谢老师们，他们是同学们的"梦想引路人"。

还有我们的保安、保洁、食堂师傅、行政人员、后勤工作人员等，他们或者一直坚守或者提前到岗，使校园防疫工作有条不紊，为师生健康保驾护航。

更有民警、交警、社区工作者、社会各界人士、各级领导的支持、帮助和指导……同学们，请向他们致敬，他们也是"最美逆行者"。

六月草深，呦呦鹿鸣。同学们，沉默的教室，等待大家的书声琅琅。让我们静坐一室，驰骋于书的世界，任庭前花开花落。

六月清风，徐徐拂面。静谧的校园，等待同学们的身影悦动。晨钟暮鼓，让我们安步于天地之间，留一路意气风发。

六月如虹，灼灼其华。青春年华，等待我们自己点亮。让我们以梦为马，遨游于星辰大海，看九天之上，云卷云舒。

同学们，你们今天的每一个行动，都在生命中具有特殊的意义，因为历史与未来在今天碰撞，祖国的未来在你们手上！

最后，衷心地祝愿同学们：学有所获，行有所成！流年笑掷，未来可期！

/ 八 / 新学期的三个希望

——2020—2021 学年度第一学期开学典礼致辞

在全社会的共同关注下，在党和政府的领导下，在属地、部门、学校、家庭四方责任的落实下，我们迎来了新学年！沉寂的校园，因为老师和同学们的到来，呈现出勃勃生机的景象，开始孕育新的希望。

在新学期到来之际，我谨代表学校，向不忘初心、立德树人的全体教职工表示衷心的感谢！疫情防控期间，正是你们的坚守与付出，才有同学们在逆境中的成长！

同时向不懈努力、拼搏向上的同学们致以最美好的祝福！本学期，又有 565 名七年级新同学和 585 名高一新同学加入我们！欢迎你们成为交大附中大家庭的重要一员，成为学校未来的希望！

"自古逢秋悲寂寥，我言秋日胜春朝。"此时此刻，唐代诗人刘禹锡的《秋词》恰能表达我的心情，秋天是收获种子的季节，孕育着春天的百花盛开。这一切，更预示着新学年、新气象、新希望。

2020 年极不平凡，突如其来的新冠疫情打乱了整个世界的脚步和节奏。我们每一个普通人以"坚守和自律"的方式，成为这场"战疫"的亲历者、见证者。经历这场疫情，我们开始重新思考和审视这个世界；经历居家学习，我们懂得了珍惜家人间的爱与呵护；经历线上考验，我们明白了自主学习、终身学习的真谛；经历全民抗疫，我们感受到了国家和人民的坚强与伟大。

党和政府的坚强领导，是我们打赢疫情防控阻击战的信心之源；集中力量办大事，是我们国家制度和国家治理体系的显著优势；英雄逆行保家国，是激励我们奋斗报国的民族脊梁和心中榜样；万众一心抗灾难，是我们重踏美丽校园安静学习的精神之盾。

在这样的背景之下，我们迎来了新学期。在此，我想就此对我们交大附中的同学们提出三个希望：

第一个希望，就是交大附中人都要有捍卫国家荣誉的担当。

一个人的价值，不在于他对社会索取了什么，而在于他对这个国家贡献了什么。作为中学生的我们，要有做国家利益和荣誉的坚定捍卫者，做国家富强的坚毅后备军的豪气和勇气！用有力的行动践行"饮水思源，爱国荣校"的校训精神。

看看我们的前辈：中国氢弹之父、"共和国勋章"获得者于敏院士，因为从没有留过学，人们亲切地称呼他"国产专家一号"。在那段艰苦的岁月里，于敏团队硬是几乎在一张白纸上，书写了中国人用世界最快速度独立研制出氢弹的神话。他隐姓埋名 28 年，上不告父母，下不告妻儿，于无声处起惊雷，为国富强铸核盾。回顾自己一个甲子的科研历程，他只是淡然地说："一个人的名字，早晚是要没有的。能把自己微薄的力量融进祖国的强盛之中，便足以欣慰了。"为了国家的需要，最初对氢弹完全不懂的他，硬是靠着独立自主突破了其他核大国对氢弹理论技术的封锁。他用轰动世界的"于敏方案"告诉世界："中华民族不欺负旁人，也绝不能受旁人欺负！"

再看看我们的学子："国有难，披甲战。"今年疫情爆发初期，我校 2013 届毕业生、清华大学博士生徐正清、王博联手清华大学专家团队，研发新冠肺炎智能诊断系统，10 秒内完成疑似病例胸部 CT 筛查。他们把"进德"与"修业"完美地融合，将个人所学融入社会所需，当年为学校拼荣誉，如今为祖国拼智慧，成为校训精神的生动诠释者。

第二个希望，就是希望交大附中人都是身心健康的新时代中国人。

追求幸福的学校，一定信奉"人类的幸福，只有在身体健康和精神安宁的基础上，才能建立起来"这条定律。健康是第一位的，尤其是经历过这次疫情的我们，更深刻地体悟到了健康对一个人的重要性。

科学研究发现：运动可以帮助我们改变自我形象，使大脑对愉悦情绪更加敏感，使人更勇敢，增强人与人的联结，建立信任和归属感等。总而言之，经常参加体育运动，会让男生更加阳光帅气，会让女生更加秀慧优雅。

本学年开始，交大附中教育集团将作为北京市"落实增强学生体质健康二十条"试点学校，通过增加体育课节数、保证体育活动时间、开设更多体育选修课程等措施，提高学生健康指数。今天是新学期的第一天，在这里我顺便广而告之：通过特

色课程，每一位初中同学，毕业前要掌握一种泳姿；每一位高中同学，毕业前要掌握两种泳姿。游泳作为一种生活方式和生存技能，将让你们终身受益！学校的诸多体育社团，也会为同学们至少熟练掌握一项体育技能提供锻炼平台。

第三个希望，就是希望交大附中人都具有做好当下事的态度和能力。

做好当下事，是一种务实的品质和作风。

校园竹林前，有个地球仪雕像，上面记录了 21 年前，我校初二年级环保社团给时任国务院总理朱镕基的环境保护八条建议。这八条建议得到了朱镕基总理的赞许，并刊登在《人民日报》上，号召全国人民增强环保意识和行动。多年来，全校师生也一直传承和践行着可持续发展理念，建立五大节能减排系统，开展环保课程。同学们，保护环境，尊重生命，维护生态，就要从当下的身边事做起，比如做好垃圾分类，比如厉行勤俭节约……

近日，习近平总书记强调，要在全社会营造"浪费可耻、节约为荣"的氛围。因此，同学们以"光盘行动"遏制"舌尖上的浪费"，践行节约，就是爱国行动。

在同学们所有的"当下事"中，最重要的是学习。今年 7 月，2020 届高三学生们以扎实学业，交出了一份满意的高考答卷，再续交大附中的骄傲与辉煌。今年以高考692分成绩考上清华大学的霖锋同学，在谈到中学阶段的学习生活时，认为印象最深的是交大附中无处不在的认真踏实的学风。他说："每当我行走在走廊之中，随处都能看见手握资料在教室与老师办公室间穿梭往返的同学；当我往那人潮涌动的门口一瞥，也定能看见老师们孜孜不倦、答疑解惑的身影；最后走入教室，同学们三五成群积极探讨问题的场景更让我相信，博学笃行绝不仅仅是交大附中的一句口号。"

借此机会，再次感谢全体教职工的艰辛付出，感谢全体同学用奋斗的身影点亮了校园的精彩。

同学们，全球疫情仍未消散，有人担心随着"疫情常态化"，我们是否会面临一系列危机。对此我想和同学们说的是，危机即机遇，这些反而能让我们认真思考人与环境、人与人、人与社会、国与国之间的关系，从中寻找人类共克时艰、可持续发展的新机遇。

亲爱的同学们，你们的机遇就在当下，把握现在，成就未来！幸福是我们交大附中人永远的追求！

/后 记/

那些年，我错过的学生

教育的意义往往蕴含在师生不经意间的细节上，而"任何一所学校的细节，都不是与生俱来的，往往和它的文化有着疏密不一的联系"。

学校教育的每个细节都和它的文化发生关系

今年年初的一件小事，让我至今难以忘怀。那天我去南校区参加活动，结束时已近晚上七点，看着老师们依然在为学生做个性化辅导，心生敬意和感动。这时，从楼梯处走来一群说笑着的男同学。走到近处，见到我，有个高个的男生，带着惊讶和兴奋说道："是校长，校长好，好久没见到您了！""同学好，路上注意小心。"我习以为常这样的偶遇。没想到高个男生接着又说道："我能抱抱您吗？""当然可以！"在征得我的同意后，他高兴地将书包交给身边的同学，郑重地摘下帽子，用力地给了我一个大大的拥抱，我能感觉到青春期男孩的坚毅力量。他对我说："谢谢校长！我今天一定会有好运！"我感觉到，他这句话更像是对自己说的。短短几秒，小小细节，却让我感触良深。

说来惭愧，我与这位同学未尝有过深度交流，甚至不知道他的姓名，但这突如其来的拥抱和发自内心的情感让我心生暖意。也许这个大大的拥抱告诉我，他喜欢在这里的感觉，喜欢这所学校！这个小小的细节，让我们从见微知著的角度看到，交大附中多年以来，"眼里有学生，站在学生视角思考问题"的幸福教育观所形成的文化情感与氛围，已经逐渐渗入学生的心灵，影响着他们的心态，改变着他们的体验。然而，这种人文的教育关系学，并不是我们一开始就领悟到的。

教育不是槌的打击，乃是水的载歌载舞

回想起近20年前的一件往事，那时我初为德育干部，在校门口晨检，有一项

重要任务就是检查学生的发型。有一天，我发现一位男同学头发有些长，就在人来人往的校门口，指着那位同学，大声地喝道："那位男同学请过来！"学生充耳不闻继续向前走，我当即飞奔就想去"抓住"他。没想到，他竟然右手一挥，重重地甩开我，扬长而去。于是校门口的小广场上就"上演"了这样的场景，一名学生在前面跑，一位老师在后面追，追上后被甩开，然后继续追，继续被甩开……彼时彼刻，我现在想起来还会觉得尴尬异常。

那天事后，我在想，为什么会这样？为什么学生没有遵从学校规定，不服从管理？难道学校教育就仅仅是管理和约束吗？我们常说"培养社会主义建设者和接班人"，靠手段单一的强制管理就是"培养"了吗？

经过一段时间的反思和追问，再遇见此类事件，我改变了策略。我会用一种委婉而又幽默的方式对另一位头发长的男生说："同学，我猜你将来的发展方向是搞艺术的吧？"他自然意识到自己的头发太长，在和我和谐融洽互动的气氛中，主动作出决定："我周末一定去理发。"

时隔多年，当我作为校长，再次回到交大附中时，那次"尴尬事件"，仍然让我难以释怀。因为，我错过了有关那位学生的一次生动的教育契机，正如泰戈尔在诗中所说："教育不是槌的打击，乃是水的载歌载舞。"

教育是尊重的艺术，有了尊重才能实现成长！教育不仅仅眼中有"人"，更要以爱育人。在我看来，教育学在某种意义上说，其实就是人学。

学校追寻"人"的需要和教育的本真

所以，基于这样的思考，这些年，我们从"人"出发，追寻"人"的需要和教育的本真，在学校里展开一系列的探索和实践。

首先，生理上的、安全上的需要是人最基本的生存性的需要。因此，我们的环境建设可以以"怡人"和"人本"为关键词，建设体现人文之美、运动之美、艺术之美的校园。比如，提供美味营养的食品，学生可以在享受美食中健康成长；种植"四季常青，三季花开"的植被，学生可以在诗意的校园中栖息；设置对弈的棋盘、随手可弹的钢琴以及科技馆、艺术馆、体育馆、心理馆、化学馆、物理馆、数学馆、生物馆等活动场所，学生可以自由展示自己的特长等。

其次，学习的需要是人自我建构的发展性需要。在交大附中全体教师共同反思和研究的基础上，我们认为，交大附中的课堂应该是：有趣、有参与、有成就。即通过参与、共生的课堂活动，使学生充分发挥主体作用，对所学内容感兴趣、有需求、有探索，发挥自己的优势，体验到成长的幸福与价值。

再次，尊重的需要、情感和归属的需要是人的较高层次的需要。我们的班级应该发挥场域和社会功能：以"自主""合作"为关键词，班主任不再是班级的唯一权威，而是成为班级管理中的"顾问"、"引路人"和参与者。班级管理模式以"部委制"代替"班干部制"，成立学习部、纪律部、宣传部、体育部、生活部等，由部长招募部员，班级每个成员都加入不同部门承担某一项工作，从而增进学生自我管理的成就感和人际交往的归属感。

最后，自我实现的需要是人存在的最高、最和谐的状态，是人的潜能得到充分发掘的需要。为了充分发挥学生的身心潜能，我们能够提供什么样的教育资源呢？学校的课程体系应该是：以"多元""个性"为关键词，按照学生的天生禀赋和后天兴趣，为学生量身定制课程。在促进学生德、心、智、美全面发展的基础上，发现、保护、支持学生的个性特长，促进学生的多元化、个性化发展。

环境、课堂、班级、课程，有了这四大载体的支撑，我们可以逐渐把学校建设成一所生活自在、个性自然、拥有精神追求和教育使命感的师生共生共长的家园，从而最终实现"建一所富有生命动力的幸福学校"的共同愿景。

在这里，人际关系和谐，校园环境温馨，全体师生自由呼吸，快乐成长，实现自我价值；

在这里，洋溢着人文气息与理性精神的丰富课程，为每一名学生的成长提供个性化的保障与坚实的支持；

在这里，家长与孩子相互理解，教师与学生相互激发，我们因进步而骄傲，学校因我们而精彩！

愿我们的教育不再错过！